大美涂岭

涂岭

涂岭编撰委员会 编

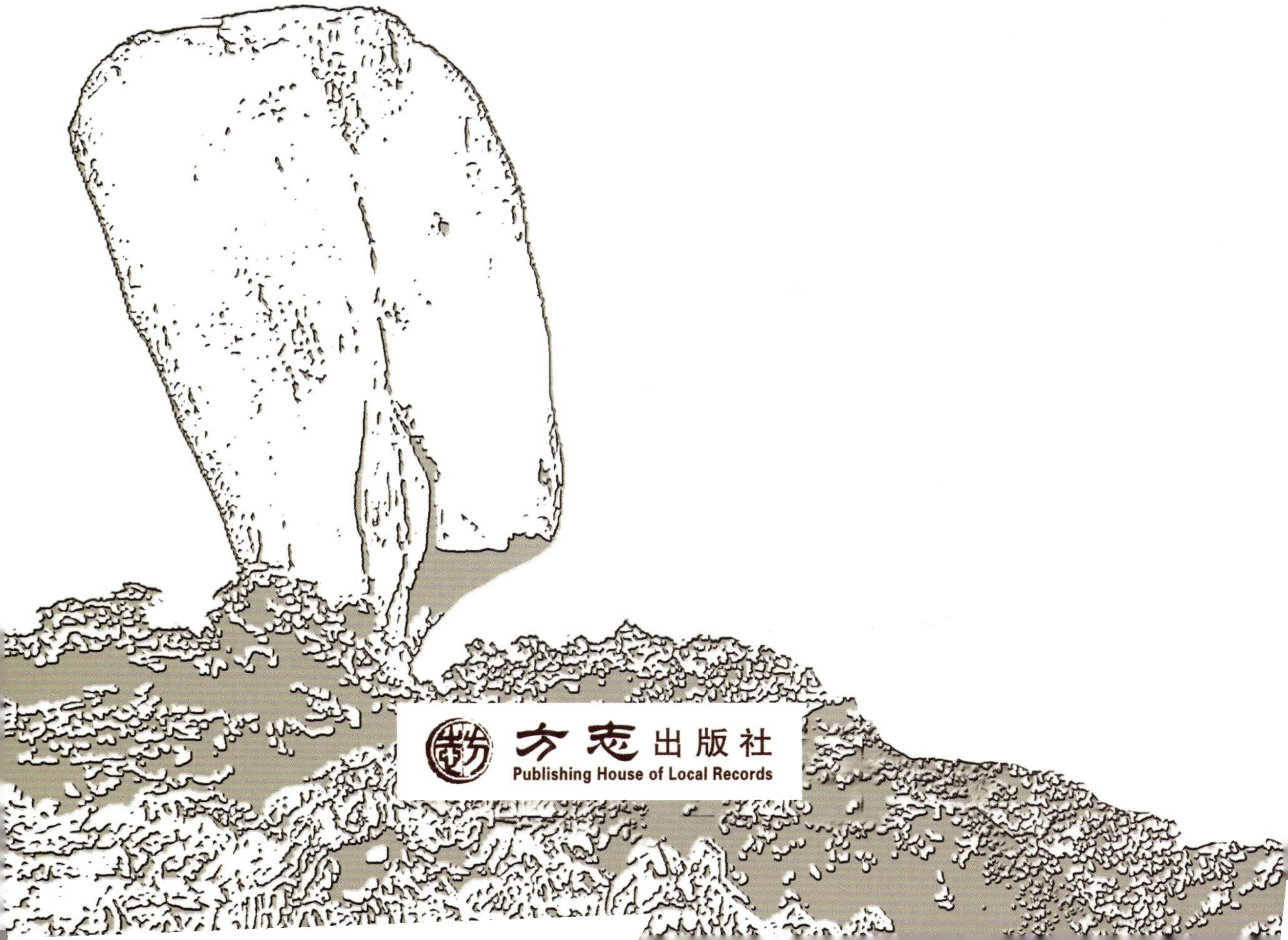

方志出版社
Publishing House of Local Records

图书在版编目（CIP）数据

涂岭 / 涂岭编撰委员会编．— 北京：方志出版社，2021.9

ISBN 978-7-5144-4822-1

Ⅰ. ①涂… Ⅱ. ①涂… Ⅲ. ①乡镇－地方志－沙河 Ⅳ. ① K295.75

中国版本图书馆 CIP 数据核字（2021）第 276007 号

责任编辑：王娜
责任校对：刘玉霞
责任印制：梅中英
出 版 者：方志出版社
地　　址：北京市朝阳区潘家园东里 9 号（国家方志馆 4 层）
邮　　编：100021
网　　址：http://www.zgfzcb.cn
发　　行：方志出版社图书营销中心　电话：（010）67110500
印　　刷：福建名彩印刷有限公司
开　　本：787 毫米 ×1092 毫米　1/16
印　　张：20.75
字　　数：398 千字
版　　次：2021 年 9 月第 1 版
印　　次：2021 年 9 月第 1 次印刷
定　　价：198.00 元

大美涂岭

美在自然生态

美在历史文化

美在百姓乡民

美在人文情怀

让我们走进大美“涂岭”

云绕山水

美丽乡村

田园风光

水果之乡

建筑风貌

多彩民俗

祭奠烈士

四通八达

前言

乡村振兴，文化是魂。习近平总书记指出：“保护和传承文化遗产是每个人的事。只有我们每个人都关心和爱惜前人给我们留下的这些财富，我们民族的精神和独特的审美情趣、独特的传统气质，才能传承下去。”在新时代，保护好、传承好、弘扬好乡村传统文化，不仅可以让乡村延续文脉、擦亮瑰宝、留住乡愁，更可以发挥汇聚民智、凝聚民心、共谋民强的积极作用，成为推动乡村振兴的重要力量。

涂岭这方热土，在商周时期就有闽越先民在此繁衍生息，并逐渐形成聚落。借助山海共生的特有地理区位，涂岭乡民很早就加入了海上丝绸之路的经济商贸活动，谢庄岭的北宋进士谢履《泉南歌》所描述的“州南有海浩无穷，每岁造舟通异域”，是家乡人们“以海为田”的历史真实写照。官道过涂岭，名人留胜迹，如北宋名臣蔡襄“伏虎胜境”石刻、南宋高僧大慧宗杲禅师传经授徒云门庵、清大臣李光地“云门禅寺”题匾等。驿道车水马龙，商业发达，清初“筹台之宗匠”蓝鼎元记载“泉州新桥、安海、沙溪、涂岭，行铺千百间，大开街衢，便民贸易”；泉漳学子入省城乡试和进京赶考，以及官员升迁赴任，人来人往，步履康庄，留下了清代台湾教谕刘家谋《涂岭晓行》、内阁中书杨浚《十六夜宿涂岭》等许多诗文佳话。历代名人雅士或教化一方，或咏唱山水，所记所述，展现了千百年来涂岭人文荟萃、文化气息厚重的盛况。

大革命时期，涂岭在闽南乃至全省革命斗争史上具有重要影响和地位。吴敦仁、吴国珍等一批仁人志士率先把马克思主义传播到涂岭，并组建涂岭农民协会和农民自卫军，开展农民运动；陈平山领导“惠安暴动”将涂岭革命运动推向高潮。

从关寨林立的海陆要地，到中共惠安县委、闽中工委的革命根据地，涂岭在中国革命史上留下了浓墨重彩的一页。

新中国成立后，特别是改革开放以来，在上级党委、政府的坚强领导下，涂岭老区人民继承革命先辈遗志，发扬光荣革命传统，矢志奋斗，艰苦创业，让涂岭发生了翻天覆地的变化。进入新时代，涂岭镇坚持生态立镇，聚焦产业强镇，着力文旅兴镇，注重和谐惠镇，努力走好“小城市·大健康·新乡村·后花园”的发展新路，加快建设“五新涂岭”，聚力打造经济强、产业优、百姓富、环境美的闽南生态休闲名镇升级版，先后荣获国家级生态镇、福建省乡村振兴特色镇、福建省宣传思想文化示范镇、福建省乡村治理示范镇、福建省特色景观旅游名镇等荣誉称号，樟脚村入选中国传统村落、中国历史文化名村，小坝村荣膺全国少数民族特色村寨，黄田村、前欧村获评全国文明村等。这是涂岭镇党委和政府注重发展经济和文化保护“两手抓”的可喜成果。

为了进一步弘扬涂岭优秀传统文化，充分展现历史文化魅力和时代价值，推动乡村文化振兴，涂岭镇党委和政府于2018年委托厦门大学历史系专家团队开展涂岭历史文化课题调研。当所称许的是，陈平山烈士孙女、福建省泉州市瑞星汽车销售服务有限公司董事长陈卢瑞珠女士给予课题调研慷慨资助，功莫大焉。作为研究成果，《涂岭》从自然生态到社会人文，深入挖掘、全面记录、系统展示、图文并茂地表现了涂岭的社会历史与文化，有着较强的乡土性和可读性，具有一定的学术价值。相信它的出版发行，对于传承优秀文化血脉，留住历史文化记忆，增强民族文化自信，激发爱乡爱国情怀，助力乡镇发展振兴，自有其积极的现实意义！

目录

CONTENTS

凉岭

卷一・建置沿革 桃岭发祥

涂岭镇，位于泉州市泉港区西北部，南与泉州洛江、惠安，北与莆田仙游接壤，境内地势西高东低，层峦叠翠，溪流蜿蜒，福泉驿道贯穿全境，素有“北抵省会，南通漳泉”的交通要地之誉。北宋惠安置县，涂岭隶之。历史上地方政权的更迭、经济文化的发展、周边地区的变动，对涂岭的隶属关系及辖区范围产生了影响。

一、蚁山先人早繁衍

早在新石器时代晚期，涂岭就开始有人类活动了。1987 年 11 月，在涂岭镇芦朴村东南的蚁山顶上，发现了一处新石器时代晚期文化遗址。

蚁山遗址远眺

蚁山海拔161米，在山顶南坡20平方米、北坡200平方米范围的地表和土层中，或集中或散布着大量的陶器残片。采集的可辨识的器型有罐、尊、釜、钵、杯等生活用具，以及石锛、石斧和陶纺轮等生产工具。陶器的质地较为粗糙，多为灰色陶，其次为红色陶，以手工制作为主，并经慢轮修整。纹饰比较繁杂多样，在蚁山还发现少数彩绘陶片。蚁山遗存在很大程度上与闽侯县昙石山文化遗址的中、下层出土器物相似，所处的年代属于新石器时代晚期。但是，从器类上看，蚁山遗存中含有一定数量的尊，多达9件。尊是青铜器时代使用较为普遍的器物，而且个别器表还饰有拍印方格纹和刻划弦纹，也具有青铜文化的特征。由此推断，蚁山遗址应该处于新石器时代向青铜器时代过渡期，而出土的大量文化遗存，充分印证了至迟在商周时期，已经有蚁山人在涂岭一带繁衍生息。

蚁山遗址出土石器、纺轮

蚁山遗址出土陶片

蚁山遗址出土贝壳

值得关注的又一重大发现，是在位于蚁山之南200米的果合山采集到了一些零散的陶片，其中一件带鋬折肩陶罐，细砂灰硬陶，腹饰细方格纹。从陶片的质地、纹饰与蚁山遗存做比较来看，其年代应稍晚些。类似果合山的印纹硬陶片，在惠安东南部的崇武、涂寨等地也有不少发现。这些年代稍晚的印纹硬陶的制作，都是在蚁山新石器陶器的基础上发展起来的。在当时，涂岭蚁山人的陶器制作技术不仅已经达到了先进水平，而且制陶工艺技术对周边人们的生产生活亦带来广泛的影响。

蚁山遗址属于“贝丘遗址”，从外部环境来看，过去是一处临海的小山丘，保存的是当时人们生活所遗留的堆积物，这充分说明蚁山一带在3000多年前就适宜居住。大量的贝壳堆积和少数石锛、陶纺轮等生产工具的出现，揭示了蚁山人临海而居，面海而生，通过采集、捕捞以获取食物的生活状况，证实当时农业生产仅居于从属地位，人们过着以渔猎为主，农业为辅的经济生活。

二、惠安设县建乡里

公元960年，赵匡胤建立北宋，改元建隆。乾德二年（964），改清源军为平海军。太平兴国三年（978），改平海军为泉州，属两浙西南路，仍领九县。同年四月，陈洪进入朝上《纳地表》，献漳、泉两州14个县。宋太宗诏令“隳三城”。十二月，莆田仙游一带发生农民起义，万余人围攻泉州。宋廷派两浙西南路转运使杨克让从福州率兵驰援破围。涂岭与仙游接壤，在军事动乱中，必然不能幸免，于是在太平兴国四年（979），泉州划出仙游县游洋镇和莆田县百丈镇等地设立兴化县，并于兴化县建太平军，析莆田、仙游二县归其管辖，大大加强了对莆田、仙游一带的地方控制管理。

太平兴国六年（981），泉州析晋江东乡下辖的太康、守节、礼兴、民安、平康、归化、祥符、尊贤、崇德、民苏等16个里，设置惠安县。“惠安”，寓意为“惠政安民”，即北宋统治者希望加强对泉州北部地区惠安的管控，让惠北涂岭一带成为真正意义上阻挡仙游、莆田地方武装往南犯境的“北大门”。新设置的惠安县领崇武、崇善、城山三乡，县治在今泉港区前黄镇古县村附近。今涂岭区域属城山乡管辖。建县，乃是这一地区社会经济发展到一定高度的一个重要标志。

嘉祐四年（1059），泉州太守蔡襄倡修洛阳桥（原名万安桥），缩短了惠安到泉州的距离，密切了县城与府城的联系。洛阳桥的兴修，使贯通泉州至福州的“官道”正式生成，通商旅，畅货运，结束了过去自泉州北上福州乃至京城，出城北朝天门，由马鞍格入河市，翻山越岭，经仙游艰苦跋涉而后抵达的路程。官道穿过全境，涂岭从此成为泉福官道交通线上的必经要地，大大促进了经济的发展。庆历八年（1048），惠安县把原来所辖的16个里又分为18个里，但仍以三乡领之。惠安东北的城山乡领崇德、德音、光德、待贤、民苏等5个里，涂岭镇现在所辖范围分布于当时的5个里，

洛阳桥

但大部分区域归民苏里、德音里。熙宁年间（1068—1077），当地推行保甲法，惠安地方划为34个都，涂岭分属于十一都、十三都和六都，这时设有涂岭铺。

三、元末叛乱置巡检

元代改行省制，在地方上实行“路—府—州—县”行政建制。元世祖至元十五年（1278），升泉州为泉州路，惠安县隶属泉州路。元贞元年（1295），惠安原下属的3个乡改为文质、行满、忠恕、信义4个乡18个里（其中文质乡4个里、行满乡5个里、忠恕乡4个里、信义乡5个里），共下辖35个都。涂岭分别属于忠恕乡待贤里，德音里，归化里的三都、四都、六都、十一都。大德二年（1298），泉州路改为泉宁府，惠安县属泉宁府，不久泉宁府废，复属泉州路。

元代涂岭曾设巡检司。《八闽通志》载，涂岭巡检司建于元统二年（1334），在

涂岭巡检司遗址

惠安县北十三都，元代的巡检司多为州县属官，专职巡逻、捕盗，协助管理地方治安。元代巡检品级较低，相关历史记载甚少，难能可贵的是元末涂岭巡检司有雷灿、要束木两巡检，因有政绩而留下了一些记录。

元至正十七年（1357）至二十六年（1366）间，泉州发生了由色目人势力恶性膨胀致拥兵叛乱和统治集团争权夺利“省宪构兵”而引起的“亦思巴奚兵乱”，这场长达 10 年的兵乱，战火波及泉州、兴化、福州等地，祸及城乡，生灵涂炭。“亦思巴奚兵乱”以元朝政府军镇压亦思巴奚军，平息兴化、泉州一带的战乱并重新控制泉州而结束。持续 10 年的战乱，给泉州惠安的社会经济造成严重的破坏。宋代惠安人口达 30000 多户，至元代人口大量减少，不足万户。涂岭是这场战乱的重灾区，白潼村附近的陈同关便是在那时候建立的，史称“西北之寨，元末寇起莆中始筑，白水、东坑、涂岭辖其中，巡检雷灿死之”。一说雷灿乃因“起兵助王师”而死，即卒于起兵助元廷平寇。雷灿死后赠将仕郎主簿，祀于泉州府学尊贤堂。

又有涂岭巡检要束木（一作“约苏穆尔”）。《惠安县志》记，“涂岭巡检，人知有雷灿之起义死难，而不知有要束木。临漳寇发，御之有功，迁莆田尉”。惠安著名诗人、元末闽中文学四大名士之一的卢琦曾因要束木即将升任莆田尉，题赠别诗《送涂岭巡检要束木之莆田尉》，对要束木予以高度评价，反映出“将军”在任职涂岭巡检时的良好政绩。诗曰：

将军有英气，负剑游南荒。曾陪绣衣客，径踏乌台霜。
戎阃拔才隽，奔走殊匆遑。属时临漳郡，郡盗方獗猖。
匹马汗如雨，战袍北风凉。奋身良间关，许国诚慨慷。
茂绩固当酬，小试焉足偿。菱溪枉车辙，司警驿道傍。
莅政肃初令，颓纲目更张。月静鼯鼠惊，山暝狐兔藏。

编户复奚事，在在乐岁康。所居傍林坞，讼简白昼长。
邻家稻田肥，子舍芸编香。优游有旨趣，于焉度年光。
夕露集野草，秋风在垂杨。解装欲何之？作尉壶山阳。
莆民喜公至，夹道相迎将。泉人惜公归，所怀未渠央。
民俗岂不殊，善化端有方。愿言讼政谣，毋庸咏离章。
他日登要津，万里谁能量？

元末社会动荡，诗作生动地描绘出元末涂岭周边地区盗匪猖獗，以及巡检奔波于驿道周边巡稽的历史情境。

四、李恺买地合并都

经历元末社会动荡，明朝统治者十分注重对惠安北部地区的治理。为寻求更好的地方管理模式，作为代表地方话语权的士绅阶层开始介入地方社会的治理，地方官员与士绅之间的合作导致了涂岭政区的变化。明朝建制后，涂岭的辖区大部分仍属于忠恕乡，与今涂岭的政区图并不一致，其中缘由与明代惠安士绅李恺买地有关。

明嘉靖《惠安县志》记录惠安政区的范围，西北跨山，东南临海，北面至白水铺（今白潼），距离县城40里外是仙游枫亭，西北面是东坑、寨后，到仙游的下安里。据此记载，涂岭的白水铺是划分明代泉州与兴化两府的北部地域界线，涂岭的东坑、寨后一带与仙游下安里为邻，是两府的西北面界线。关于李恺买地一事，据清代枫亭贡生郑得来《连江里志》载："七里岳，仙游惠安分界。古仙（游）界至白水坑，惠邑李恺居天官时，买天马界乡田地，唆藩司改割版籍，移界植此。"

李恺，字克谐，惠安县在坊（今螺城）人，生于明弘治十六年（1503），是明代嘉靖年间的著名官员。明嘉靖七年（1528）刘汝楠榜举人第二名，嘉靖十一年（1532）林大钦榜进士，历任广东番禺县令，吏部稽勋清吏司主事、郎中，兵部车驾司郎中，湖广按察司副使，中宪大夫（正四品），辰沅兵备道，以廉干有才著称。嘉靖二十六年（1547），李恺辞官回乡，定居于现泉港区界山镇附近，与乡民共同抵抗倭寇侵扰。惠安县曾专门为他立"同胞经魁坊""天官大夫坊"，祀乡贤祠，以垂纪念。

《连江里志》中提到李恺"买地"的时间是其"居天官"时。"天官"乃指吏部。据《抑斋年谱》，嘉靖二十一年（1542）李恺升任吏部稽勋清吏司郎中，买地一事当在此时。据称，当时李恺以今界山镇范围内的南庄、港西、东丘、仓厝、交界塘、柯寨等村落，连同原在枫亭境内的岑兜、秀溪、黄田、寨后、樟脚、白潼等几个村巨，与惠安北部地缘邻近、习俗相通，便于管辖为由，通过浙江、福建军务总督王忬，提议把这些村庄、田地从仙游县划出归惠安县管辖。乾隆《仙游县志》则称，李恺以田地山近接五里（仙游里名）为名图谋迁界，遭到当时枫亭士绅薛光宠的极力反对。也许为了避免引发地方冲突，也为了避免与薛光宠之子薛大丰（户部主事）在官场上结怨，李恺便以“购买”为名，出面筹集资金，买下了“天马界乡”一带的村庄和田地，即文中提到的“买天马界乡田地”。天马即天马山，位于今白水岭西面，秀溪、棋盘的东面；界乡，应是买地之前仙游与惠安的分界处。从此，这些村落及其土地、山林便划给惠安县管辖，位于白水坑西面的惠仙两县界碑被北移几公里到界山镇界山村的交界塘。

不过，当时上述村落虽已划归惠安管辖，但这些村税粮仍然由枫亭负责征收，上缴仙游县和兴化府。据说枫亭人长期认为此事是李恺“仗势图谋”所致，因此枫亭仍长期把持这一地区的赋税，直到清代雍正年间（1723—1735）才把税收交接分割清楚。明代地方官绅的合作，使得惠安的政区范围得到了一次整合。

明嘉靖年间（1522—1566），沿海倭寇为乱，惠北受害甚烈，惠安人张宇《惠邑分疆议》描述了屯军的介入以及倭乱后涂岭及其周边各都的凋敝之状：

> 县西北阻山，东南跨海，山之在西北者，纵横四五十里，旧设有三、四都，十二、三都，十四、五、六、七都，通八都。已而狼虎出没、岚瘴为灾，民死且徙。……特其山谷崎岖，土著人寡，村无十家之聚。或走数里始望一村，而问其村之人，半其军户，不则其漳侨居之流民也，又不亦其县之滨海之甿，弃其本业而田于是者也。

倭乱后涂岭境内特别是山区几近荒无人烟，张宇还在其《呈寝议割地建县文》中提到，由于倭乱后邑里萧条，有“奉例省并”都图之举，叶春及《惠安政书》亦载，涂岭的十一、十二、十三都合并为十一都，二、三、四都合并为一都。万历《泉州府志》的“嘉靖四十三年兵疫之后，户口减耗，有不能自为都者，随宜合并”之说，将并都的时间明确为嘉靖四十三年（1564）。当时涂岭本地居民很少，多有漳州来的流民和海边内迁的移民。至万历年间（1573—1620），涂岭境内有涂岭、埔上、芦朴、上黄、白岩、乌石、前欧、谢宅、泗洲、泮头、南乾、小坝、洪厝坑、东坑、黄田、陈田、寨后、涂营等 18 个村庄。

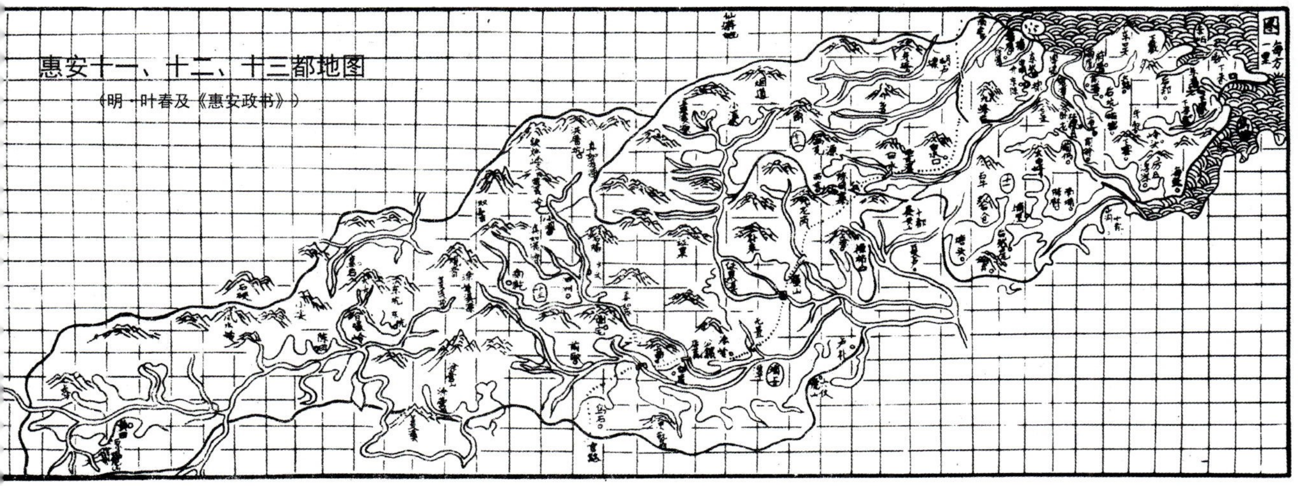

明·叶春及《惠安政书》惠安十一、十二、十三都地图（拼图）

顺治十八年（1661）迁界，清廷将濒海居民迁入内地，惠安县图甲十减六七，因而在康熙二年（1663）一度将原来乡都图甲的行政体系一律改为乡铺制，即所谓的“拾民以乡而领之以铺”，惠安县设 68 个铺，涂岭境内居民主要分布在驿坂铺、承天铺、樟市铺，这一行政体系的改制似乎持续到了嘉庆年间（1796—1820）。道光年间（1821—1850），乡铺制度进一步与驿传制度结合，涂岭居民主要分布在白水铺、涂岭铺、驿坂铺。

五、县制调整隶泉港

民国初期，涂岭沿袭清制隶属于惠安县。进入民国后，政局的动荡和地方秩序的失稳，致使涂岭的行政区划调整非常频繁。鉴于清代地方行政层级过多，不利于加强集权、提高行政效率，1913 年 1 月，北洋政府颁布《划一现行各县地方行政官厅组织令》，正式废除府级行政建制，实行省、道、县三级体制，原泉州府所辖各县隶属南路道（道址设于厦门，1914 年改称厦门道）。涂岭属于南路道惠安县。

1928 年，南京国民政府开始在全国推行二级行政体制，通令各省废除道的建制，实行省、县二级制。长期以来，中国传统地方行政区划一般只到县一级，县以下的广大农村并没有相应的行政机构，而是以地方士绅作为政府代理人，利用宗族族规或者传统习惯法进行管理。同年 9 月，南京国民政府公布了《县组织法》，正式确立“区村制”。惠安开始设区公所，全县划分为 12 个区，即城区、洛阳、黄塘、东园、后港、崇武、涂寨、东岭、辋川、涂岭、山腰、坝头。国民政府为加强省对地方县级单位的管控，1932 年 8 月又颁布《行政督察专员暂行条例》，决定在省以下设立行政督察专区，任命行政督察专员，以帮助省政府推行政令。1934 年福建省政府将全省划为 10 个行政督察区，惠安、永春、德化属第四区，专署驻仙游；晋江、南安、安溪、金门属第五区，专署驻同安。以此类推到地方区划上，惠安全县改编为螺城、洛阳、黄塘、东园、崇武、涂寨、东岭、辋川、涂岭、坝头 10 个区，涂岭区公所也正式成立。然而，1935 年 8 月，惠安县政府又将原有的 10 个区划为 8 个自治区，涂岭大部分划入了第五自治区。

抗日战争爆发后，惠安县政府调整地方区署和保甲机构，裁撤部分联保，分别在螺城、洛阳、东园、崇武设区署。1941 年，惠安县再次进行区划调整，重新划分为 3 个区公所，下设 30 个乡镇 392 个保 3713 个甲。第三区公所设在涂岭，辖涂平乡、添大乡、柳南乡、梅东乡、梅峰乡、坝头乡、郭峰乡、山腰乡、尾山乡。2 年后，惠安县政府裁撤区公所，全县编为 16 个乡镇：城关镇、洛阳镇、崇武镇、东园乡、青山乡、东岭乡、净峰乡、涂寨乡、辋川乡、山腰乡、坝头乡、圭峰乡、涂岭乡、梅峰乡、天马乡、黄塘乡。1947 年 5 月，惠安全县重新整编保甲，划为螺城镇、洛阳镇、东园镇、崇武镇 4 个镇，民安乡、涂寨乡、辋川乡、东岭乡、后港乡、青山乡、净峰乡、锦凤乡、圭峰乡、梅东乡、天马乡、涂岭乡 12 个乡。民国时期的涂岭，行政地位得到了较大提升，主要由于涂岭西部的山区地带是中共地下党活动最为频繁的区域，又加上涂岭本身具有的交通位置优势，国民党政府非常注重对惠北地区的控制，涂岭所辖区域因而施行保甲联保和细化管理。

1949 年 9 月 5 日，惠安县人民政府成立，全县分为 8 个区 191 个乡，涂岭为第八区。1951 年 3 月，惠安开始实行土地改革，6 月全县改划为 11 个区、187 个乡。涂岭所在的第八区被划出 10 个乡归第九区，第八区仅辖 11 个乡。1952 年 6 月，惠安县增划为 14 个区 222 个乡，并从涂岭区域内的义岭、东寨、松洲 3 个乡析出东坪、寨后、义路、岭北、东坑（后改为樟脚）、松园、泗洲 7 个乡，共设 16 个乡。1954 年 9 月，根据福建省人民政府“关于调整乡镇区划方案”的指示精神，惠安县再从涂岭的驿坂、双田析出五社、黄田、陈田，第八区共辖 18 个乡。

1955 年 5 月，惠安撤销第六、第十一区，全县划为 12 个区，并以区公所驻地名称为区名，即城关区、涂寨区、郭厝区、东岭区、净峰区、崇武区、东园区、洛阳区、黄塘区、涂岭区、山腰区、辋川区，下设 197 个乡 8 个镇。同年 9 月，析第十区涂岭所辖的东平、义路、岭北、六户 4 个乡归仙游县[1]。1955 年 10 月，全县编为 11 个区 1 个镇 192 个乡 7 个自然镇。1956 年 6 月并区并乡时，惠安县政府撤销涂岭区，设立驿坂区，辖 11 个乡。

1958 年春撤区并乡，设涂岭乡，辖 5 个合作联社 31 个分社 185 个生产队；驿坂乡辖 13 个联社 57 个分社 307 个生产队；东寨乡辖 3 个联社 4 个分社 48 个生产队。1958 年 10 月，撤销区乡政府，全县成立 5 个人民公社：红旗公社、飞跃公社、超先公社、上游公社、东红公社。涂岭属超先公社，并设涂岭管区，辖 13 个生产大队。1961 年 10 月，为贯彻农村人民公社条例，超先公社析分小社，成立涂岭人民公社，辖 20 个生产大队（其中 19 个农业大队）210 个生产队 1 个社办场。当时涂岭公社下辖 19 个大队：樟脚、寨后、黄田、涂岭、秀溪、松园、前欧、小坝、团结、清美、路打、汶阳、世上、白潼、驿坂、五社、丘后、路口、溪西。1981 年，由清美析出溪头、下炉，于是涂岭公社共辖 21 个生产大队。

1984 年 10 月，成立涂岭乡人民政府，辖 21 个大队 188 个村民小组。1985 年 1 月，生产大队改称村民委员会，涂岭乡下辖 21 个村民委员会 195 个村民小组，小坝蒙古族行政村的身份得到恢复。同年 4 月，福建省人民政府批准设立肖厝镇，原属涂岭乡的涂岭、世上、白潼、清美、汶阳、松园、路口、路打、前欧、丘后、溪西、驿坂、五社、涂型 14 个行政村划归肖厝镇，而涂岭乡则由原所辖的小坝、秀溪、下炉、溪头、樟脚、寨后、黄田 7 个行政村组成。

1992 年，设立肖厝镇，涂岭乡归属，9 月各乡改制为办事处。1996 年，撤销肖厝镇，成立肖厝经济开发区管委会，各办事处改制为镇。涂岭镇人民政府成立，下辖樟脚、寨后、黄田、涂岭、秀溪、松园、前欧、小坝、涂型、清美、溪头、下炉、白潼、路打（芦朴）、汶阳、世上、驿坂、五社、丘后、路口、溪西 21 个村委会 146 个自然村，总人口约 4.8 万人。

为进一步统筹泉州北部地区城乡经济发展，协调区域间经济文化的合作互动关系，提升地方社会经济发展水平，2000 年 4 月 12 日，国务院批准成立泉港区。泉港区从

[1] 涂岭内三坪四村，即今之仙游县园庄镇的东坪、义路、岭北、六户四个行政村，自宋元明以来则为惠安县辖区。解放初期，农村财税上缴及统购派购任务重，四村耕地大、人口多，每年都应向国家缴纳数千担粮食，由于地处偏远山区，群众必须肩担背负 40 多里地到涂岭粮站交粮。为减轻村民劳顿之苦，省去缴纳粮食办理手续之麻烦，1955 年 9 月 26 日，原晋江地区专署批准，将四个行政村划归仙游县，隶属园庄镇管辖。

惠安县划出，成为泉州市直辖的新区，辖南埔镇、界山镇、后龙镇、峰尾镇、山腰镇、前黄镇、涂岭镇和山腰盐场。涂岭镇从此隶属于泉港区，并基本形成了今天的行政格局。2003 年 8 月，山腰镇改为山腰街道办事处，泉港区辖一街道六镇。涂岭镇成为泉港区唯一的一个山区镇，东连泉港区界山镇、南埔镇、前黄镇，西靠洛江区马甲镇、河市镇，南接惠安县螺城镇、紫山镇、辋川镇，北承仙游县枫亭镇、园庄镇，现有陆域面积 157 平方公里，土地广阔。其下辖一个幸福社区居委会，以及涂岭、松园、前欧、清美、涂型、芦朴、汶阳、世上、白潼、驿坂、五社、路口、溪西、丘后、樟脚、寨后、黄田、小坝、秀溪、溪头、下炉 21 个村委会。

凉岭

卷二·山清水秀　田野风光

涂岭地势西北高东南低，是丘陵山区之地，位于原惠安县西北，明惠安文士张宇称“山之在西北者，纵横四五十里”，其所指山区之大部分就在涂岭境内。诸山自戴云山发脉而来，峰峦叠起，山梁交错，其中以大雾山、笔架山为最高。山为水源，“山之穷处乃水之所会”，境内有坝头溪、菱溪、龙马溪3条水系。坝头溪、菱溪均由西北往东南穿过全境，流向大海；龙马溪自白潼入界山，经潘南盐场六孔闸入海，即所谓的“白水东流入傅埭”。在山涧、溪河、海埭之间，因水流与地势的落差形成山田、坑田、埭田，耕作方式不同，风光各异。这样的山水田园，吸引着历代文人墨客观光

游历，赞颂有嘉，可谓诗意栖居之地。近代以来，随着水利设施的兴建和水环境的治理，原有风貌被不断改造，焕然一新。

一、群山环抱云锁峰

涂岭多山多丘陵，处于泉港最高地带，北部与仙游县，西部与紫山镇交界处，都是海拔 400 ～ 800 米的起伏山峦，大雾山、观音山、大林山最为陡峭。福厦公路两侧高低丘陵，绵延不断，海拔多在 50 ～ 400 米，分布有虎岩山、吕岡寨、顶公山等。据《惠

群峰叠峦

安县志》统计，高度200米以上的山峰有51座，其中黄田14座，小坝8座，五社7座，驿坂、涂型各5座，樟脚、寨后各4座，路口、前欧、涂岭、松园各1座。

涂岭主要山峰一览表

表1　　　　　　　　　　　　　　　　　　　　　　　　　单位：米

山峰名称	海拔高度	所在位置	邻近地区	附　注
大雾山	797.5	驿坂	笔架山林场	—
客鸟崎	779.4	五社	大雾山西南	与黄塘交界处
笔架山	752.3	黄田	黄田	与黄塘交界处
烟倒山	692.1	小坝	洪厝坑	—
畚箕湖	684.7	小坝	烟倒山之北侧	与仙游交界处
大林山	679.9	寨后	寨后	—
二尖山	667.6	驿坂	大雾山之北侧	—
杉林山	615.1	五社	大雾山西南侧	与黄塘交界处
吊船山	602.6	小坝	横溪	与仙游交界处
观音山	587.1	小坝	小坝	—
小雾山	583	驿坂	笔架林场	—
后壁池尾山	569.9	黄田	大垵	与仙游交界处
乌石山	562.9	五社	五社林场	与黄塘交界处
牛仁岭	552.9	黄田	蔡田	—
大雾山埔	535.2	黄田	大雾山西北侧	—
涂寨山	513.4	黄田	钟坂	与洛江交界处
旗头尾	511.5	寨后	后堀	—
寨尾山	507.1	寨后	后堀	—
出水山	488.6	五社	大雾山（东南侧）	—
大尖山	475	黄田	大垄	—
啼哭岭	472.4	小坝	横溪	与洛江交界处
豪猪空	471.2	黄田	蔡田	—
道生寨	466.4	黄田	笔架林场	—
尖　山	435	黄田	下洋	—
北溪头格	412.9	黄田	溪坪	—
石桌尾	392	樟脚	陆厝	—
土猪坑	384.9	黄田	洋尾	—
破寨山	376.6	樟脚	竹湖	—

续表 1

山峰名称	海拔高度	所在位置	邻近地区	附　　注
墓林山	369	黄田	大垄	—
虎头山	365.7	五社	五社林场	—
大樟山尾	362.7	黄田	厝斗	—
杉岭山	349.8	黄田	蔡田	—
吕罔寨	344.9	涂型	后厝坑	—
虎岩山	322	松园		—
鬼块山	321.1	樟脚	陈田水库（北侧）	—
石寨山	319.4	小坝	洪厝坑	—
草山头格	310.8	驿坂	陈田水库（东南侧）	—
顶公山	309.6	涂型	半岭	—
溪埔岭	308.6	小坝	甘蔗园	—
陈同寨	285	樟脚	岭头	—
虎崎山	274.5	五社	上黄	与锏川交界处
风线坪	272	驿坂	糖灶	—
社茶岭	258.4	小坝	泗洲新村	—
御史岭	239.1	寨后	后堀	—
五分山	238.8	五社	五社林场	—
大湖山	220.8	涂型	涂型	—
寨　山	217	涂岭	岭口林场	—
半山尾	215.6	涂型	涂型	—
雷打石	207.1	涂型	白竹田	—
狮　山	205	前欧	新店头	—
花园山	203.1	路口	花园	—

境内山脉，皆自德化戴云山向东延展而来，主体山脉有南北两支，构成涂岭与周边政区的地理分界线。北支山脉，自大垵村与洛江区毗邻的后辟池尾山，向东北延伸，沿着仙游交界线向北至横溪村有吊船山、啼哭岭、大林山，至正北方秀溪村周围，有古院山、畚箕湖，东北有白水岭与界山镇相隔。此支山脉又自西北方的大林山，向东南延伸出一支，经小坝的观音山、涂型北部的大湖山，以及路口的花园山，至驿坂东部虎岩石，直趋镇境与前黄镇交界处。南支山脉，在涂岭与紫山镇交界处，自蔡田村牛仁岭向东延伸，相继有黄田村笔架山、大雾山，五社村乌石山、金狮寨，直至溪西

阴山岭。南支山脉海拔普遍较高，由此派生出两支，辐射涂岭福厦路西部诸村。一支自大雾山开始，呈东北至西南走向，经驿坂的二尖山、小雾山，过后厝坑的吕岡寨，以及小坝的观音山，最后行至洪厝坑东北的烟倒山，下接北支山脉的畚箕湖，斜贯涂岭西部。诸山之中，以笔架、大雾、观音三山以形胜，燕山以意幽，虎岩以迹显，最为人们所称道，吟诗作赋不绝于耳，留下了许多千古佳句。

大雾山，在笔架山之东，又名大帽山，海拔 797.5 米，与笔架山相倚耸立，为泉港区最高峰，间有河谷冲积地，是菱溪和惠安林辋溪、黄塘溪的发源地。山顶广百余丈，有泉泓然。据称以前大雾山上盛产磁石、黄精、万年松。杜唐有诗《大帽山》：

三髻峰东大帽横，峨峨雄峭碧天擎。
风吹玉叶翻难落，雨打金花正不倾。
赤石已高能缀顶，苍松未老亦垂缨。
而今谨仰腾龙迹，古洞泉深水一泓。

笔架山，古名三髻山，因三个峰峦形似妇女之头髻而得称。明建文元年（1399），

大雾山

笔架山

惠安知县陈永年观光览胜喻山顶三峰为“文人投笔之架”，缘而改名“笔架山”。笔架山位于涂岭镇西南部，海拔 752.3 米，山体高耸，奇石错峙，巅峰下壁壑之间，得一巨石相接，谓之“天桥”。山之南侧坐落着相传始建于晋代的笔架寺，自笔架山顶南眺，惠安半境尽收眼底，视线远及惠安县城，山下为陈嘏洋〔因唐开成三年（838）晋江进士陈嘏而名〕。山上路径崎岖，有石砌古道可拾阶攀登。山之北侧，空旷开阔，树木昌盛，1958 年惠安县辟为“笔架林场”。自 324 国道驿坂村入口，沿大雾山公路蜿蜒而上，过而凿壁盘旋，通达笔架寺。明代惠安知县叶春及赋诗四首，其中三首为组诗《七月晦日同诸子大雨游三髻山鼓御风之章》：

千山雷雨震天门，万壑飞流万马奔。
莫道游人魂欲断，瑶琴石室倒琼樽。

秋衣重湿海天寒，秀色三峰雨里看。
却恨多情逢佚女，双鬟犹自隔云端。

足下层云万仞悬，耳边危石一藤牵。
白云冉冉如无地，宿雨蒙蒙只有天。

描绘初秋雨中笔架山的壮观景象，以及表达登高所见所感。

还有一首为《洛阳望三髻山》：

云锁三峰霁未开，空余三髻象三台。

舆人遥望遥相语，昨日亲曾云里来。

远望笔架山，三峰之雾绕顶，作者用优美的诗句，展现情景交融的意境。

明嘉靖十一年（1532），惠安进士李恺曾吟《笔架山》一首描绘笔架山云雾缭绕七彩斑斓的朦胧美景，宛如仙境：

晴云玉女下尘寰，暮雨岚光锁翠关。

彩笔横云流紫雾，三峰梦落石洲间。

仙人桥即天桥，为笔架山主要景点之一，桥跨峭壁之上，桥下沟壑幽深。李恺有《仙人桥和叶絅斋韵二首》：

峭壁断崖倚石门，浮云天外万山奔。

手鞭玉练凌飞驭，共听钧天酒一樽。

在仙人桥看峭壁之外云卷云舒，不禁畅想连篇，继而又和一首：

三髻峰头八月寒，亭亭玉女梦中看。

谁探碧落觑凡世，天作危桥霭云端。

可见仙人桥，近看有天门悬断崖之险峻，远观有仙女落凡尘之俊俏。清末民初当地文人杜唐也留下了咏仙人桥诗篇：

灵湫桥下水淙淙，谁道仙人髻后逢。

乌鹊横空天有影，鹤凫寄迹地无踪。

公非圯上遗黄石，子不留种托赤松。

想是往来多九鲤，逍遥过此亦扶筇。

史载，笔架山下有灵湫，祈雨颇为灵验，杜唐以此典故为首句，以九鲤传说为尾句，将道教传说、民间信仰融入诗词。

观音山，在涂岭北部，与日曝岭相连，二峰骈接，尖整秀丽，以其从远处观望貌似一尊仰卧的观音，山下建有观音寺。山上有一洞，北宋熙宁年间，惠安县令吴克登高远眺，“睹其松萝蓊郁，疑有异境，攀缘而上，遥望山海历历”，故将洞外一石名为“天开”。置身洞内，从里向外眺望，洞沿轮廓恰似头戴宝冠、身着天衣、肩披帔帛、胸饰璎珞、手持净瓶侧立的观音。当地传说唐代咸通年间（860—874），有高僧得一根夜间发光的神木，便延请巧匠雕刻成观音像。观音山海蚀洞甚多，唯独天开洞最大，便将佛像恭奉于洞里供百姓祀拜。民间相传宋代蔡襄任泉州太守倡修洛阳桥时，“靡金钱一千四百万，求诸施者”，观音前来襄助募捐，她化为一位美女，端坐江中船上，声称若以金钱掷中者妻之，于是天天满载而归，获得不少金钱，为建桥做出贡献。蔡襄建造洛阳桥得到观音菩萨的襄助，桥成便亲临观音洞焚香叩谢，还特意嘱托蔡氏宗亲结庐守护观音洞。蔡襄的虔诚膜拜，引来四方善信，观音洞香火称盛一时。杜唐作《观音山》诗描摹此山形胜：

观音山

观音山“天开洞”

谁连日曝岭崔嵬，说是观音宝座堆。
杨柳眉真今菩萨，芙蓉面是古如来。
草经法雨兜罗软，石覆慈云卐字开。
螺北并非天竺地，也擎老佛坐莲台。

燕山，又名烟倒山，海拔692.1米，古为举烟示警的烟墩。燕山之称，虽无史证可佐，传说与明初隐居于山脚下的小坝蒙古族出氏相关，将烟倒山改称“燕山”，是以族望燕山而命名，暗喻来自祖籍地即北疆之燕山也。《燕山出氏族谱》重修本收录有不少咏燕山诗词，寄托一份怀古思乡、魂萦故土的情怀。兹摘抄三首。

一为《燕山秋望》：

燕山烟慢逐层开，一阵秋雷带雨来。

燕山

云海茫茫萦客梦，星河渺渺入诗怀。
池亭月漾三秋水，楼阁霞飞百重台。
回首风光吟不尽，低徊恍若到蓬莱。

二为《燕山即景》：

燕山葱翠松兴涛，风物宜人色倍娇。
三月雨水飘玉带，四时灯光闪珠绡。
蓝天底下见山村，碧水凌空搭石桥。
深山出氏居福地，神公鬼笔叹难描。

三为《燕山胜地》：

燕山岩前尽茂林，醉仙卧洞最清静。
山高峰险历千载，水细洞幽论百经。
昔日圣贤留遗址，今朝雨露洽天心。
喜登胜地饱春色，习习和风拂衣襟。

燕山风光秀丽，景色宜人，意境深幽，乐亦无穷。在小坝出氏族人的心目中，燕山更是一种象征，是对故里的深情寄托。

虎岩山，又称伏虎岩，在昆仑山南，海拔 322 米。《闽书》载："其名伏虎者，宋祥符中，僧道养隐此，与虎同寝，时抱虎子示人。元时，逸人连应玄刻其事于岩石。"山上巉岩层叠，怪石嶙峋，形态奇妙，"出米石""雷公石""池鱼石""群龟竞走石"，

虎岩山

不可尽举，给人以丰富的想象。

虎岩寺坐落于半山腰，一旁的清泉石室，又称“水岩洞”，“蔡忠惠襄母家在惠，襄尝读书于此”。山中现存宋元时代以来的摩崖石刻多处，主要如下：

一是“绍兴丙子（南宋高宗绍兴二十六年，1156）春三月二十日胡日休、黄彦文、朱彦实同来”。在寺左后侧水岩洞岩石上，以楷书横写。

怪石层叠

石刻（一）

石刻（二）

二是“惠安县达鲁花赤忠显校尉怯烈子正公因接济军马报余，游昆山、访隐士。涂岭巡检王经、张善、禄罕同来者。至正六年丙戌（元惠宗至正六年，1346）重九后三日题”。在寺左后侧水岩洞岩石上，以楷书竖写。

三是“伏虎胜境”，在虎岩寺前庭台右下角，楷书两行竖写，现存“虎”“境”两字，“伏”“胜”则仅剩半字。

石刻（三）

四是“伏虎胜境”，落款“崇祯辛巳年（明毅宗崇祯十四年，1641）重兴”。在寺前左下侧，以楷书两行竖写。

五是“东岩”，在寺背后，楷书竖写。

石刻（四）

石刻（五）

六是“昔日方壶老应玄，谪来人世不知年。玉皇未有催归诏，且隐昆山作地仙”。刻于寺右侧石崖，楷书竖写。

七是“水岩洞，民国十一年（1922）李幻然”。在寺左后巨岩上，岩下为洞，楷书横写。

八是“民国乙亥年（二十四年，1935）重修，董事陈春桂、吴成法”。在寺前右下岩石，楷书竖写。

九是“再扣禅门秋已深，岩花零落菊留金。人情险处从头诉，佛也低眉感不禁。甲戌年（1934）秋归自鹭门，偕友重游得诗一绝，章寿卿”。在寺前右下岩石，楷书竖写。

必须提及的是，1958年兴修泗洲水库，由于虎岩山的石头质硬色白，是优良的建筑材料，便开始被大量地开采用于建筑水库，山上的林木也遭到大量砍伐，用于烧炭炼钢。泗洲水库建成后，在钢筋、水泥、木材作为计划内控制物资的当时，花岗岩成了最好的建材。以杂石填基础、角石方石砌墙、条石铺楼板，开石（开采）、载石（搬运）、打石（加工）、砌石（起厝），用石头盖屋盛行了起来，形成了农村的一个建筑行业。

虎岩山成为一处巨大的石材供

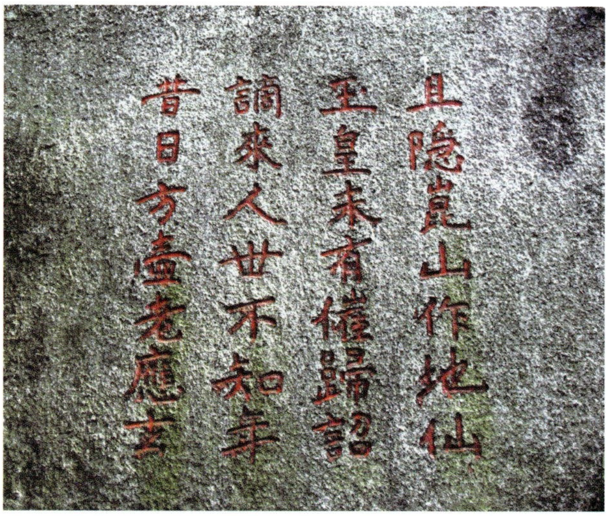

石刻（六）

石刻（七）

石刻（八、九）

应场，那一个个开采石头留下的“石窟”，使自然景观，受到了很大的破坏。20 世纪 80 年代后，实行封山育林，禁止垦荒、砍柴、采石等，逐步恢复了植被，改善了生态环境。

二、溪流绵延水绕涧

明万历《泉州府志》卷三舆地志载“惠安之水”，在涂岭境内，“自西北发源，循山势东南由涧入溪，由溪入埭，由埭入港，由港入海，其入海所汇之港，正北曰傅埭，东北曰添崎港”，其诸水势分为两支，北支之水“有西充溪，发源于小鼓溪及小溪，合流于白水桥，入于傅埭；有证果东溪，发源于涂岭北山谷间，东南流于横山桥，至于下卢溪；有真如溪，发源于横溪，东南流店尾桥，汇为潭，至下卢溪，与证果东溪合，东至于龙田，南至于古县，历际头桥入于添崎港”。南支之水“有驿坂溪，发源于大帽山东麓，历驿坂桥至浦头溪，有菱溪，发源于观音山后悬钟岭，折而东南流历菱溪桥至埔头溪，与驿坂溪会，入于添崎港”。从实地考察，西充溪即今之龙马溪。龙马溪，又称下溪，属于季节性河流，从天马山西南麓，向东北方向经白潼村，到界山镇玉山、玉湖、槐山、大前、狮东和潘南盐场，再经狮东海尾六孔闸入海。在东张村路段建有溪桥，是泉港区连接仙游的交通要道，解放初溪桥出现险情。1963 年，界山籍华侨筹集资金，建筑一座石拱桥。家乡人民为纪念此事，遂将此桥称为“华侨桥”。证果东溪发源于秀溪村，出溪头汇入坝头溪；真如溪发源于小坝村，经泗洲溪而下，汇于坝头溪。

时过境迁，古时之菱溪是今菱溪水库上游之水，而驿坂溪即今之大德溪。大德溪源于大雾山东南麓大德山，流经园内、八担、驿坂村，注入菱溪。黄田溪，是菱溪上游的一支，也称陈田溪，发源于洛江区马甲镇的小架山，经芦田、黄田自西向东注入现陈田水库，其水质清澈、甘甜，黄田村曾在溪水边建有饮水厂。

涂岭境内溪流环绕山林之间，曲折幽静，清澈透底，坝头溪、菱溪为最主要水系。坝头溪，旧称泗洲溪，源于小坝村吊船山。自泗洲水库而下，在世上段汇合，直入前黄镇龙田，东南经菜堂入海。在涂岭境内，自北向南有四条主要支流，一是从天马山东麓发源的下炉溪，流经水曲、下炉汇入坝头溪；二是从山外水库而下，流经打铢、西吴、溪头汇入坝头溪；三是从泗洲水库而下，流经亭脚、新桥汇入坝头溪；四是从观音山南麓发源，流经前欧、松园汇入坝头溪，在前黄镇的支流有古县、坑内、凤

坝头溪（世上段）

山等三条，故坝头溪素有“泉港母亲河”之称。

菱溪因上游“双峰对峙，相敌不相让，中束一水，帖然而过，形似菱角”故而得名。其源于邻境洛江区小架山，经炉田入涂岭黄田，流入陈田水库、菱溪水库，过驿坂东南至辋川，于许厝闸汇合林辋溪，从许埭村入海。支流有驿坂溪、路口溪两条，汇集黄田、陈田、樟脚等水系，流过涂岭镇、辋川镇而后入海。在涂岭境内，溪流沿岸有黄田、涂型、驿坂、路口、丘后、溪西等村落。

菱溪风景之胜，历代多有名人赏玩。元代良吏、诗人卢琦（峰尾人）“爱溪之胜，而屡游之”，留下了佳作《游菱溪记》。明代惠安县令叶春及游历菱溪山水时，作有《同山人林熙甫父老陈焜诸生陈巽卿陈练游菱溪五云山》三首：

其一 危石盘空上，诸峰入望低。山连三髻北，云起五灵西。
谷静泉逾响，林深鸟乱啼。采菱人不见，芳草自萋萋。

其二 鹿门吾欲卧，龟组尔何牵。名姓陶公后，登临谢客前。
逢人随白眼，把酒问青天。偃蹇风尘里，兹游益可怜。

其三 彭泽归元亮，眉山起长公。谁知千载后，今日一樽同。
夜色清溪上，岚烟碧涧中。他年传盛事，应识古人风。

叶春及偕父老、诸生游菱溪，所见岚烟泉响夜色清，谷静林深芳草萋，感慨古人盛后，乃是游客寂寥之境的菱溪情景。明许朱也曾作《乙卯郭龙湖孝廉邀寓菱溪山房》：

负笈并来访翠林，绢风菱水送清音。
榻前惟有琴书闹，亭外何妨花鸟侵。

菱溪河道

雾借玄山疑豹隐，云间长岫似禅心。

狂将如意共飞舞，石壁留题萝薜深。

溪边山房，清风流水，花鸟相伴，溪山深处确是隐居修禅之佳境。清人杜唐对菱溪游玩钓鱼又有诗予以专门描述：

菱溪垂钓处，苔滑石矶青。不见圭峰迹，流觞剩酌形。

20 世纪 50 年代开始，涂岭开始兴修水库，菱溪、坝头溪、龙马溪及其支流的水流量开始得到控制，河道逐渐变窄。水库、干渠的兴修不仅解决了周边农田的灌溉问题，还可用以发电、供水，实现了有限水资源的多重利用，并形成了诸多水库景观。

三、农田耕作兴水利

嘉庆《惠安县志》载："吾惠为地蕞尔，半属海壖，山地则逼狭堙郁，可艺之土或寡矣。"涂岭属山地，人们择地而耕，古有山田、坑田、埭田之分。错布山谷间之田，据诸溪上游之田耕种者谓之"山田"；在村落民居附近之田，虽有高亢洼下不同，则皆谓之"坑田"；其故海壖地，并海为堰，凿沟渠陡门，外捍潮汐，内蓄泄山水，则谓之"埭田"。涂岭境内的山田，呈带状分布于泗州溪、陈田溪、山外溪两岸，在樟脚、黄田、小坝、秀溪等村庄周边则有着一块块高低错布的"坑田"。东北部及南部有小块平原，即清美、世上、涂岭、下炉、驿坂、溪西、丘后、五社等村落所在的地方，都处于各溪流的下游，多由洪水泛滥携带泥沙冲积而成的"埭田"。涂岭街及其东部的小面积平原，这里原来还是海，据传说以前帆船可以停靠在亭脚桥下。现在附近的一些村落地名，还留有地理变迁的痕迹，比如“洋尾”意为海洋的尾巴，“汶阳”即汶洋，是一片汪洋的意思。“清美”其实是仓尾，以前是码头的仓库所在地。涂岭西面有地名“西吴”，东面松园有“东吴”，由西湖、东湖音变而来。以前涂岭有两个沉积湖，西吴村边叫西吴墩，实为西湖墩，取湖边高地之意。西湖墩往下为“溪头”，即溪水下流而入海，是为溪的尽头。溪头无量桥以前叫浮浪桥，因水阔流急，搭桥成本太高，所以搭的是浮桥，明代以后，湖面萎缩才开始修造石桥。至于西湖边的顶打朱和下打朱是以前靠近西湖的渔村，以打珍珠为生，因名“打珠”。历史上溪流下游长期的泥沙冲积过程，以及地形的不断变化，增加了很大部分的可耕之地。

涂岭以山田、坑田为多，一般分别称之为高田和低田。传统农业社会中，由于田地类型不同，耕种方法不一，作物成熟时间也有先后，人们将耕作过程与节气相结合，在长期的实践中，不断总结经验，相沿成习，从而形成了许多广泛流传于民间的具有浓厚地方特色的农耕谚语。在涂岭农村即有“立夏不下，高田莫耙，小满不满，芒种莫管”“三月三日听蛙声，午前鸣，高田熟，午后鸣，低田熟”这样的根据土田所处的不同地理位置和不同时节的情形，来判断和把握耕作乃至收成的时机。

高田耕作

低田耕作

稻田耕作

据称明清时期便有漳州人租涂岭深山，“烧畲”而种。烧畲是最原始的土地利用形式，即刀耕火种是也。嘉庆《惠安县志》载：“县西北多丛山，有竹木果实薪炭之饶，田皆逼陇，山谷间导水于高者注之，水耕火耨，伐山为业。”伐木焚山，地利耗尽则转徙他处，不同于定居农耕。定居则种水稻，高田一季，低田两季。山高气寒，暮春渍种，苗生甚迟，至冬乃熟，即春种冬收谓之“大冬”，分赤白两种，有粳，有糯，颗大壳厚，味香气足，虽一种而收兼两季者。平原地暖，惊蛰后浸种，至六月熟，谓之早稻，又翻耕其田种冬稻，十月熟。早稻种类颇同大冬而气力差减，冬稻皆赤粳米。

水旱无常而致收获不定，是农耕时代需要面对的主要问题。明代叶春及《惠安政书》记述：“一邑无深溪大泽之注，东南诸郡常病旱，人勤稼穑，桔槔之声，达于昼夜。旱月，涓滴之水，以死守之，往往斗讼，比平，苗则稿（槁）矣。”嘉庆《惠安县志》更言：“吾邑山川陡泄，陂流迅驶，经旬弗雨，则田龟裂矣，然霪潦愆期，又有崩压之患。”水旱不时，只得借助山水之势，兴修水利，由此来解决农田的灌溉问题。

大规模的兴修水利工程，始自宋代。宋开禧年间（1205—1207）以后，惠安县登记陂、塘、溪、潭达300所，涂岭大部分地区隶属于城山乡的民苏里、德音里，两地兴修的水利计有 39 处，其中民苏里有张店溪、郑陂、董陂、洋陂、白岩陂、欧陂、连酬陂、蔡宅陂、贾南陂、洛陂、小陂、西塘、大溪上陂、大溪下陂、大溪尾陂、悬钟坑亩圳、谢宅坑亩圳。在德音里，有西洋陂、东洋陂、院前塘、师姑塘、钟井塘、递口塘、蔡塘、刘师塘、乾塘、林塘、徐店上塘、迁塘、桥塘、江庄塘、历外下塘、缺塘、翁塘、李塘、方师塘、当溪石桥塘、倚垄大塘、倚垄小塘。当然这 2 个里也覆盖惠北其他地区，而属涂岭境内数量亦当不少。

在嘉庆《惠安县志》中，涂岭部分地区亦隶属于樟市铺，志书记载十一都即含樟市铺、添奇铺、良兴铺，兴修的水利有 8 处，分别是吴陂、康陂、杨陂、石陂、延寿陂、邱垄陂、上朱坑亩圳、小鼓坑亩圳。修塘建陂，目的在于疏浚溪流，导之于田，明清以来地方水利建设有所荒废，但嘉庆《惠安县志》对古代治水理念有过总结，“昔禹之治水也，尽力乎沟洫，诚使山不委沙于溪而源浚，由是田有沟洫，而地皆容水之区，沟洫各浚，则农皆治水之人，涝则由浍注之于陂，由陂注之于海，而水不为灾；旱则陂之源不塞而流可引，矧塘之溉也亩可百计，浦之溉也亩可千计乎？然则陂塘之浅深宽狭，各因乎水势；纵横曲直，各因乎地势，卑洼特甚之处无可流通，又为之流为潭池，涝则收蓄，旱则收用，其为利也，岂有涯哉”。当然古人兴修水利的目的是农田灌溉，预防旱涝灾害，而保障农作物的收成。

在民国及以前，涂岭境内虽兴建诸多水利设施，但水环境并没有得到很好的治理。1953 年夏，省水电厅、林业厅各抽调 10 名干部，组成“惠安县水土保持勘察队”进驻惠安，开始进行溪流治理工作。1957 年 10 月，全县掀起兴修水利、造林种草、挖坑打穴、劈山填沟、培地埂、筑谷坊等水土保持运动。在这场运动中，溪流的整治主要是进行裁弯取直，溪床加深、加宽，溪岸加高、培厚，例如坝头溪旧时有 99 条源，号称九十九曲，由于弯道多，水流急，两岸涝灾不断，而且海潮“由黄琦入北，至坝头港”，俗语云“坝头好风水，无雨赚大水”，其水中多沙，人称“不缺坝头溪沙母”。

1952 年，政府组织在龙田门段建西坝闸后，又建白石港、凤阳等水闸。1959 年 8 月，从涂岭世上村到山腰入海的地段发动超先公社各生产大队分段包工，进行裁弯取直、清理河床的改造，经过肩挑手提，日夜奋战，在 1960 年春全线完工，同时在沿岸所属地段植树造林，以保持水土、美化环境。到 20 世纪 80 年代，流域内兴建泗洲、红星、山外小 (1) 型水库 2 座，幸福、湖仔内、丰收、四清小 (2) 型水库 4 座，还有其他小型水利工程。此外，经过整治，菱溪上游（在涂岭境内）分别建小 (1) 型水库 2 座（菱溪、陈田）和小 (2) 型水库 3 座（加田、后山、后吴），彻底改变了暴雨一来下游泛滥成灾的状况。

20 世纪 90 年代，菱溪流域溪西、梧山地段的渍涝田，因涝害阻碍本片耕地的粮食生产。1991 年 4 月，县农业开发办公室、乡政府，计划改造涝田 6460 亩，新建酒店、后关滚水坝 2 条，整修大竹溪等 3 条，设驿坂溪等排水涵洞 3 座，加固堤岸 3 处，对丘后下林排洪沟进行护砌，此外还设置节制闸 3 座，控制闸两孔，并石砌桥梁、水渠，加固溪西田间的部分沟渠，整修排水沟。同时开发山地溪岸 5500 亩，发展荔枝、龙眼、余甘。2000 年，镇政府在菱溪小流域东北侧的前欧果场、肖峰场等，进行以水土流失为主的综合治理，项目包括 60 公顷的坡改梯（台地），以土坎梯田为主，石坎梯田为辅。同时规划建设 4 个 225 立方米蓄水池，实现果园充足灌溉，同时在梯田内全面套种绿肥，其首选为印度豇豆，并因地势修筑 6 公里果园道路。此外，在樟脚村火烧迹地，实施 30 公顷的湿地松造林工程。

河长制公示栏

泉港区自 2015 年开始启动河长制，推动河湖管护工作，促进生态环境良性发展。2017 年 3 月，明确提出加强水资源保护、水域岸线管理、水污染防治、水环境治理、水生态修复、执法监管等 35 项工作任务。7 月，又出台《小流域及农村水环境整治计划（2016—

整治后的坝头溪

2020）》，进一步改善泉港小流域和农村水环境质量，保障全区水生态安全，实现小流域“水清、河畅、岸绿、生态”。其中坝头溪、菱溪、龙马溪河段周边村庄，由涂岭镇及泉港区相关部门负责整治。

涂岭镇组织离退休干部与退休教师成立“民间河长”，各村主要由老年协会配合镇河长办，对溪流进行巡护，除了成立民间河长工作室，镇政府还在全市率先推行河道巡护保洁社会化，设置河道警长，实现水陆共治、部门联治、群防群治理的河库保护管理长效机制。菱溪的综合治水项目，是通过对初期雨水、畜禽养殖污水、地表固体废弃物等污染源进行控制和治理，实现净化水质，河道疏通，提升防洪排涝等级的功能，彻底解决菱溪河道、潭塘水体水质恶化问题。2017年启动的坝头溪综合整治项目，集防洪安全、生态修复、环境整治、景观建设为一体，两岸设有15公里的慢行绿道、石板材的亲水步游道、透水沥青路面的自行车绿道，其中在世上村建有观赏景观。在防洪安全方面，分段展开护岸工程，现有的玉山、世上、龙田、四清4座滚水坝改造为生态堰，遗址重建3座拦河闸，拆除重建长顶五孔闸，新建古县支流节制闸、白石港分支节制闸。在生态修复方面，对坝头溪周边污染源进行控制处理和生态修复（湿地系统），对河床淤泥进行生态清理，改善河流水质，使坝头溪水质达到地表水质量标准三类。

四、综合利用修水库

随着历史的发展，科技的进步，拦水筑坝工程的建设，不仅可为农业生产服务，以及满足人民生产生活对水资源的需要，而且还能用于发电，成为一种除害兴利的综合性开发工程。

中华人民共和国成立以来，党和政府十分重视农田水利建设。因境内地势高耸，处于惠安主要溪流的上游，自1953年起，当地群众开始修建小型水坝。1958年和1966年出现第二次规模较大的水利建设热潮。1989年，涂岭共修建有各类小型塘坝713处。至1992年，有万立方米以上的围塘28座、滚水坝65座、引水渠286条、大井27眼、抽水电灌站10座。现境内有菱溪水库、泗洲水库、陈田水库、山外水库、红星水库、双溪水库等小（1）型水库6座，后山水库、湖仔内水库、加田水库、潼清水库、幸福水库等小（2）型水库5座。涂岭是福建省水库最多的乡镇，而且是目前全国唯一拥有最多小（1）型水库的乡镇。

菱溪水库

菱溪水库，位于驿坂村北面的菱溪中段，工程设计以防洪灌溉为主，结合发电，原设计灌溉面积为 8 万亩，灌溉受益 8 个乡镇，包括泉港区涂岭、前黄、山腰以及惠安县的辋川、螺城、螺阳、东岭、涂寨，水库还为福建省炼油厂以及惠安县自来水公司供给水源。

菱溪水库建设工程，是在全国农业合作社运动走向高潮时期，福建省最早兴修的一座中型水库。在晋江地委支持下，成立“惠安县菱溪水库工程指挥部”，1956 年 1 月 8 日开始动工，1956 年 6 月 6 日竣工，历时 4 个月零 28 天，共用 398.1 万个劳动工日，工程耗资 360 万元。大坝东侧建立六角重檐竣工纪念亭 1 座，亭中的《菱溪水

菱溪水库纪念亭

永远平安

菱溪水库工程纪念牌

库工程纪念碑》，详细介绍了菱溪水库工程的建设概况，展望水库落成“从此，惠东南十年九旱的10万亩土地可以得到灌溉，农业合作社更有可能增产粮食和工业原料，改善人民生活，支援祖国社会主义工业现代化建设”的“锦绣河山更加美丽，人民生活日益幸福”的美好前景。

菱溪上游是陈田溪，发源于洛江马甲镇的小架山，经芦田、黄田溪自西向东经盆地中部汇入陈田溪，陈田溪汇集怡田、芦田、黄田、蔡田、陈田“五田”之水，集水面积广，径流水量大，每当春夏雨季，洪水出盆口直奔菱溪，经谢庄岭芦葫口，形成湍急巨大山洪泄入驿坂溪。水库坝址在谢庄岭，大坝长180米、高34.9米，控制流域面积51.2平方公里。库区动迁原菱溪乡的库内寨、巷仔口、埕尾埔、梧洋、岭兜、吹厝、山尾等7个自然村，移民计253户912人，拆迁房屋1282间，淹没耕地1242.19亩。水库建成后，于1979年建坝后发电站1座，装机2台×250千瓦，1980年7月1日正式运行供电。

泗洲水库，是1958年在社会主义建设和工农业“大跃进”形势下，发挥人民公社的优越性建设起来的，由晋江地区水电局负责设计，1958年6月上旬破土动工，1959年11月4日胜利竣工。1960年7月13日，总长达16公里的渠道正式通水。整个工程共完成土石方205万立方米，6000多人参加建设，投入2473252万个劳动工日，投资171万元。

泗洲水库是一座中型水库，位于涂岭大湖，地处坝头溪上游，发源于小坝照船山，控制流域面积 22 平方公里，设计灌溉面积 4.5 万亩，大坝为土石组合筑砌，长 210 米，高 39 米，库容 140 万平方米，蓄水量 160 万立方米，库区动迁泗洲、新庄、碰头 3 个自然村，移民 99 户 417 人。1962 年水库建设水、火结合的电站 1 座，1963 年开始运行发电，主要供给涂岭、山腰照明用电。水库建成后，在大坝南侧建六角纪念亭 1 座，外柱镌刻“公社威力大开天辟地改山河，群众干劲足乘风破浪锁蛟龙”对联，亭心立

泗洲水库

泗洲水库纪念塔

泗洲水库纪念亭

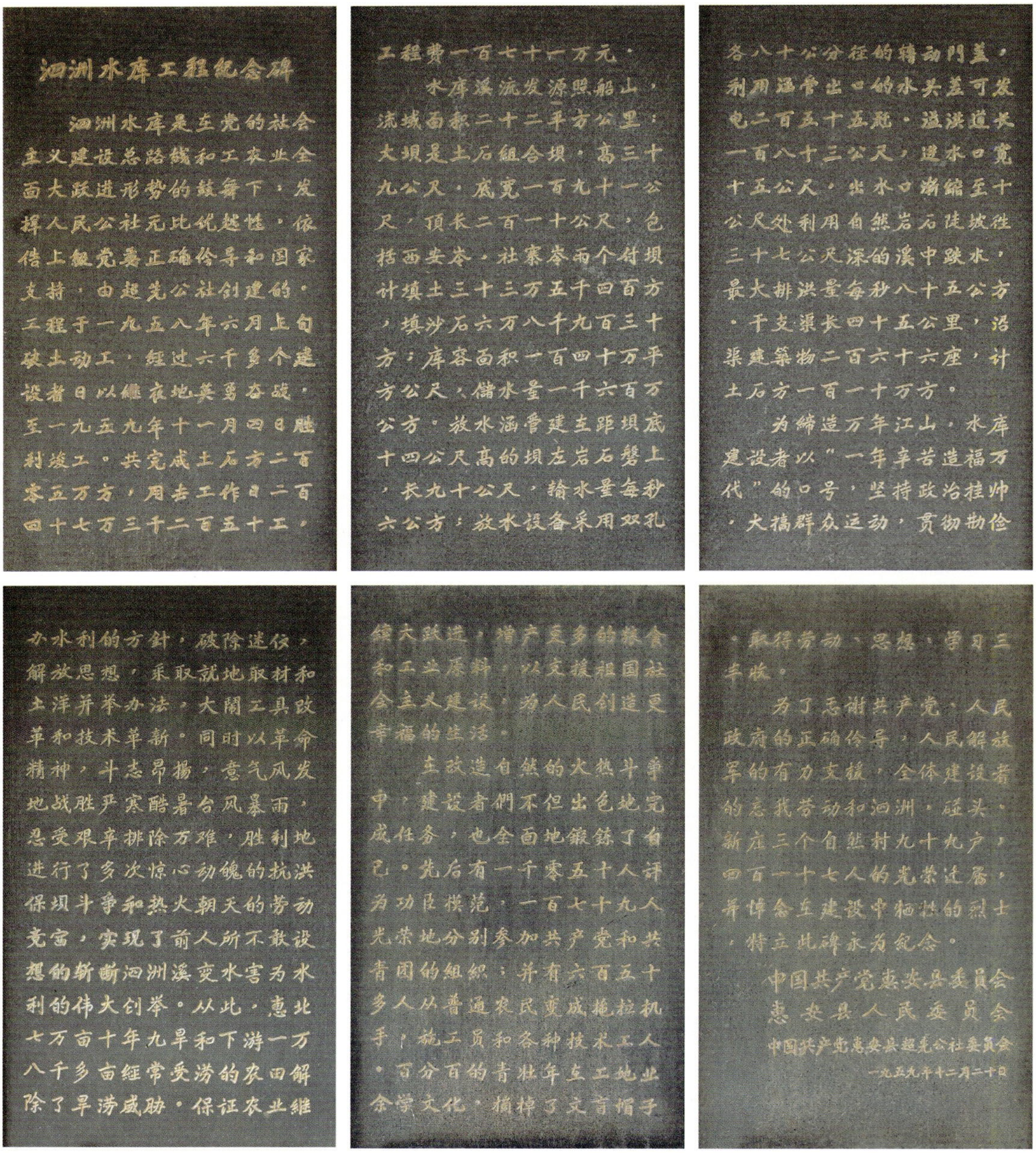

泗洲水库工程纪念牌

一座六面镶嵌石碑，生动地记载了人民群众“斩断泗洲溪，变水害为水利”的战天斗地，改造自然的伟大壮举。

山外水库，位于秀溪村。山外水库是在党的社会主义建设总路线和工农业全面“大跃进”形势的鼓舞下，发挥人民公社优越性，依靠上级党委正确决议和国家支持，由超先公社创建的，工程于 1966 年 7 月上旬破土动工兴建，至 1967 年

7 月 30 日胜利竣工，共完成土石方 120 万立方米，用劳动工作日 565000 天，工程费 120 万元。

山外水库是一座以灌溉为主，结合防洪等综合利用的小（1）型水库。水库设计灌溉面积 4800 亩，实际灌溉面积 4200 亩，水库下游涉及保护人口 5.2 万人，耕地 1.2 万亩，以及泉肖铁路和福厦铁路等的安全，为当地农业生产和保障人民生命财产安全发挥了重要作用。水库溪流发源于棋盘、湖内、长顶。坝址以上流域面积 6.785 平方公里，主河道长度 2.45 公里。水库大坝原设采用 50 年一遇洪水设计，200 年一遇洪水校核。校核洪水位 94.5 米，相应库容为 322 万立方米；正常蓄水位 90.50 米，相应库容 230 万立方米，死库容 2 万立方米。大坝为黏土斜墙堆石坝，坝顶高程 96 米，最大坝高 36 米、顶宽 6.4 米、顶长 143 米。大坝迎水坡坡比至下而下为 1 ∶ 2、1 ∶ 2.5 和 1 ∶ 3，在高程 84.50 米和高程 74.2 米各设有平台，平台宽 1.5 米。大坝背水坡坡比自上而下为 1 ∶ 1.1、1 ∶ 1.3 和 1 ∶ 1.5，在高程 87 米、80.60 米和 73 米各设有平台，平台宽度除高程 73 米处为 1.3 米外，其余为 1.5 米。大坝基础为基岩，迎水坡面护坡为块石护坡。溢洪道位于大坝左端，控制段为无闸宽顶堰，堰顶高程 90.50 米，净宽 13.5 米。溢洪道长 189.7 米，底板采用石灰砂浆砌块石，多数为两层，少数为一层，最大泄水流量每秒 45 立方米。输水涵洞为圬工拱形涵洞，长 115 米、高 2.3 米、宽 1.4 米。涵洞设置 2 个孔进水口，上孔底高程 69 米，下孔底高程 68 米。输水涵洞基础为岩石基础，输水量每秒 6 立方米，利用长度 800 米明渠，坡降 1 ∶ 500 引水发电，电站装机容量 250 千瓦。

为缔造万年江山水库，建设者以“一年辛苦，造福万代”的口号，坚持政治挂帅，大搞群众运动，贯彻勤俭为水利的方针；破除迷信，解放思想，采取就地取材和土洋并举的办法，进行工具改革和技术革新。同时以革命精神，斗志昂扬、意气风发地战胜严寒酷暑和台风暴雨，排除万难，战胜多次惊心动魄的抗洪保坝斗争；不畏艰辛，开展热火朝天的劳动竞争。在改造自然的火热斗争中，建设者们不断出色地完成任务，也全面地锻炼了自己，先后有 150 人被评为功臣模范，79 人光荣加入共产党和共青团，并有 200 多人从普通农民成长为拖拉机手、施工员等各种技术工人。百分之百的青壮年在工地业余学文化，摘掉了文盲帽子，取得劳动、思想、学习三丰收。

为了感谢党和政府的正确领导，人民解放军的有力支援，全体建设者的忘我劳动和建设中牺牲的烈士，中国共产党惠安县委员会、惠安县人民委员会和中国共产党惠

安县超光公社委员会，于 1967 年 12 月 20 日特别在水库坝址建立《山外水库工程纪念碑》，永垂纪念。

陈田水库，位于菱溪水库上游约 5 公里的涂岭镇陈田村。陈田村原为大雾山北麓的一处小盆地，四周高山环绕，东起溪西、丘后山，西到黄田山，南为大雾山、笔架山，北至旗山与樟脚、寨后相邻，方圆约 25 平方公里。陈田溪自西而东流经盆地中部，沿溪流南北分布着 9 个自然村，溪南有尾厝、官埕、李厝、颜厝、许厝、坑仔、埔崎，溪北有后洋、工部郎。陈田盆地中心地势宽阔，盆口峡深壁峭，这里若修水库，具有库容量大，坝体量小的优点，而且盆地海拔 218 米，与菱溪水库位置比降为 100 米以上，宜建设集防洪涝、蓄水、发电三位一体的多功能调节水库。

1969 年 11 月成立“陈田水库工程指挥部”，1970 年 9 月 28 日坝基开始填土，1970 年 10 月 26 日完成大坝主体工程，并进行了输水涵洞启用安装，同时开始蓄水，工程总投资 702.84 万元。大坝采用黏土斜墙土石混合建筑，高 218.2 米，长 150 米。水库控制流域面积 29.2 平方公里，总库容 2678 万立方米，库区外迁 9 个自然村，移民 204 户 1102 人，拆民房 1776 间、小学 1 所，淹没耕地 521.31 亩，果树 1425 株，

山外水库

茶园 187 亩。

陈田水库建成后，利用三级水头落差发电。一级水电站选址在输水涵洞出口处，设高压锥形阀门 1 座，单机流量 1.27 立方米每秒，装机容量 2×400 千瓦，平均年发电量 210 万千瓦，1985 年 12 月竣工，1986 年 5 月正式发电。二级水电站在青芒岭脚，1976 年 9 月开工，修建了 3 公里长的输水渠道，设计流量 2.8 立方米每秒，通过青芒岭 93 米水头落差，建设安装装机容量 2×800 千瓦机组。1978 年 5 月 1 日，第一机组正式运行，1983 年第二台机组组装完成开始发电。三级水电站，为了解决工程照明问题，1969 年从菱溪上游金钟潭开挖引水渠道，利用水头落差 18 米建站，装机容量 2×40 千瓦，1970 年夏正式运行。1975 年 3 月改建，利用二级电站尾水发电，设计流量 1.2 立方米每秒，装机容量为 1×200 千瓦，1972 年 10 月竣工并运行。三级水电站年发电量共为 600 万～ 700 万千瓦。

陈田水库分三级发电后的尾水，既可直接排入菱溪水库，又可经傍山开挖的 7.5 公里长的引水渠流入泗洲水库，利用菱溪水库、泗洲水库灌区的渠系配套，给惠北地区严重缺水的涂岭、南埔、界山、前黄、山腰、后龙、峰尾、辋川 8 个乡镇以及山腰

盐场共9万多亩的农田联合提供灌溉用水。陈田水库与菱溪水库、泗洲水库融会贯通，三大水库连成一体，共同为保障工农业生产用水和防止水涝灾害，以及提供人们生活用水用电，发挥了巨大的作用。

红星水库，位于前欧村新厝溪，是一座以灌溉为主，结合防洪、养殖等综合利用的小(1)型水库。工程于1966年6月开工，1970年10月竣工，坝枢纽建筑物主要由主坝、副坝、溢洪道、输水涵洞组成。大坝高24.1米、坝顶长240米，副坝位于主坝的右侧，高4米、顶宽4米、坝长24米，采用浆砌石挡土墙建筑。溢洪道位于主坝的左侧，进口为开敞式宽顶堰，全长105米，底板采用浆砌条石砌筑。水库集雨面积1.3平方公里，水库总库容115.22万立方米，兴利库容91.6万立方米，水库原设计灌溉面积2000亩，有效灌溉面积1500亩。2010年，水库进行第一次除险加固。2017年12月，对水库大坝及放水涵洞进行物探探测，发现放水涵洞存在漏水和堵塞的隐患，故将69米作为控蓄水位。

双溪水库，位于五社村西北，是一座以供水为主、兼有一定防洪效益的小（1）

陈田水库

型水库。工程主要由砌石拦河坝、上坝路、管理房、湄洲湾南岸供水工程隧洞改线和引水工程等项目组成。最大坝高 63.5 米，坝底高程 25 米，坝顶宽 3 米，拱冠梁底宽 19 米，坝顶中心线弧长 291.923 米。水库规划库容 984.9 万立方米，校核洪水位 92.32 米，水库正常蓄水位 90 米。施工进度已基本完成大坝主体、管理用房、输水系统开挖、湄洲湾南岸供水工程隧洞改线及通库区公路等，2000 年进行上坝路路面硬化、取水塔引水口浇筑，以及各项验收等各项扫尾工作，计划于 2020 年底完成整体水库工程建设。

幸福水库，位于溪头村，是一座以农田灌溉为主，结合防洪、供水等综合利用的小（2）型水库，1957 年 11 月建设，1958 年 3 月竣工并投入使用。控制流域面积为 0.68 平方公里，主河道河长 1.52 公里。大坝分主坝、副坝，坝型为均质土坝，正常蓄水位 30.11 米，总库容 10.82 万立方米，兴利库容 4.92 万立方米，有效灌溉面积 700 亩。水库设计保护下游人口 2000 人，溪头村、清美村两个自然村农田等收益。2014 年 7 月进行大坝安全鉴定，评定为三类坝。2015 年，对水库进行大坝防渗、坝坡加固、山

红星水库

蚁防治，以及溢洪道和输水涵洞等除险维修，2015 年 12 月完工验收。2016 年 2 月水库大坝注册登记。

后山水库，位于路口村菱溪流域，是一座以农田灌溉为主，结合防洪的小（2）型水库，1959 年 5 月建成投入使用。水库集雨面积 0.58 平方公里，主河道全长 1.17 公里，总库容 15.34 万立方米，兴利库容 11 万立方米，有效灌溉面积 500 亩，水库下游涉及保护两个村庄人口 1000 人，为当地农业生产和保证人民生命财产安全发挥了重要的作用。水库枢纽工程主要由大坝、溢洪道、输水涵洞组成。大坝为均质土坝，坝高 24.45 米、长 87 米、顶宽 4 米，迎水坡采用干砌石护坡，背水坡采用草皮护坡。溢洪道位于大坝右岸，全长 132 米，左侧墙采用浆砌石，右侧墙为天然岩质边坡，控制段底板采用浆砌条石砌筑。2014 年 4 月，进行该水库大坝安全鉴定，评定为三类坝。2016 年 2 月，水库大坝注册。2015 年 4 月，实施除险加固建设，2016 年 11 月完工验收。

湖仔内水库，位于下炉村埇尾溪，是一座以灌溉为主，结合防洪、供水等综合利用的小（2）型水库，1970 年 3 月动工，1972 年 3 月建成投入使用。水库集雨面积 0.6

平方公里，主河道全长 1.52 公里，总库容 26.26 万立方米，兴利库容 20.41 万立方米，有效灌溉面积 500 亩。水库枢纽工程主要由大坝、溢洪道、输水涵洞组成。大坝为均质土坝，大坝高 11 米，坝顶宽度 3 米，干砌石护坡建筑。溢洪道位于大坝中部，为坝顶开敞式溢洪道，总长 65.1 米，进水渠及控制段采用浆砌条石衬砌，两侧为重力式浆砌条石挡墙，进水渠及控制段下游侧与大坝对应部位设置 3 米宽交通桥。水库下游涉及保护人口 1000 人以及公路重要交通路线，为当地农业生产和保证人民生命财产安全发挥了重要的作用。

潼清水库，位于白潼村龙马溪，是一座以农田灌溉为主的小 (2) 型水库，1971 年 11 月动工建设，1973 年 7 月告竣。水库集雨面积 1.7 平方公里，主河道全长 1.78 公里，有效灌溉面积为 100 亩。经复核，溢洪道堰顶高程为 37.6 米，正常蓄水位 37.6 米，相应库容 4.66 万立方米。水库枢纽工程主要由大坝（主坝、副坝）、溢洪道、输水涵洞等建筑组成。大坝长 57 米、高 7.85 米、顶宽 4 米，为均质土坝，坡面为复合土工膜 + 浆砌块石护坡的结构形式，最大迎水坡坡面从库底至坝顶采用浆砌石护坡。

后山水库

副坝长 100 米、高 40.1 米、顶宽 2.3 米，为均质土坝，迎水坡坡面从库底至坝顶采用浆砌块石护坡、复合土工膜，背水坡采用草皮护坡。溢洪道为无底坎宽顶堰，边墙采用浆砌石结构，输水涵洞位于主坝右岸。2007 年 6 月由泉州市水利水电勘测设计院设计，于 2009 年 6 月实施除险加固建设。2016 年 7 月水库大坝注册登记，2016 年 11 月进行大坝安全鉴定，评定为二类坝。

加田水库，位于五社村加田溪流域，是一座以农田灌溉为主，结合防洪、养殖等综合利用的小(2)型水库。加田水库于1978年10月竣工，坝址以上控制流域面积为1.47平方公里，主河道长 1.88 公里。2013 年大坝加固后最大坝高 14.02 米，坝顶长 68.8 米，总库容 12.73 万立方米。水库保护下游五社村 2000 人，有效灌溉面积 800 亩，保护耕地 1000 亩，保护公路 1.5 公里。加田水库由泉州市水利水电勘测设计院设计，于 2013 年 2 月进行大坝安全鉴定，评定为三类坝。2013 年 12 月实施除险加固工程建设，工程于 2015 年 7 月竣工验收。2016 年 2 月水库大坝注册登记，2020 年汛限水位 113.90 米，汛限库容 60 万立方米，由于距上次大坝安全评估鉴定已超 5 年，拟设控蓄水位 112.90 米。

加田水库

凉岭

卷三·驿站关寨 交通要道

涂岭“北通省会，南抵泉漳”，地处惠北与仙游、莆田接壤，古时亦是兴化府与泉州府的分界点，福泉驿道自洛阳桥往枫亭路段皆在涂岭境内。元末兵起，寇所出没，“西北数都皆崎岖山岭间”的涂岭之军事地位愈显重要，开始设置巡检司、建立寨堡等，因而成为水陆要冲。明代实行卫所制度，清代改为绿营，州县亦设有巡检司，有弓兵巡稽。明代倭乱，各地多有自建寨堡防卫之举，在此基础上官府和地方共同构筑了“急而烽火相闻，军兵互援”的军事防御体系。

一、千年古道穿全境

（一）取道涂岭

驿道，是我国古代陆地交通的主通道，同时也是重要的军事设施之一。其功能主要用于转运货物、迎送官员、传递军令军情等。驿道上设有驿站，便于往来官员和军事人员休息和换马。我国是世界上最早建立组织机构传递信息的国家之一，邮驿历史长达 3000 多年。早在殷商时期，甲骨文中就已经出现了“驲”“传”等字样，这是我国邮驿的最早记录。

涂岭成为福泉交通要冲与历代邮驿制度的发展特别是洛阳桥的兴修直接相关。古代福建省内外的交通道路大都是山区小道，非常狭小曲折，“闽省腹地，山脉绵亘，道里崎岖，鸟道盘纡，羊肠迫隘，陆行百里，动须旬日”，福建山区道路的“曲、小、难”等特点是古代福建陆路交通的真实写照。涂岭位在泉州府城之东北境内的西面山地，但其东面临海地区的地形却显得较为平坦，整体地形走势几乎“一分为二”，即西面山区，东面平地。这种山区与平地嵌接的地形地貌条件，为驿道的南北走向、沿山边平地便利行走奠定了基础。

唐时，由于中原的政治、经济重心逐渐转向东南沿海地区，福建道路建设的重点也移到福州、泉州、漳州。唐、五代时，福建自成一级政区，因当时的政治中心在福州，道路建设以福州为中心点，辐射福建全省的交通线在雄厚的社会经济支持下发展迅速。汉唐以来，福州通往泉州的主要交通路线是由福州洪山经今永泰、仙游，最后从泉州北门进入泉州，走的全是崎岖的山路。这条沿海路线是当时福州商旅往南行走的主要通道，由于这条路线主要是沿着山区行走的，所以涂岭一带在唐朝还没有成为闽南地区的交通要道。

唐垂拱二年（686），漳州建置，漳州刺史陈元光沿袭秦汉时期的道路布局，将西北至龙岩、长汀，北至泉州，南抵广东潮州揭阳的道路全部开辟为驿道。随后，驿道开始在福建大范围修建起来。宋代邮驿有驿、馆、铺、亭、站之分，驿之下设若干铺，非通途大道则设馆、亭、站。宋时福建驿道以福州为总枢纽，分南、北、西三路，通往广东、浙江、江西。在福州通往泉州的驿道上，主要有晋安（今晋江）、南安、同安、惠安、永春、安溪、德化 7 个县，设有 4 个驿站。泉州北上福州的驿道线路，并非一成不变，因以洛阳桥的修建而产生的变化最大。

洛阳桥原名万安桥，横跨于洛阳江上，《泉州府志》云，“当惠安属邑，与莆阳（今莆田）、三山（今福州），京国（今开封）孔道”。在未成桥之前，这里原是“水阔五里，上流接大溪外即海”，“每风潮交作，数日不可渡”的“万安渡”。因阻于洛阳江面宽阔，水深流急，当时自泉州北上福州，不得不由城北出朝天门，从马垵格入河市，翻越朋山、白虹山，攀登高山峻岭，盘旋羊肠小道，经仙游、莆田、福清然后抵达。这是洛阳桥未修建时的驿道线路，走的多是山路。北宋嘉祐四年（1059），万安桥的建成，“为千百年履海之康庄”，“去舟而徒，易危为安”，从福州到泉州，便可以直接经由枫亭、涂岭、驿坂、居仁、上田，过洛阳桥后从城东仁风门进入泉州。据嘉靖《惠安县志》载，铺舍，宋代惠安有涂岭、居仁、上田三铺。铺有节级，供申急递等差。这条途经涂岭境内的泉州往福州的主要驿道路线，很显然是由于洛阳桥的建设而形成的。《惠安政书》记述了“盖北取道驿坂，出柯溪岭，逾济龙桥，渡于谷口，自万安桥成，驿迁而壤为僻矣”的驿道改线变迁的情形。

两知泉州的蔡襄，不仅“立石为梁”造洛阳桥，而且“又植松七百里以庇道路”。倡议官吏，发动百姓，从福州大义渡到泉州、漳州的道路两旁栽种松树，改善道路通行条件，保障道路的顺畅。由此可见，至迟在北宋嘉祐四年（1059）万安桥修建好时，涂岭驿道就已经存在，并早在近千年前便开始发挥其“北通省会，南抵泉漳”的重要作用了。

涂岭古驿道遗迹

元代，统治者为了沟通辽阔的疆域，实行严密的站赤（驿传的蒙古文译名）制度，驿路之设，“止则有馆舍，顿则有供帐，饥渴则有饮食，而梯航毕达，海宇会同，元之天下，视前代以为极盛”。元世祖时，每驿置铺丁五人，规定铺兵一昼夜应行400里（约184公里）。元至治二年（1322），地方各处的急递铺，每十铺设一邮长。铺兵须腰间束带，悬铃持枪，带着雨衣和文书，夜间行走时，持火炬，道上人员听到铃声均需回避。下一铺的铺兵，须先期等待，并用褁板保护文书，辗转送去。

元代的泉州“梯航万国，此其都会”“四海舶商，诸番琛贡，皆于是乎集”，海外贸易兴盛、港市繁荣，号称“东方第一大港”。泉州作为起于元大都的交通大干线的终点，这里的驿道建设，更得到充实和加强，不仅在泉州至杭州的海道建立15个海站，每站置船5艘，水军200名，“专运番夷贡物及商贩奇货，且防御海道为便”。同时，在陆路方面，于福建省内共分8个路、48个县，设驿30个、铺23个、站10个，在泉州境内设驿3个、站2个。元时的福建驿道线路基本沿袭了宋以来形成的驿道线路，泉州往福州的驿道，依旧经洛阳桥，惠安县的皇华驿、驿坂、涂岭，仙游的枫亭、莆田、福清至省治福州，组成可靠、便捷的海陆交通网。

明时，驿递机构有驿站、递运所、急递铺3种。明中叶后，急递铺日渐废弃，不少递运所并入驿站。驿站成为明代驿递机构中最重要的一种，其职能包括递送使客、传递公文、飞报军情、转运军需。福建设驿51个、铺645个、邮递所10个，泉州府辖有驿站 5 个（深青马驿、大轮驿、康店马驿、晋安马驿、锦田驿）、铺 67 个。据嘉靖《惠安县志》载，惠安设有白水（急递）、涂岭（急递）、驿坂、居仁、县前、盘龙、上田等七铺，自北而南各铺之间相距各 10 里，铺舍中为邮亭，亭之后为铺，厅旁为铺舍，前为门。每铺有铺司，以铺兵专主走递，又设铺长一人，管勘各铺杂物及稽迟文字。在明朝 200 多年里，泉州北上福州的驿道均是从泉州府城出发，过洛阳桥，至惠安县的上田、盘龙、居仁、驿坂、涂岭、白水，经仙游的枫亭、莆田、福清而到福州。《惠安政书》云，“自闽都达泉漳，为孔道而设置邮，斯亦称繁焉”，驿坂、涂岭、白水依然是驿道上的重要驿铺。

明朝初期，为了适应发展，在主干道之外，还增设了新的驿道。明洪武四年（1371），惠安县城设县前铺，开辟一条从县城通往海滨的双向驿道，一路向东通往黄崎，一路转向东南通往崇武，长各 50 里，专递盐场海汛文书。没过多久，于洪武八年（1375），又开辟了一条从县城往西门山岭的驿道。全长 30 里，主要通往涂岭的黄田、樟脚、寨后一带山区，驿道上设置黄田铺，专递山岭文书。如今在黄田、笔架山等处，仍保存着驿道的石板台阶等遗迹。

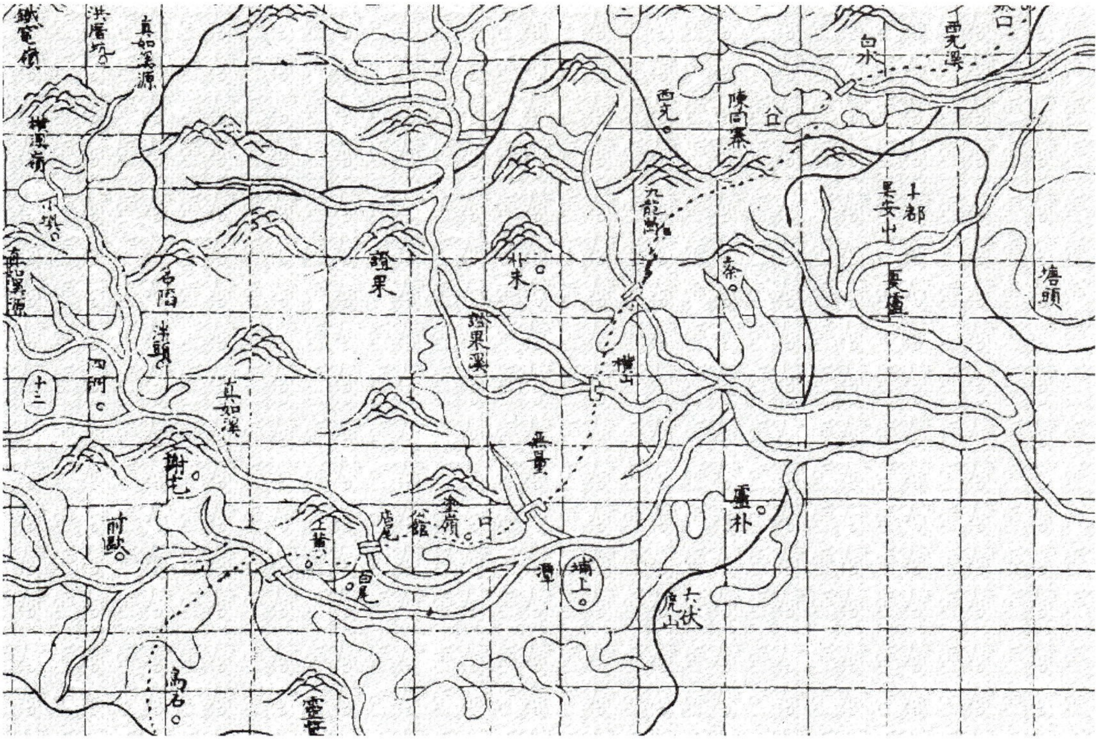

明代驿道涂岭段地图（叶春及《惠安政书》）

清代福建驿站主要由驿夫走递公文，驿铺夫兵名额根据事务繁简而不同配置。由于福建山海交错，“水路则风信不时，渡涉维艰；陆路则崇山峻岭，登陟不易”，故清廷对福建驿递作特殊规定：凡军机处发出紧要公文，“一入福建之界，无论限行三百里、六百里”，“每昼夜概行三百里”。清代福建全省共设 784 个铺站、9 个腰站，驿路以省会福州为中心，主要有 5 条干线驿道通往省外，其中福州至广东饶平县的驿路途经涂岭。该路线自福州府闽县三山驿起，经大田驿，福清县宏路驿、蒜岭驿，兴化府莆田县莆阳驿，仙游县枫亭驿，泉州府惠安县锦田驿，晋江县晋安驿，南安县康店驿，同安县大轮驿、深青驿，漳州府龙溪县江东驿、丹霞驿、甘棠驿，漳浦县临漳驿、云霄驿，诏安县南诏驿，至广东饶平县交界，全程共 1030 里（约 593 公里），为福州沿海通往泉州漳州方向驿道，是贯通漳州府与福州府的南北主要交通要道。

清代驿道涂岭段地图（《福建省沿海全图》）

此驿道在泉州府内设 5 个驿站，分别是惠安县锦田驿，晋江县晋安驿，南安县康店驿，同安县大轮驿、深青驿；铺 72 个，腰站 2 个。在涂岭一带设有驿坂铺、涂岭铺、白水铺。驿道途经涂岭，与明代驿道走向一致，经驿坂、路口、前欧、涂岭、溪头蓝田、白潼白水村往枫亭方向行走。如今涂岭古街、驿坂古街等驿道遗迹，多是清代保存下来的。据清初曾出任广州知府的漳浦县人蓝鼎元（1680—1733）记载，“泉州新桥、安海、沙溪、涂岭，行铺千百间，大开街衢，便民贸易”，泉州漳州学子入省城乡试和进京赶考，以及官员升迁赴任和商贾贸易经此为康庄大道，诸多人士在这里停留休憩，留下了诗文佳作。清代任台湾教谕的侯官人刘家谋（1813—1853）的《涂岭晓行》：

晨床急振衣，冒雨越郊甸。天怜行役艰，俄顷阴晴变。
泾云杂炊烟，高下成一片。日光不得出，时傍岩端见。
田家刈获余，岁晚自安宴。出门别妻孥，未暮已会面。
不识风尘劳，终年守乡县。

清代任内阁中书及翰林院国史馆、方略馆校对官的晋江县人杨浚（1830—1890）的《十六夜宿涂岭》：

浪迹东西一水滨，乡音渐近若为亲。
长空得月成良匹，古驿无花思故人。
落落衣冠皆过客，匆匆幞被此风尘。
劳生敢悔轮蹄苦，四海而今是比邻。

仅列举两首诗作，即可见证当年涂岭驿道的热闹繁华景象之一斑。

（二）驿道建设

进入宋代，特别是元祐二年（1087）设置市舶司以后，泉州对外交通，海外贸易迎来了繁荣时期。绍兴八年（1138）赵构偏安江南，杭州成为南宋的都城。在宋廷南迁的影响下，作为海外输入香料货物和出洋兴贩陶瓷茶叶的主要港口，泉州步入了一个空前发展的历史阶段。与之相适应的道路交通建设快速推进，主要驿道上的驿铺设置、维护与管理，亦受到了高度的重视。

为了加速进出口货物的运转，便于商旅往来顺畅无阻，继北宋洛阳桥等石桥的修建以后，南宋掀起了一个造桥热潮。从江河溪流之上到海湾岛屿与陆地之间，从东南海滨到内陆山区，都先后架起了许多石桥梁。那些在“官路驿道”上跨越河流山谷架空道路的大中型石桥，多是在这一时期建造起来的。大批桥梁的建设，对于完善泉州港的海陆联运，加强与内陆的联系，在通商旅、畅货运、顺邮递方面起了十分重要的作用。

嘉庆《惠安县志》卷八桥梁载，“邑之跨溪谷山涧，疏潮汐、越沟渠而为桥梁者，不可胜数”。而因“临要冲大道、工巨而利溥者”而为县志载录者有44座。其中“南自洛阳北至白水，为驿路通行人者”16座桥，均于乾隆四十五年（1780），“邑令彭良稷倡捐重修，道路七十里为坦途”。这16座桥，自南而北依次为：“万安桥，在邑南三十里道津铺，晋惠交界，宋郡守蔡忠惠公襄建；德茂桥，在邑南二十里，奉政大夫庄维祷乾隆十年修，并修邑南大路三十里；惠安桥，在邑南十五里涂厝仔，乾隆时封中宪大夫陈元椿修；登庸桥，在邑南十五里前康铺，乾隆二年进士黄绍培修；乐善桥，在邑南十五里乐善铺，乾隆三年监生骆钟岳修；东吴桥，在邑南五里盘龙铜，乾隆四年封修职郎吴濬修；江市桥，在邑南里许，宋时江姓列肆而居，故名。绍兴八年，邑令彭元达修；龙津桥，在邑治南，一名南岭桥，宋时建，邑令赵汝禀书刻，康熙间晋江施韬修；巨济桥，在邑北里许，泗洲山前，亦名泗洲桥。宋丞相韩魏公琦建，立石桥左。国朝雍正十三年，邑人陈元椿重修；仁居桥，在邑北五里，明邑令夏忠建；大德桥，在邑北二十里驿坂铺，宋时建，封中宪大夫陈元椿建；跃津桥，亦在驿坂铺，宋崇宁间里人上舍谢文龙建，嘉定初，其侄孙知录宜中修，康熙六十年施韬修；菱溪永济桥，在邑北二十五里菱溪上，一名碣石桥。宋治平二年，邑令张介建，绍兴三十二年郡守赵令衿、绍定己丑尉赵汝均相继重修，雍正八年仙游徐万，十一年监生周应列、水客黄正兴修，乾隆十二年邑优监生陈宸修；惠宁桥，在邑北三十里涂岭，宋时建，明万历乙卯邑令陈淙修，国朝雍正十二年邑进士浙江守备黄绍培修；无量桥，亦在涂岭，国朝雍正年间黄中桂修；白水桥，在邑北三十五里白水岭下，明万历三十九年邑令杨国章修。”上述16座“工巨而利溥”的大桥，分布于惠安“要冲大道”上，其中在涂岭境内的有6座，即大德桥、跃津桥、菱溪永济桥、惠宁桥、无量桥和白水桥。

清嘉庆、道光大德桥碑记

大德桥，位于大德山下，横跨大德溪（驿坂溪的今街尾村流域称大德溪，上游五社村流域称模柄溪），南北走向，通往驿坂。始建于宋代的大德桥，不见有详细历史文献记载，而前述嘉庆《惠安县志》载“封中宪大夫陈元椿建”，显然错误，所说的“建”应为“修”或“重修”才是。乾隆《泉州府志》卷十《桥渡》载："大德桥，在驿坂埔，宋时建，国朝雍正十三年圮，邑人陈元椿重修。"这里记载了陈元椿重修的时间，在雍正十三年（1735），可是据陈氏族谱，陈元椿卒于雍正十二年（1734），可见府志记载重修时间也错了。不过，保存至今的竖立于驿坂村古街南关帝庙旁的两方捐修石碑，揭示了清代大德桥四次重建和修缮的情况。这两方石碑原掩埋在大德桥北端桥头地下，20多年前村民在溪边开荒种地时被发现。1996年因开始规划建设五社乡村公路，时任驿坂村委的林尾法认为石碑很有历史价值，便召集了6位村民将卧倒在公路用地边的两方石碑，抬到关帝庙南侧贴屋竖立安置。

其一嘉庆碑云：

大德桥，旧在北隅五十武许，国朝顺治间进士陈公懋芳建。后圮于水，邑绅陈讳文煇修焉。乾隆四十八年大雨，桥尽塌。廿载以来，沙石壅塞，水势南冲，民艰于涉，爰捐廉俸延陈君永华董其役，移址于斯，重新营造，靡白金四百两有奇。阅两月桥成。时嘉庆十有二年丁卯桐月之吉，知惠安县事黄甲元记。

其二道光碑云：

大德桥，道光己丑年四月立石，知惠安县事仝卜年捐修。

2000年修建的大德桥（黑灰桥）

掩盖在水泥路面下的原过水梁石碇

大德桥上游1987年修建的"过水梁"

两方石碑记载了清代四次重修：

第一次，顺治间（1644—1661）进士陈懋芳建。陈懋芳，良盘铺新厝人（今辋川镇后新厝村），顺治十五年（1658）登进士，出任山东嘉祥知县，筑堤防河水患，捐俸修葺学宫，为官贤良，“以劳卒官”。碑所记“建”大德桥，是重建或大规模重修，时间应在1658—1661年间。

第二次，后来大德桥被大水冲毁，邑绅陈文焊修葺。陈文焊，良盘埔居仁人（今辋川镇居仁村），陈元椿次子，继其父修建惠安学宫（文庙），“大吏上其事于朝，给通判职衔”。陈文焊署名捐修大德桥，可以推断是在其父陈元椿于雍正十二年（1734）去世之后。石碑的“陈文焊修”，与县志的“陈元椿建”和府志的“陈元椿重修”的记载，虽然捐修者有别，但无疑指的是同一件事。对于大德桥的这一次修缮，正如修建惠邑学宫，父元椿“未成而卒，子文焊成之”是也。

第三次，乾隆四十八年（1783）大雨，大德桥全部倒塌，20余年来，沙石阻塞，水流湍急，涉艰履危，于是知县黄甲元在离任前〔嘉庆十一年（1806）七月到任，十二年（1807）三月二十七日卸事〕的嘉庆十二年（1807）三月做了一件好事，自捐俸禄，聘请监生陈永华（陈元椿嗣孙）[1]督办监理建桥事务。这次的“重修营造”，移桥址于原石碑的所在地（石碑出土地点）之南面，即今之大德桥的位置，用工两个月，费银400余两而桥告竣。

第四次，石碑记载清道光九年（1829），知县仝卜年捐修大德桥。[2]始建于宋代而历经重修的大德桥，其建筑形式，都会被常识性地认为是像洛阳桥那样的垒石于渊，叠石为梁的“简支式”的一般构造。如果说早期的大德桥采用的是这种“简支式”的梁桥结构，但是在当代人们记忆中，它则是一座堤梁式桥，亦称“过水梁”。这种“聚石水中，以备步涉”的过水梁，即以条石在溪滩上铺设为基础，用自然的或经加工的石块，按步履间距布筑在滩基上，形成稳定的碇步，可过人，亦可过水，除非遇上山洪，

[1] 清道光《惠安县志续志》卷七《人物志上》：“鸣夏从子永华，字实侯，号蟠溪，监生。有志继续前徽，因修明伦堂、文昌祠、节孝祠，又修无量、惠宁、大德、永济、萌心诸桥。”清嘉庆《惠安县志》卷三十一《列女》：“节妇囗氏是娘，菱溪人，阳坂后吴乡陈思泳之妻，年二十九夫殁，上事舅姑，下抚二子，以成夫志。长男永华，监生……”

[2] 仝卜年，山西平陆县进士，知惠安，于道光六年（1826）正月二十五日到任，道光九年（1829）七月二十六日卸事。惠安县地方志编纂委员会编写《惠安县志》大事记载“道光二十九年（1849）知县仝卜年重修大德桥”，时间有误。石碑记为道光九年（1829），应在仝卜年的道光六年至九年（1826—1829）的惠安知县任内。

碇步都能畅通无阻。

据耆老揭悉，大德溪非常宽阔，后来沙石淤塞，垦荒种田，溪床逐渐变窄，不过直到二十世纪二三十年代，大德桥还有 70 多个“石跳”（即石碇，民间亦称石齿），依然是人们过溪往来的交通设施。

1973 年 7 月天降台风暴雨，山洪冲垮了大段滩基石碇，给溪面百亩“大德田”（20 世纪 90 年代福厦高速公路驿坂收费站建设被大面积征用）的耕种造成不便，2000 年在被大水摧毁的溪道处修建了一座石砌墩座水泥梁板的“黑灰桥”。在黑灰桥南北两端铺设的水泥路面下，还清晰可见原来的过水梁石碇。

随着历史的变迁，大德桥失去了昔日的风貌，也失去了“官路”的作用，悄然无声地淡出了人们的视野。

跃津桥，位于驿坂村街尾，横跨驿坂溪（驿坂溪流经驿坂村段，民间称溪仔溪），亦称“溪仔桥”“街尾桥”。宋崇宁年间（1102—1106），菱溪人谢文龙建。谢文龙，谢履之从弟，字德翔，县学上舍生。其“三举礼部，一贡太学，名振京师”，学问渊博，

跃津桥（20 世纪 90 年代前）

跃津桥（2019年）

文辞敏捷，为博览经史之儒学名士，以诗词文章名扬江南，郡守陈觉民（崇宁五年知泉州）“深器重之”，国史院修撰、礼部侍郎范祖禹和吏部侍郎庄公岳“称以国士”，未第而卒。百年后的嘉定年间（1208—1224），谢龙之侄孙谢宜中重修了跃津桥。谢宜中，宋庆元二年（1196）登邹应龙榜进士，任州录事参军。康熙六十年（1721），晋江龙湖衙口人施韬重修跃津桥。施韬是清初著名将领靖海侯施琅之侄，随征台湾有功，官至礼部右侍郎。施韬“不乐仕进，好施与”，修造桥梁“自省抵漳州大小计百五十有奇”。

北宋崇宁年间（1102—1106）的建桥，以及南宋嘉定年间（1208—1224）和清康熙年间（1662—1722）的两次重修，只见史书简略记述，据当地耆老追述，跃津桥在关帝庙南侧（今萧王府所在位置），原立有一方很大的修桥碑，碑文不详。1962年，村里在关帝庙里办集体米粉作坊，因缺乏石料作“米碾”，即把碑身分切成三大块，加工拼接为碾盘，石碑座则打制成石碾，用作生产米粉。后来米粉厂停办，石碾盘弃之无用。其碑座龟首和石碾还保存在今庙亭边上，碾盘则不知去向，据说被埋在关帝庙前的戏台地下了。

石碑座龟首和石碾

现在的跃津桥，已不见当年之“工巨而利溥”，随着南北溪道逐渐淤积成陆，特别是1958年人民公社化时，整治溪道，拆桥墩、桥板石筑路砌岸，以及桥北面两侧加盖房屋即成驿坂街道的向南延伸，直到20世纪50年代仍保留着六墩七孔长47米的规模，而被填埋后仅存二墩三孔而已。现存桥长23米、宽3.3米，桥面由5条石板铺就，石板长6米、宽0.6米、厚0.4米。墩由石条纵横交替分层堆砌，迎水端呈尖形，以分水势。那两方默默地在跃津桥南的关帝庙屋外贴壁竖立的大德桥碑记，误导人们张冠李戴，将跃津桥错当作大德桥而津津乐道。[1]

菱溪永济桥，位于驿坂村后吴，横跨菱溪，也称菱溪桥，北宋治平二年（1065）惠安县令张介建。嘉庆《惠安县志》卷十五职官·宋知县载，张盖，嘉祐七年至治平三年（1062—1066）任，可见张介应为张盖。查不同版本的府县志书，如万历《泉州府志》和嘉靖《惠安县志》亦有类似的记载，叶春及《惠安政书》论及菱溪桥，考张介为张盖之“字误也”。

菱溪永济桥又名碣石桥，“碣石”和闽南话“乞吃”谐音，因此，久而久之人们便把这座“宋治平中，桥之以渡，即所谓永济桥者”，习惯称为“乞吃桥”了。在民间还广泛流传着一个乞丐奉菩萨许愿，筹钱造桥，而为纪念其功德因以名桥的神话故事。

菱溪永济桥始建于北宋，经历代多次重修。史载自宋治平二年（1065）创建后圮，绍兴三十二年（1162）郡守赵令衿重建。赵令衿，宋宗室，为太祖赵匡胤五世孙，绍兴二十一年（1151）知泉州，二十六年（1156）授明州观察使，寻加庆远军承宣使，二十八年（1158）卒于任上。赵令衿知泉州“博学能文，在郡留意教养”，主持修筑安平桥和东桥等，并重建了永济桥，因在泉有善政，“立生祠于桥左”。但据其生平，将重建永济桥时间记在绍兴三十二年显然错了。

道光县志所载菱溪桥的最后一次修葺是在乾隆十二年（1747），由邑优监生陈宸重修。陈宸，字翩若，陈元椿长子，“善体父志，凡有善举，皆佐之”。他修葺碣石桥，还捐置县学宫乐器、祭器，重建养正院、陡门桥和建县东北山尾桥。陈宸“以优贡生终”，敕授修职佐郎，诰封文部郎。因元末文学名士卢琦《菱溪记》的永济桥侧“翠蔓青树之下，命酒小酌，倦坐石上垂钓”的一番诗情画意之描绘而名噪一时的菱溪永济桥，历经沧桑已不知所在，然“乞吃桥”之名却于民间传称不辍，不乏志趣者为此循迹追踪。

调查发现，碣石桥遗迹尚存，在今涂岭路口村中国石化泉港联兴加油站和泉港华通公铁联运代理有限公司前的324国道下。福昆324线公路惠安段始建于1919年，县城至枫亭的涂岭段续建于1924年，1938年冬，为防备日本侵略军进犯，毁桥断路，

[1] 1979年惠安县人民政府把跃津桥当成大德桥公布为第一批县级文物护单位，2001年12月泉港区政府公布为第一批区级文物保护单位。

路口村陈益民和初中同学在湖边游玩留影（1981 年）

破坏了所有公路和桥梁，1951 年公路交通得到全面修复。据采访耆老路口村陈景如（84 岁，1936 年出生）、驿坂村陈添恩（83 岁，1937 年出生）的追忆，1950 年复建的碣石桥为石墩木面桥，工字铁为梁，铺设木头桥面，十一墩十二孔。桥梁建成后，为防止遭受破坏，政府专门组织了护桥队，桥头建有岗亭，由县大队派员配合民兵日夜站岗放哨，保护桥梁安全。

《重修菱溪永济桥铭》

菱溪水流经路口村，在今后吴水库大坝址处，高差跌落，形成了一个深水湖，号称“仙井内”。溪水经湖溢出，穿过碣石桥孔道向东奔流。湖边岩石错布，水中突出一块巨大磐石，仰面镶刻“湖回宛在”四个大字，传说在湖边上投石能掷中字的人，将做官发财。仙井内和碣石桥，曾被明县令叶春及称为“水石幽胜”，成为远近人们游山玩水的好去处。

碣石桥附近原立有三方石碑，人们以此冠名，把这一带地方（田地）称为“三个牌”。石碑乃至地名随岁月流逝仅存记忆，然而陈景如老人提供了一条线索，曾见一陈姓村民院子里用一方古石碑作桌面，大概在五六年前以 50 元卖掉后不知所终。功夫不负有心人，从收藏家陈益民和张永平处获得信息，几经周折，在一家老物件堆场中找到了这方“重修菱溪永济桥铭”。石碑云：“菱溪如弓碣石为砺，飞龙长存万古永济。嘉庆六年秋月吉旦，里人陈思忠董役重修并勒铭。”

里人陈思忠于嘉庆六年（1801），捐资监理重新修葺了菱溪永济桥，并立碑记其事。陈思忠，后坑人，为具有乐善好施优良传统的侯卿陈氏知州房之裔孙，嘉庆十二年（1807）副贡生，嘉庆十三年（1808）戊辰科举人，任龙溪教谕。碑铭记载了继县志所载的乾隆十二年（1747）之后，菱溪永济桥在清代又一次重修。此碑弥足珍贵，应该好好保护。

1956年9月17日，27号强台风由崇武登陆，菱溪水库上游连降暴雨。18日20时，菱溪水库开始溢洪泄入后吴水库，库盆很快涨满，由于后吴水库溢洪道基础是沙壤土，又采用块石干砌护坡，经不起溢洪流速冲击，19日（中秋节）8时30分，陡坡先被洪水冲垮，不到一小时，整个溢洪道从下向上全部冲毁，洪水冲成一道长610米、宽50米、深10米的新溪床，这就是现在的“驿坂溪”，后在溪上建桥，名为“溢洪道桥”，即今324国道上的“驿坂桥”是也。

324国道上的驿坂桥

后吴水库建成7个月后报废，菱溪水流由此改道，碣石桥作为324国道上一座公路桥，经过不断地改建，成为石墩水泥板的永久性桥梁。直到20世纪90年代末，随着324国道的扩宽增建，特别是后来的联兴加油站和华通运输公司（车场）的填湖置地建设，仙井内被夷为平地，碣石桥墩孔被埋没而成陆上桥。随着公路和桥梁水泥铺面的一体化，“乞吃桥”从此匿迹，虽然没有销声，但往往被牵强附会，人们总是错误地把今324国道上于20世纪60年代兴建而在20世纪80年代改造的驿坂桥，以讹传讹指认为“乞吃桥”。

惠宁桥，横跨泗洲溪（坝头溪），位于涂岭亭铺村324国道上，宋代建。明万历四十三年（1615）邑令陈淙修。陈淙，浙江会稽举人，万历三十九年（1611）知惠安县事，俭约自持，优礼生儒，岁歉发赈，民沾实惠。崇武近海东南村一带，风吹沙壅高与城齐，他示禁清画，城始屹然，士民立碑记之。陈淙有政绩并重修了惠宁桥，于万历四十四年（1616）卸任。黄绍培，在坊人（今螺阳），清康熙五年（1666）试举，十二年（1673）进士，任浙江守备，雍正十二年（1734）修葺惠宁桥和“邑南十五里前康铺登庸桥”。惠宁桥在福昆324线公路的原石墩石板桥或石墩木板桥的改造建设过程中，被改建为石拱石台结构，而保存至今并仍在发挥作用的双孔拱桥以及水泥桥面是20世纪70年代初建成的。

惠宁桥

晚霞亭

历史上，惠宁桥头建有亭子一座，桥因亭而俗称“亭脚桥”。今位于桥西北不远处的“晴霞亭”，是因324国道拓宽路面旧亭被拆而移至现址于近年新建的。

无量桥，位于涂岭溪头村，横跨西吴溪（打珠溪），志书没有记载始建年代，从北宋洛阳桥建成后，驿道官路的改道涂岭，在“造桥热潮”中，无量桥应该于这一时期应运而建造。相传最早的无量桥是以大圆杉木串联搭建的、随溪水流动起伏而不影响通行的浮桥，故称“浮浪桥”，也许是闽南话“浮浪”与“无量”的谐音，雅称“无量桥”，因此成为正名而载入了史册。

这座木构浮浪桥存在了多长时间，是什么时候改建为石构桥梁的，已无从稽考，但志载“雍正年间黄中柱修”，即可说明在清雍正年间（1723—1735）之前的较长的一个时期就已经是一座石墩石梁桥了。黄中柱，本邑监生，性好施，雍正四年（1726）饥疫，捐施钱米及槥，雍正年间重修了无量桥和在县西的茇市桥。保存于桥头的三座石碑，记载了无量桥继雍正年间重修之后的又三次修葺。

清嘉庆《重修无量桥》碑云："无量桥，文林郎知泉州府惠安县事□□□，嘉庆八年癸亥二月董事□□□□□□□同立石。"此碑已断为两截，部分字迹风化模糊而难以辨识。嘉庆《惠安县志》载："吴裕仁，顺天府大兴人，乾隆丁酉举人，四年八月十八日任，六年七月初二日奉调入帘卸事，九月十三日回任，至十年闰六月二十二日卸事引见，十二年三月二十七日回任，至十五年二月二十七日卸事。"吴裕仁三知惠安县事，嘉庆八年重修无量桥，是其于嘉庆六年至十年（1801—1805）的"回任"期间完成的。

清光绪《重修无量桥》碑云："重修无量桥，光绪十九年五月吉日"，"董事张大河、蔡芳山、张景德、王辉玉、潘克敬同勒石"，其中记录了象峰、永宁、莘桥、深沪、洛阳和松园、溪头、蓝田、赤坡、东吴，以及本街的捐资者 28 人，共捐银 588 元 281 两。

民国《重修无量桥》碑云，"重修无量桥，民国五年岁次丙辰秋月吉日，董事黄口堂勒石"，其中记录了来自南安、象峰、水窟、泉郡、惠安等地的捐资者，

清嘉庆《重修无量桥》碑

清光绪、民国《重修无量桥》碑

捐银数额不等，多者如“南安林志义捐大银弍万弍拾元，青云亭僧转伏捐大银壹佰元，水窟黄廷标捐大银壹佰元，象峰张大河捐银伍拾元”等，少者捐五至十元，捐一至二元的也不在少数，共 40 多人捐银 700 余元。

除碑记记载的以外，实地踏查得悉，无量桥于 1965 年曾再进行过一次重修。1963 年 7 月 1 日惠安遭受第 4 号台风正面袭击，17 日第 6 号台风又影响惠安，连续暴雨成灾，农作物受淹，房屋倒塌，多人死伤。无量桥被洪水冲垮，第三跨桥墩整体毁坏。由县政府拨款，南田生产大队组织人员上山开采石料，第一、二生产队的 16 名最强劳动力负责施工，借用泗洲水库电站的大轱辘千斤吊吊装梁板，整个修缮工程顺利进行，于 1965 年夏天圆满告竣。无量桥 1997 年被列为区级文物保护单位。

由于溪床淤塞成陆，溪道缩宽变窄，无量桥今存长 30 米，宽 1.8 米，由四条石板铺设，四孔三墩，墩为条石纵横叠砌，迎水端作尖形。2011 年 11 月，村民集资于

无量桥

桥上两侧加设铁栏杆，2017 年 11 月政府对桥身进行加固，以保障往来过桥者的安全。无量桥至今仍为乡间南北交通之要道。

白水桥，位于白潼村，横跨玉溪（龙马溪上游）。清嘉庆《惠安县志》载，白水桥在白水岭下，明万历二十五年（1597）县令杨国章修。清道光《惠安县续志》不见记载。倒是明万历《惠安县续志》有比较详细的记录，其卷一《桥梁续纂》云："白水桥，在白水铺，大溪洪水冲崩，人苦徒涉。万历辛亥，邑令杨国章捐俸新造，以便

白水桥

掩盖在水泥路面下的白石桥原水道与桥墩

使客、人民通行。”明万历《惠安县续志》由县令杨国章倡修，邑人黄士绅纂，刊刻于明万历四十年（1612），言简意赅地揭示这一历史事实。

清道光《惠安县续志》卷二建置·桥梁虽然没有见载白水桥，却在卷九艺文志上·文辑录了明庄毓庆的《修白水桥记》，为我们了解“邑令杨国章捐俸新造”白水桥的来龙去脉提供了珍贵史料。庄毓庆，惠安龙田人（居县城），广东布政使庄应祯之孙，万历二十六年（1598）戊戌科进士，出守湖广长沙府知府，调顺德、松江，转任广西右布政使，政绩突出，才能优异，“举卓异第一”。其所撰之《修白水桥记》云：

东南之国，濒海闽属。自三山抵惠，车骑络绎之冲，逶迤颇多，川流横阻，编苇木而渡不可以常，故石梁为最利。而地湫下易涨，卒然遇大潦不得归，溃奔旁齧，万雷殷耳，逆行于梁上，故梁屡成圮。今年秋，白水之桥坏，人病涉往来者淹日碛坐，急不能前。叶侯曰：“百里繁剧所钟，事甚伙。稍有不便，毋论民相聚以尤，非合职之所宜。夫修舆梁，筑徒杠，便民之大者，吾安可以其事之伙而置之。”子舆所谓“公孙氏仆仆济人不足”之谓何。乃趣命工，不日而桥遂新，盖视向者加坚且饰矣。余自楚赴粤，便道过履新桥。诸父老群诣余，且将迟公来丐一言，以志侯德于不朽。余不佞，甘棠之庇，则又奚辞。方不佞宪楚时，已闻侯所为治状，操纲提领，庶务毕张，政成两载而民不扰。及见侯恂恂抑抑，信乎其恺悌父母也。盖江右道学之区，侯之尊公，振铎吾邑，为有道君子，其教诚有所自，故兴文翦奸，一以施济为心，事无鸿纤，皆实意行之。即一官之职，一邑之政，不足以尽侯，矧区区以一梁石耶！虽然，昔有名堰、名坡、名堤，而曰召伯、曰白公、曰父、曰母者，几与天壤共敝，不过以其利泽之施，当时赖之，而后世至今颂以不朽。侯之爱人，岂出诸人下哉！投醪于河，三军皆浃，宜夫民歌舞之无已也。夫骞崩之不戢，虽揭厉而何通。余又闻崔亮守雍州日，渭流艰涉，获木数百根，取以为桥，百姓便之，相传曰崔公桥。然则今日之梁，车马之所由道也，利莫大焉。其以邑侯名？诸父老皆百拜稽首，曰：“诺，惟公命。”

白水桥当官道交通之要冲，原架木为梁，常遭水患，万历三十五年（1607）秋，桥被大水冲毁，断阻交通。县令杨国章以修造桥梁为便民之大事，逐召集工匠，自捐俸银，重新建造成石桥，“不日而桥遂新，盖视向者加坚且饰”。杨国章，江西宜春人，由举人于万历三十七年（1609）至三十九年（1611）任惠安县令，“温仁醇谨，未尝谇言恚色，轻施尺棰。村落惮于里役，婉谕之不忍轻署其役，所讼务使民各输其情，故宁徐毋棘”。庄毓庆“宪楚时已闻侯所为治状”，“政成两载而民不扰”。他自湖南赴广东取道涂岭过新桥时，应众乡亲之请，为杨国章立言，撰写“修白水桥记”“此志侯德于不朽”。

白水桥原七墩八孔长九丈，用石条纵横叠砌成船型墩，以四条大石板并排铺架为丈余宽的桥面。经历400余年，白水桥有着很大的改变，水流冲刷，泥沙淤积，溪床成陆，水道变窄，至20世纪50年代，桥成四墩五孔。20世纪70年代上游建设水库蓄水抗洪，下游整治溪道，修筑堤岸。尤其是2014年开展美丽乡村建设，政府拨款进行村庄道路改造修建，白水桥也得到了修缮，巩固桥墩，拓宽铺设水泥桥面，加筑两侧石护栏，溪岸石砌挡土墙。现桥过水仅剩一墩两孔，桥之北侧还可看见两个完整的早期石墩掩埋在水泥路面下。来到白水桥，寻找保存下来的历史遗迹，不难想象当年溪阔桥长、车水马龙的壮观情景。

驿道的桥梁和道路建设，历来为地方官绅所重视，不仅有不少地方长官以“修舆梁，筑徒杠，便民之大者”而捐俸倡修，而且也出现了许多“悉无吝财”“为善益力”的社会士绅。如在涂岭老街上保存完好的一方《陈公修路颂德碑记》，记述了侯卿陈氏家族乐善好施修路，全县绅士为其歌功颂德的事，石碑云：

> 陈公，讳文燀，字庭若，吾邑侯卿人也。孝而善承，其先公确庵公好行善，公竭力赞成之。凡黉宫梵宇、桥梁道路，应建应葺，遇凶而赈，遇丧匍救，悉无吝财。当事稔其实行，以确庵公乐善好施，题达赐额建坊。公即用通判，确庵公没后，公继志述事，为善益力。兹自本治北闽道路数十里修砌如底，行旅便之，相与歌其德云：维公大德，溥被螺阳。既亲以善，干济有方。念此利涉，莫如桥梁。惠当孔道，车马腾骧。北通省会，南抵泉漳。年久倾圮，行道彷徨。公不惜力，人游康庄。佛护彼岸，诗美周行。往来捐祝，盛德难忘。厥考无忝，子孙其昌。贤嗣继美，效力封疆。更颂公德，名达九重。大清乾隆九年岁次甲子阳月谷旦阖邑绅士同立。

碑刻记载陈元椿、陈文煇慷慨解囊对自本治北闽道路数十里修砌如底、行旅便之，褒扬陈氏父子热心公益、力行善举的情况。据前引县志所载，继此之后的康熙四十五年（1706），县令彭良稷亦曾倡捐重修惠安境内的16座桥梁，70里道路遂“为坦途”。

正由于“惠当孔道，车马腾骧，北通省会，南抵泉漳”，涂岭驿道成为福建南北商品往来、货物流通最为重要的一条商路，因此历代官绅修筑维护不遗余力。涂岭古驿道虽然历尽沧桑，如今在乡间依然发挥着作用，成为当地百姓生活中不可或缺的一部分。

《陈公修路颂德碑记》

近些年来，政府部门以及地方热心人士，为保护涂岭古驿道及其遗迹遗物，做了大量工作。1979年8月，惠安县人民政府公布的第一批县级文物保护单位共有46处，其中涂岭古驿道上的大德桥（应为跃津桥）、无量桥名列其中。1980年6月，惠安县政府发出《关于加强保护名胜古迹，坚决制止破坏文物现象的通知》，涂岭地方上的文物古迹逐步被列入到保护名单内。1980年起，涂岭镇政府与各村民多次对古道上的桥梁、路面进行修整，以期恢复其古道原貌。1986年，文化馆设文物组，配备文物保护专职人员，特别加强对地方的文物普查和保护。进入21世纪以来，为了做好涂岭辖区内不可移动文物的保护、管理和合理利用工作，确保文物得到有效保护，涂岭镇政府更是注重对古驿道上留存的文物和古驿道文化进行管理和宣传。2000年，驿坂的大德桥、溪头的浮浪桥被列为泉州市文物保护单位、泉港区的重点文物保护单位。2012年，泉港区政府公布《泉港区第三次全国文物普查不可移动文物名录的通知》，涂岭古街、驿坂古道、笔架山古道、驿坂跃津桥、溪头浮浪桥等被列为全国不可移动文物。涂岭镇政府还规划开辟了一条集党建教育、红色旅游和文物保护于一体的古文化旅游路线，利用涂岭古驿道特色旅游资源，开发了驿坂古道、笔架山古道、涂岭古街等具有涂岭地方古道文化特色的旅游项目，把文物资源的保护与开发利用充分结合起来，在地方上既起到宣传古道文化的影响功效，又起到对文物的管理保护作用。

二、堡寨立筑以自固

晚清惠安才子杜唐，曾为涂岭东坑寨作诗：“此地筑为寨，坚若细柳营。山鬼声自灭，蝥蛇迹不行。形胜今犹昔，那堪任废倾。”作者把东坑寨的“过去”和“现在”进行了对比，虽然诗句透露了东坑寨残破的丝丝荒凉之意，但作者把过去的东坑寨比作“细柳营”，足见东坑寨曾经是多么的坚韧与牢固。

东坑寨遗址

堡寨是古代先民抵御外敌入侵、内部战乱，保护自身安全而营造的一种防御性设施，通常以环绕式的防御建构为主，用土、石、木等材料围建而成。常建于山岭和交通位置的险要之地。涂岭处于闽南沿海地带，又位于莆田与泉州的交界处，古驿道从南至北贯境而过，历史上闽南地区的战争冲突、倭寇侵扰，对涂岭均有影响。尤其是元明清时期，福建地方上的武装动乱，使位

吕周寨遗址

金狮寨遗址

于驿道旁的涂岭在山岭上和位置险要之处建造许多民间防御性建筑，如堡寨、墩台、关隘等。

据实地考察，当前在涂岭遗存的东坑、道生、吕罔、金狮、白水、横溪等寨，既有官府修的，也有民间自建的。据史书记载，涂岭一带的堡寨还有涂岭寨、虎窟寨等，另有墩台多个，分别是溪西墩台、乌面宫墩台、观音亭墩台、陈同关墩台。这些防御性设施，大多是明清时期民间自发和官府倡导共同修建的，如今大多已经圮废，失去了它们原有的作用，有的甚至与当地民居融为一体。堡寨的功能演变，是涂岭社会发展的结果，与福建地方复杂动荡的社会环境有着紧密的联系。

（一）兵灾之患与堡寨初兴

明清时期的堡寨与沿海卫所体制有关，堡寨通常属于在卫城、所城中间地带设立的军事设施，规模不大，驻兵不多，没有居民混住。洪武年间（1368—1398），为加强海防，朝廷派周德兴等人在沿海军事重镇修筑一批卫城、所城。由于卫城、所城规模大、建设成本高，不可能过于高密度地设置，而堡寨则规模相对较小，建设成本低，在交通要道、沿海地区、位置险要之处建设，能够很好地弥补卫城和所城在防御上的不足。

福建现存的堡寨，主要分布于闽东沿海各地，多为明代遗址。除了官方的军事卫所外，民间百姓为求保卫自身安全，守护物质财富而多修建堡寨用于防盗。涂岭的堡寨遗址，重点分布于古驿道两旁的山岭当中，这些遗存的古堡寨，有的用卵石垒砌，有的用花岗岩砌建，由于时间久远，大多堡寨仅剩残垣断壁。古代官府在建寨地点的选择上与普通军事防御工事选址并非完全相同，除了考虑军事地理位置需要，依山建在易守难攻比较偏僻的地方外，也常把堡寨设置在重要的交通要道上，比如金狮寨、道生寨等，均修建在驿道旁的山上，而涂岭寨、白水寨，则直接设置在涂岭驿道中。

明清时期，地方上的动乱，是造成堡寨大量修建的重要原因。明初，中央政权不稳定，由日本浪人、武士、走私商人及海盗等组成的倭寇在中国东南沿海一带抢掠商船和袭扰沿岸城镇。“焚居民，掠货财，北自辽海、山东，南抵闽、浙、东粤，滨海之区，无岁不被其害。”这些不稳定因素威胁到了明朝新生政权，明朝廷“以陆防海”，开始设定海防，在地方上设置卫所。到了明中后期，倭寇大肆侵扰我国沿海地区，为了抗击倭寇的侵扰，明朝廷既实行海禁政策，又组织军事打击，但此时的卫所制度并没有完全发挥有效御敌的作用。

明嘉靖年间，在朝廷任职的福建人林偕春的《兵防总论》就直接指出了卫所制度的弊端，并提出了新的御敌措施。他主张修筑土堡、开办团练乡兵来对抗倭寇盗贼。另外，惠安人张宇在其《海防大略》中也提出对付倭寇的防御之法，即建造土堡，“今者倭议，复有一策，曰：土堡可使倭奴不来，即来亦一日不住，在选将练兵之外，而实为闽海百年无事之计，则其道在清野，清野在筑土堡，筑土堡在棋置星列，乡无缺漏，乃可”。张宇认为抗击倭寇的最有效办法，是要在乡间修建土堡。他的提议得到了朝廷的认可并且得以推行，民间防御性设施在这一时期开始大量兴建。

清初施行海禁政策，加之地方官吏的倡导，为了防御来自海上的反清势力，以及击溃南明政权，急需在福建沿海地区建立海陆结合的防御体系，这就使得沿海的堡寨再次得到大量的修建。清后期福建地区社会动乱不断，主要有嘉庆十五年（1810）福建沿海地区爆发了蔡牵起义，道光二十年（1840）第一次鸦片战争爆发，道光三十年（1850）厦门地区小刀会起义，咸丰二年（1852）闽中地区爆发了由林俊领导的农民起义，咸丰七年（1857）太平军入闽等等。在社会动荡不安的形势下，为求安稳的普通百姓只能选择筑堡自卫。嘉庆《惠安县志》便记载了涂岭当地居民利用堡寨防御贼寇的情形：“县西北多丛山……每数村则会为一堡，推众望所服者一人长之，有警则鸣螺递报，各束装以出，相为应援，故虽在山谷间，而盗贼鲜少。”

（二）时局变幻及功能演变

据明嘉靖年间的《惠安县志》记载，在涂岭最早设置的堡寨是白水寨，“在白水铺之南，一名陈同寨”。陈同寨，位于涂岭白潼村，修建在涂岭古驿道上。由于年代久远，现仅存遗址。《惠安政书》载：“陈同要冲，尤为咽喉，屡有寇乘垝垣，而缮之亦不可缓矣。”道光《惠安县续志》亦载：“陈同关在县北白水铺之南，距县治四十里，元末乡人筑以御寇。明正统年间（1436—1449）知县闭祯重建，以兵守之。地极险厄，两山对峙，中间一路通南北，仅容一肩舆。此行十里即仙游枫亭。有寨在山，曰陈同寨。” 叶春及称：“西北之寨，元末寇起莆中始筑。”可见白水寨始建于元末莆田变乱之时，明正统年间重修，历经 200 余年，至清道光时尚存。

关于白水寨的修建原因，有两种说法：一是据《八闽通志》等史书之说，元至正二十年（1360），福建行省兴化路推官林德隆，集合豪霸武装，赶走兴化路判官，被提升为兴化路总管。他和本路同知惠安人陈从仁都是一方豪霸，不分上下，而陈从仁的势力比较雄厚，就把兄弟陈同的队伍秘密调来，杀死林德隆。林德隆子林珙于次年

大集“民兵”，在盘踞泉州等地夷酋苫思丁和阿迷里丁的支持下，诱杀陈从仁。陈同跑到漳州，向兴化路总管罗良乞援，于元月中航海归来，占领惠安县，广征人丁，在涂岭据险筑寨，即为陈同关。又有史称元末寇起莆中，白水、东坑、涂岭三寨始建。上述历史记载可相互印证。二是在民间广泛流传着涂岭潼关乃元末明初陈同称王时所建。当时涂岭西青土楼村农民陈同，在南埔柳厝村落第书生柳榜帮助下，在官路上的山岭隘口筑关设卡，安营扎寨，竖旗称王。他们一面招兵买马，一面沿山修筑寨圩。后来陈同的军队在官兵的征剿下失败了，但陈同寨的名称却保存了下来，流传至今。以上两种说法分别来自史书记载和民间传说，虽然这两种说法阐述陈同寨修筑的过程有所差别，但记录陈同寨的修建目的却是一致的，那就是筑寨自保。

明嘉靖年间（1522—1566），倭寇频繁侵扰福建沿海地区。据万历年间《泉州府志》记载，仅嘉靖三十八年（1559）到四十二年（1563）的 4 年间，泉州就有 20 余起大规模的倭寇掠夺事件。这一时期，官府大力鼓励民间建造防御性聚落，福建沿海地区的寨、墩台在明代的数量得到了迅速增加。东坑寨位于涂岭镇东坑、寨后、陈田三乡的中心，西通洛江区，北邻仙游，山径盘纡，地势险要，易守难攻。明正统十三年（1448），邓茂七率领闽北农民和城市贫民起义，南下焚毁安溪、永春、德化等县署。明朝廷大

陈同关远眺

为震惊，连忙派御史柳华巡按福建，通饬各府县严密布防，设立隘门，建筑望高楼和营寨，组织民兵，镇压起义军。东坑寨与虎窟寨、白水寨并称为陆防之寨。后虽屡遭兵燹，但也曾多次修葺，直至清代仍能发挥军事防御的作用。

清顺治十八年（1661）至康熙二十二年（1683）沿海地区实行迁界，为了加强海防，在福建沿海地区修建了许多寨和墩台。惠安沿海也兴修了不少防御工事。据嘉庆《惠安县志》载："顺治十八年迁界，沿界设造垒寨、墩台，自洛阳至枫亭交界止，寨八、墩台十四。"这一时期涂岭境内增建了涂岭寨、大浦寨和溪西墩台、乌面宫墩台、陈同关墩台。康熙二十八年（1689），清廷再次实行迁界，在位置险要之处设置寨台，把靠近内地的沿海寨台统一迁移至"界边"，并进行扩建加固。康熙年间（1662—1722），地方官府在惠安东南沿海地带共建寨 4 座、墩台 13 座。清代后期，地方社会动荡，土匪扰民，惠安地方官府充分利用已有的寨台进行抵御防卫。据称在清后期，福建沿海匪患严重，惠安知县率兵清剿海匪贼寇。位于涂岭山区的东坑、寨后、陈田三乡的民兵，以东坑寨为据点助剿晋江散匪，"匪患悉平"。惠安知县奖赏三乡银牌各一面，并撰文"奉宪联甲，保卫地方，出入相友，守望相助"16 个字，立碑以资训勉。

民国初期，军阀混战，匪类啸聚。涂岭地方百姓多借堡寨进行御敌自卫，令军阀土匪未敢靠近，惠北地区才稍得安宁。抗日战争期间，堡寨成为隐藏地方武装力量的重要场所。涂岭东坑寨因地形险要，又位于山区，山腰盐署将大量食盐搬屯东坑掩藏。同时，为避日本飞机轰炸，国民党惠安县政府也曾一度拟迁至东坑寨附近的陈田。后来，由于国民党政府的腐败无能，使得堡寨一度成为地方土匪武装的据点。

涂岭的堡寨，都分布于崇山峻岭中，基本上已经荒废，仅保留有少许的寨墙和寨门而已，唯一看到的是溪西墩台还有人在里面居住。这些古寨的建筑布局及其结构，无不显示着浓厚的军事色彩，但随着时间的推移堡寨的功能已经发生了变化。

最早建筑于元末的白水寨，至今已有600余年的历史。从明清至民国的不同时期间，不管是外敌的侵扰，还是地方上的武装动乱，从官方御敌军事据点到百姓庇护场所，涂岭的堡寨始终作为地方防御体系的一部分发挥着作用。随着社会的发展与稳定，堡寨逐渐褪去军事色彩，消失了它的防御功能，最终融入当地百姓生活而存在。

明清时期建于山岭的堡寨，逐渐失去了军事意义，也由于交通不便而被遗弃。但有些建在平地的寨台，却成为后来村庄的一个重要组成部分，例如现在的顶溪西村，清代时为涂岭地方寨台（西溪寨），经历 300 余年后，在其厚实的寨墙内部，已经发展成为了一个陈姓、詹姓杂居的村落。如今走进顶溪西村，可以看到保存下来的清代

溪西寨遗址

城墙寨门和军事防御口，城墙内分布着现代民宅，几口古老的水井，井水依然甘甜，仍为人们提供生活用水。原来的军事防御性功能堡寨，现在已经转变为乡民生活居住和休闲活动的空间。

这些堡寨军事功能的变化，必然跟当时的国家政策与地方社会变迁相关。元明时期，由于边防和地方上的局势紧张，修建的民间防御堡寨，是作为卫所的补充力量。清代，国家的迁界和海禁政策促使堡寨演变为对内镇压农民起义的工具。民国时期，堡寨成为地方百姓用来抵御匪患和抗敌入侵的重要据点。当地方政府管理力度削弱时，堡寨又成了土匪盗贼危害乡里的窝点。直到新中国成立以后，社会的稳定才使得存在了 600 多年的涂岭堡寨，最终被时代所淘汰而成为历史。

（三）地方防御体系中的堡寨

明代，惠安沿海边防是“海防六城、陆防三寨”的格局，其六城指的是崇武、蜊川、獭窟、小岞、黄崎、峰尾，蜊川、獭窟、小岞、黄崎、峰尾为巡检司城，崇武为卫所城。陆防三寨指的是白水、东坑、虎窟，此外海陆沿线各处还设置墩台等。官府希望由此建立“急而烽火相闻，军兵互援”的海陆一体防卫格局。在这样的防卫格局中，涂岭无疑处在陆防的关键位置，陆防三寨的白水、东坑和虎窟均在涂岭境内。明清时期涂岭一带的防御体系除了建设有堡寨外，还有墩台、关隘、巡检司的设置。它们各具特点，是地方卫所的辅助力量，在防御贼寇时，发挥着同等重要的作用。尽管通常情况下，堡寨、墩台、关隘、巡检司等都是地方防御体系的重要组成部分，但在防御贼寇时，它们在联合防御上的功能却有所不同。

墩台，是冷兵器时代传递军事信息最快、最有效的载体，在中国有着悠久的历史。墩台往往设在山体最高点，视野开阔处，其体量较大，一般与烽火台、瞭望台合建为一体，有警备时也可作烽火台，能综合发挥瞭望、传递信息的作用，是海防和陆防体系的重要组成部分，至今在沿海各省仍有大量遗址存在。据嘉靖《惠安县志》载，洪武中以倭贼登岸，量地里远近，于滨海高山绝顶上设立墩台。中有望楼守瞭者居之，夜遇寇则举火，昼遇寇则举烟，使百数十里之内得以知寇至而为之备。目前涂岭仅溪西墩台保存较好。史书记载，明清时期在涂岭一带还设有其他墩台专门用来传递敌情，如乌面宫墩台、溪西墩台、陈同关墩台等。

关隘，严格意义上分为“关”和“隘”两部分，“关”为水关，“隘”为山隘。关隘为卫城、所城中间地带设立的具有治安巡逻性质的军事设施，其职能与巡检司相似。关隘设置原则是选择交通枢纽或关键节点，所谓“津陆要冲，置为关隘”。涂岭陈同关，形成于元末明初，设于驿道上，在战争动乱年间就曾发挥着扼守泉、莆两府南北通道的重要作用。

巡检司城，指设立于海陆险要地带，用于驻扎巡弋的小型军事建筑。元元统二年（1334），地方官府就在涂岭建立了涂岭巡检司，专门对驿道及周边地区进行巡逻检查。明洪武二十年（1387），涂岭巡检司废除。至清代中期，分设涂岭汛、涂岭塘。塘汛的主要任务是稽查奸匪，缉拿盗贼，护送差使，巡防地方和急递公文，这与驿道的安全布防有着紧密的联系。

为了让民间的防御设施发挥最大作用，当地方防御力量不足时，官府往往会利用其共同协防，并进行加固或重新修建。比如陈同关，元末乡人筑以御寇，明正统间（1436—1449）知县闭祯重建后派兵驻守。陈同关从元代的百姓兴修，到明代的为官府所用，性质上经由了民防到官防的转变，最终成为官府重点把持的设防关隘。实际上，许多地方的关隘和堡寨，也建有墩台。亦如陈同关，既是关隘，又是寨，在清顺治年间（1644—1661）还增加建立了墩台，体现了地方与官府之间是协助与合作的关系。在倭寇、匪盗等大肆侵扰之下，官民会充分利用这些军事防御设施，官兵保卫民众，百姓辅助官府，作为一个防御体系，实现了官府与百姓的共同防御。

在历史上曾经发挥过重要作用的防御性设施，随着时势的变迁，一旦撤走驻兵，也就失去了军事意义，然而内部完善的建筑及其设施，都会被当地民众加以利用，成为百姓聚居的地方。现在涂岭不少聚落以“寨”为村名、地名，如“寨后”“寨内”“潼关”等，无疑是与原来的这个地方曾设置堡寨有关。

三、国道乡道齐贯通

（一）泉莆交通大动脉的形成

泉莆交通线属于324国道中段，324国道是福建省公路网五大干线中的首要路线，全长约500公里，是贯通福建东南沿海与浙、粤两省及海外的主要交通大动脉，它的发展变迁与福建省内的社会经济发展紧密相连。324国道经驿坂、涂岭，过白潼，进入枫亭，是当前涂岭境内重要的交通要道。1999年福厦高速公路通车，2010年福厦高速铁路通车，道经涂岭，走向与古驿道、国道基本一致，涂岭由此形成古驿道、国道、高速公路、动车“四道”并驾齐驱的格局。

邮驿系统的发展以道路交通作为第一物质基础，反之，邮驿系统的延伸发展又成为历朝历代中央政权加强对道路修建的推动力，两者之间是一种相互促进、相互制约的关系。长期以来，由于社会生产力低下和地形环境限制的缘故，我国邮驿系统的正常运作基本上是通过驿道以人、马、车、舟等原始的运输传递方式进行，效率低下。随着科技的进步，这种传统的传递方式越来越不适应社会生产力发展的需要，面临着变革。近代西方列强的入侵，成为推动我国邮驿制度改革的动力。鸦片战争后，厦门、福州被开辟为通商口岸，福建成为西方资本主义的商品进出口市场。清后期的邮驿系统，未能在硬件和管理制度上根据新形势下的商品经济发展，和对地方社会的管控需求进行调整和更新。封建的邮驿制度开始走向解体，最终难以避免受到现代信息传递方式的冲击，被新式邮驿传递方式所取代。

在内忧外患的情况下，伴随着西方近代先进技术与管理经验的传入，近代邮驿科技开始进入中国。英国首先在中国开办邮局，接踵而来的是法、美、德、俄、日等国。这些西方客邮，从沿海到内地，直至边远地区的新疆、内蒙古等地，几乎遍布全国。在“师夷长技以制夷”的思潮影响下，清光绪二十二年（1896），清朝邮政官局成立，效仿西方建立新式邮驿传递制度，中国传统驿道传递体系开始逐步退出历史舞台。光绪二十三年（1897），福建邮政创办，在福州、厦门设立两个互不隶属的邮务总局。

光绪二十九年（1903），厦门总局管辖的泉州府邮局开办。光绪三十年（1904）三月一日泉州府开设惠安邮政代办所。清宣统元年（1909）九月二十八日，涂岭代办所开办。此时，涂岭地方上的驿站名存实亡。1914 年，全国驿站被裁撤。传统的中国邮传制度成了过去，这意味着驿道也退出历史的舞台。

近代以来，由于福建地处东南沿海，受近代西方资本主义的影响较早，省内驿道与全国的驿道发展脉络一样，逐渐被现代铁路、公路代替。清光绪三十三年（1907），漳（州）厦（门）铁路开工修建。1920 年漳州至石码公路通车，标志着福建近代化交通业的兴起。原来福建古驿道的走向，为近代福建公路网络的形成奠定了基础。现今福（州）昆（明）324 线国道惠安段基本上沿着古驿道的走向进行建设，起自白水岭，经涂岭、钱埔、新街进入县城，属省际二级国道，全段均为油渣路面，路面宽 9 ~ 12 米。涂岭段主要经过白水岭、涂岭镇街、前欧、路口、驿坂、溪西，与原古驿道主干线走向基本吻合。

1920 年，福建省首次制订出了省内路线规划，拟定全省公路干线 6 条，即闽粤干线 2 条、闽赣干线 2 条、闽浙干线 2 条。其中闽粤第一干线起自福州，经福清、莆田、惠安、泉州、南安、同安、漳州、漳浦、云霄、诏安，进入广东的潮州，全程约 562 公里。该干线就是 324 国道最早的规划线路。但由于当时社会环境复杂，省政不统一，无法完全按照规划贯彻实施。同时在发展过程中，又因自然环境、地方财力物力的影响，各地的建设进度也快慢不一。令人欣慰的是，闽南一带素有海外华侨捐资建设家乡的优良传统，在他们的热心捐助下，闽南泉州地区的道路建设始终走在福建的前沿。

涂岭段的闽粤干线公路是在该时期兴建起来的，惠安至枫亭段主要由当时泉州驻军营长汪君瀚领导修建而成。尽管该时期泉属公路的修建得到了较快的发展，但大多数公路是华侨私人投资或捐建起来的。由于当时公路修建技术的落后，以及华侨个人财力有限，许多公路都是分段修建，基础较差，没有形成完整的交通网，交通尚未达到便利的地步。1928 年 10 月，时任福建建设厅厅长的许显时，对福建省公路网规划再次进行修改，提出详细的分期建设计划，拟定原来的闽粤干线基本不变，只是起点由福州改为闽侯县，惠安涂岭段不变。第二年的国民政府审定国道中，福建的闽粤干线再次被确认为全国道路主干线。1933 年，涂岭经惠安城关、洛阳、泉州、晋江华洲、南安官桥、水头镇，至小盈岭的道路全线修通。

为了使公路交通适应战时需要，当时福建省政府采取保护前线公路交通措施，责令福厦、漳诏沿线各县，紧急征备抢修桥梁的木料、铁件，保证战时公路的畅通。抗日战争初期，为了确保前线军事战备和粮食运输的需要，福建在闽东沿海和闽北、闽西修建新公路，并对原来的旧路进行了改善，以备战时利用。随着日军的入侵，福建当局又从战略角度部署破坏公路。涂岭位于福建抗日前沿阵地，闽粤干线作为战争公路运输极其重要，1938年5月11日厦门沦陷后，闽粤干线开始以“化路为田”“挖坑”“桥梁爆破”等方式对路面进行分期破坏，避免为敌所用。仅1938年下半年，闽粤干线福州至漳莆段381.7公里就全部破坏殆尽。

抗日战争胜利后，为了配合战后社会经济的恢复和发展，福建省政府开始对战争期间破坏的公路进行修复，拟具分期修复公路的计划，以期早日恢复完善福建公路网络。但是由于战后经济的崩溃、商民投资的萎缩等原因，复路工作没有得到有效推进，除了少数路段得以修复外（闽粤干线涂岭段1948年才修复通车），其余计划成为泡影。1947年7月，国民政府公路总局重新公布国道路线网，其中一条是由福州至厦门角尾，全程294.3公里。该路线是在原来线路基础上进行规划，与原闽粤干线一致。但由于内战的爆发，经济崩溃，所以这条规划线实际并未修建。1949年4月21日，人民解放军横渡长江，挥师南下，国民党军队在大陆节节败退。福建省内的公路在国民党军队撤离时被焚桥断路、肆意摧残，大都不能通车。惠安涂岭段的公路也遭到了破坏，车辆根本无法通行。

中华人民共和国成立后，福建省的公路建设正式步入快速发展的时期。1949年10月下旬，福州至厦门的公路全线修通。20世纪50年代，在福建经济恢复时期，中央人民政府将福建列为恢复改建公路的重点省份，优先修建公路，恢复经济。第一个五年计划结束时，福建开辟闽东福州至温州干线，省内公路通车里程已有6000多公里，

驿峰路口324国道

省内大部分县市已通公路。涂岭经下炉到肖厝的县级公路，就是在这样的背景下修建起来的。从此，涂岭作为闽粤干线上重要交通枢纽，成为沟通沿海地区与闽粤干线物资输送和人员往来的重要通道。

1972 年，惠安境内全段铺设沥青路面，交通量每昼夜 8000 多辆次，是福建东面沿海繁忙的交通要道。改革开放后，公路交通得到了进一步的改善。1981 年，这条闽粤干线被国家编为国道 324 线福建段。然而，由于该时期农村商业贸易的活跃，混合交通量激增，沿线占地建房、设点摆摊日益增多，导致交通秩序混乱，事故频发。1983 年，福建省政府加强了对国道两旁违章建筑的拆除，并对较大城镇入口处拓宽路基。324 国道涂岭段，一改过去路面狭、路障多、路容脏、视线短、事故多的局面。如今，经过多次修缮的涂岭国道继续发挥着它沟通南北经济网络的积极作用。

随着时代的进步，国人对公路的运输能力有着越来越高的要求。20 世纪 90 年代，高速公路成为新的运输载体出现在世人面前。福厦高速公路是沈海高速公路福建段的

涂岭段高速公路

主体部分，由泉厦高速公路、福泉高速公路两段构成，北起福州长乐市营前街道，与罗长高速公路相接，经莆田、仙游枫亭、涂岭、惠安、泉州，南与厦漳高速公路相接，贯穿福建东部沿海地区，是总长 235.8 公里（主线）的封闭式汽车专用道路系统。该高速公路 1995 年 10 月动工建设，1999 年 9 月 26 日正式通车。

进入 21 世纪后，先进的交通运输技术得到迅速发展，比高速公路更快的高速铁路进入运输领域。福厦高速铁路作为中长期铁路网规划的重点建设项目，是“四纵四横”快速客运通道东南沿海客运专线的重要组成部分，也是福建省继温福铁路后建成通车的第二条高速铁路。福厦铁路北起福州，经福清、莆田、仙游、惠安、泉州、晋江到达厦门，全长 274.9 公里。高速铁路经过涂岭，涂岭位于仙游站、惠安站之间，可北上福州，南下厦门，交通搭乘十分便捷。该铁路于 2005 年 9 月 30 日动工建设，2009 年 7 月 20 日全线贯通，2010 年 4 月 26 日通车运营。福厦铁路作为福建第一条城际快速客运通道，有效改善了沿线地区交通和投资环境，使省内各大城市及省际交通联系更为快捷，对缓解东南沿海地区铁路“瓶颈”，完善路网结构，提高综合运输能力，

涂岭段高速铁路

具有十分重要的意义。

涂岭的交通经历了古驿道的发展，公路建设，高速公路、高速铁路修筑四个阶段，每一个阶段都代表了时代背景下闽南地区社会生产力的发展水平。涂岭地区自古就是交通要道，其独特的地理位置决定了它的社会经济发展格局是围绕着交通产业来构建的，比如古代的驿馆，现今国道旁的餐馆、旅店、汽车维修等产业，都为服务交通而生。如今的涂岭高速公路、高速铁路的走向格局也是在过去驿道干线的基础上进行的技术层面提升，其空间布局不变，从南向北，贯穿涂岭全境。此外，由驿道形成的主干线，延伸出来的乡村公路网络，则将涂岭国道两侧的乡村联系起来。

（二）乡村交通四通八达

涂岭自古以驿道而闻名于世，由驿道而发展起来的现代公路则把涂岭纳入了福建沿海地区经济发展脉络当中。现代各式高速网络的建成，对涂岭地区的运输及经济发展格局产生了影响，具体表现为涂岭作为惠安北部地区重要的交通要道的地位再次凸显，以及由此而形成了以国道为干线、涂岭镇为中心的沟通城乡之间的乡村交通网络。

涂岭驿道是古代沟通福建南北的重要通道；涂岭之所以是驿道上的重要交通节点，是福建沿海特殊的地理环境所决定的；涂岭境内有山区与平原，又是泉州的“北大门”，其战略位置不言而喻。所以，历史上形成的由泉州通往福州的古驿道，对古道沿线地区的物流、人员迁徙、社会经济、战略意义都具有重要影响。涂岭因其特殊的地理区位决定了它作为泉港西北部地区的交通要道的性质，围绕着涂岭驿道的发展而延伸出来的乡村古道，自然成为涂岭乡村发展的见证。这些乡村古道的形成，与当地的族群迁徙有很大的关系。这些在驿道上来往的人群，在驿道两旁定居下来后，其生活便与驿道的变迁紧密联系在一起。唐宋时期，福建沿海交通建设的快速发展为涂岭古道的初步形成奠定了基础。据涂岭秀溪人称，唐时有古道从秀溪通过，人员往来频繁。根据《福建历史地图集》可知，唐、五代时官府就已经开辟了一条由枫亭经过涂岭到驿坂的道路，但该道路在当时并未纳入到官府驿道的管辖内，只是一条普通的商旅通道。那么，究竟秀溪的古道走向如何？与涂岭驿道有无联系？鉴于史料有限，难以考证，但我们可以根据驿道的形成条件推测，唐时涂岭通往枫亭、驿坂的道路应该是存在的，并且商旅往来频繁。

至宋时，也就是涂岭驿道正式形成后，与驿道相接的其他道路得到快速发展。据实地考察得知，现涂岭世上村穑岭山上有一条通往前黄镇古县村的古道。据当地人称，该古道是旧时涂岭镇通往古县村的交通要道，古时来往商旅较多，现在山上古道旁还遗存一座清代建筑“广藏亭”，专供过路行人歇息使用。该道路修建于何时，现今已无人得知。据史书记载，古县村曾为惠安城址所在地，宋太平兴国六年（981）置县于此，这条古道的开辟或与惠安县城设置有关。从地图上看，宋时惠安县濒临沿海，往内陆方向的道路以此道最为便捷。因此，该古道应该形成于宋惠安县设置期间，是连接驿道和惠安县城的重要通道。

元明清时期，随着惠安地方区划的逐渐稳定，以及大量外来人口的入迁，涂岭一带的村落不断增加，遂使山区连接驿道的道路开始多了起来，其中有 2 条形成于明清时期：一是从驿坂过大垄山至竹洋、岭后、菱溪、樟脚、寨后，往仙游园庄；二是从寨后转走陈田、黄田，至晋江马甲，或从黄田转向林坪头至南安县。这两条山区道路把山区的村落与古驿道相联系，极大地方便了定居在山区里的百姓出行。民国时期，由于社会动荡，百姓生活困苦，乡村道路建设并没有取得太大的进展。1949 年后，随着省内交通干线的修复，和交通道路的规划建设，原来的交通要道得到了恢复，许多乡间道路也逐渐得到修建。

1958 年“大跃进”，地方政府全面贯彻“全民全党办交通”的方针，充分扩建乡村大路。该时期涂岭乡村道路得到发展，共修建了 3 条乡村公路：一条是从驿坂到大雾山的公路，长 12 公里，宽 3.5 米；一条是路亭到南田的公路，长 12 公里，宽 3.5 米；一条是泗洲水库公路，长 3.2 公里，宽 6 米。由于当时技术条件受限，以及贪多求快、急于求成的思想影响，道路的建设标准相对较低。整个二十世纪六七十年代，涂岭共修建 5 条乡村公路，分别是 1961 年 4 月修建的小坝公路，1967 年 1 月修建的秀溪公路，1968 年 2 月、3 月修建的朝阳公路、寨后公路，1969 年修建的黄田公路，共 54.1 公里。

秀溪公路、朝阳公路、小坝公路，均属于涂岭山区公路。原来与外界沟通的羊肠小路陡峭弯曲，难以行走，在当时的社会生产条件下，要修建一条宽敞平坦的公路，其难度可想而知。据称，如今沟通樟脚、寨后等村的朝阳公路，就经历了 5 次修建过程。第一次是 1958 年“大跃进”期间，惠安县人民政府号召 50 名农村建设技术培训班成员在樟脚修建了一条 1 公里的农村示范路。这是政府为解决山区交通问题，修建朝阳公路的最早尝试。第二次是 1966 年，惠安县人民政府发动地方群众在樟脚修建了一条 4 公里的板车路，但因为缺乏资金、地势陡峭，而中途停工。第三次修建是在涂岭公社党委、政府的带领下，朝阳公路沿途 150 个生产大队 600 余人参加，耗时 1 年，达到了通车的目标，基本上解决了涂岭山区不通拖拉机的难题。1978 年涂岭公社党委

涂岭山区公路

对朝阳公路进行了第四次扩建和维修，新修建了枷车湾、坑尾埔、和溜、前欧过溪流四座桥，当年被认定为国家乡村四级路，基本上满足了人们对外交往的需要。2000 年，基于当地社会经济发展的需求，在泉州市政府的大力支持下，涂岭镇人民政府对朝阳公路进行了第五次修建。修建期间，福建省人民政府及交通厅等领导干部多次实地调研视察，为公路修建解决了许多实际问题。此外，泉港区、涂岭镇机关单位、个人慷慨解囊，为公路捐献了近 200 万元作为修建资金，保证了工程的顺利开展，最终建成了今天宽敞平坦的朝阳公路。

小坝公路的建设也经历了同样的艰辛过程。从 1968 年涂岭公社党委会决定修建起，小坝公路的设计、勘测、施工等全靠当地群众自力更生，采用了多样式的公路修建“土办法”。耗时 1 年多，开通了松园到小坝的公路，为汶阳、世上、芦朴、涂岭等地村民上山割草、开发林场提供了方便。1974 年，洪厝坑、横溪的村民自发组织起来，采用分工到户的方法，不畏艰辛，修通了横溪与洪厝坑之间的道路，这标志着小坝公路得以全线贯通。改革开放后，涂岭镇政府、小坝村委会多次组织修整路面，泉州市委、市政协领导多次来到小坝村调研，为小坝公路建设提供了专项建设资金。2012 年小坝公路拓宽工程完成，如今小坝公路已通公交车，便利了山里山外人们的出行。

改革开放后，涂岭地方政府采取国家拨一点、乡村集一点、个人投一点和华侨捐资等多渠道集资方式修建乡村公路，使乡村公路再次迅速发展。1983—1984 年间修建涂型至北山、涂型至陈田这两条通往山区的乡村道路。至此，涂岭实现了村村通公路。如今，涂岭的乡村道路已经全部是水泥铺砌，在乡村的主干道已经安设了路灯，交通十分便捷，以 324 国道涂岭段为主干道、延伸到各乡村的水泥路为支线的乡村公路网

小坝公路

已经形成。涂岭的现代交通从国道到各乡村已经形成快速有序的运输系统，在道路的设计规划上实现了新突破，同时也扩大了交通覆盖范围，与周边的仙游、惠安及泉港其他乡镇联成交通网络，极大地发挥了涂岭作为泉港地区交通运输要道的功能。相对于涂岭古时的驿道网络，如今现代快速运输网络更凸显其经济和社会价值，特别对涂岭经济、旅游、文化的发展与交流起到了巨大的推动作用。

凉岭

卷四·百姓宜居 美丽乡村

福建早期的开发，或与汉族人民南渡有关。据传晋永嘉之乱后林、陈、黄、郑、詹、邱、何、胡八姓入闽，距离涂岭较近的晋江在此番“衣冠南渡”中即有大量汉人迁入，这一移民轨迹在涂岭亦有所体现。宋代以来，菱溪流域已经开发成熟，出现谢氏、陈氏等世家大族，在科举上大放异彩。元明清时期，由于瘴气、倭乱、战争、迁界等影响，涂岭处在莆仙交界、山海之间的驿路要地，军事地位上升，由此进入了广泛迁徙以及军民杂处的时期。因而可以说历史上的涂岭地区是一个流动性极强的移民社会。

水库的修建和石化产业发展，导致出现新式移民。涂岭境内目前有200多个姓氏居住，有些集中在一个村落聚居，但大部分为一村多姓，少见单姓村。在各乡村地名的形成中，表现出流动性强、反复迁徙、层累移民、多姓杂居的移民社会的形态及其特点。如今，这些从各地迁徙过来的人们，在涂岭和谐共处、安居乐业，实现了从移民社会到宜居乐土的面貌转变。

一、族群迁徙散居住

（一）各姓的播迁与繁衍

1. 永嘉南渡与林氏入涂

三国吴永安三年（260），东吴置建安郡东安县，辖今泉州、莆田、厦门、漳州四市一带地区，县治设在现泉州南安县丰州镇，成为闽南设县置治之始。西晋太康三年（282），东安县改为晋安县，辖泉州等四市地，涂岭隶属之。西晋末期“永嘉之乱”（311），中原板荡，大批衣冠士族和民众南渡避乱，入闽者有林、黄、陈、郑、詹、邱、何、胡等八姓。他们中部分辗转来到涂岭，以林姓为最早。在现今涂岭镇九龙岗，有“闽林始祖陵”，系东晋时期入闽的林姓始祖林禄（274—357）的墓。

据史料记载，东晋建武元年（317）林禄随东晋元帝南渡，授招远将军。林禄披

闽林始祖陵

肝沥胆，匡扶晋室，先后辅佐元帝、明帝、成帝、康帝、穆帝五位皇帝，东晋升平元年（357）卒后，被追封为晋安郡王，葬于九龙岗下。林禄曾被封为黄门侍郎，奉命出守晋安郡。林禄在晋安，恩威并施，平定叛乱，鼓励农桑，提倡儒学，使得晋安郡得以大治。林禄作为开闽始祖，“晋安林”也开创了林姓在东南沿海一带的发展历史。

林禄墓于明末天启七年（1627）重修，惠安县教谕林齐圣《重修晋安郡王涂岭墓记》称：“（晋安郡王）当永嘉乱后，尽瘁皇家，史称为忠烈。……而晋安之茔城，历千百祀，沧桑物改，翁仲明器之犹存者，是非神明凭依，以表忠贞者耶？……齐圣即捐资招工，扫除墓道，芟而拂之，筑而培之，翁仲明器之偃仆者，扶而竖之，乃告惠之族绅文学，择日拜墓。□酒割牲，展谒既毕，同陟山岭，盘桓石上，落日西照，隐隐□记存于其间，以手摹之，有林始祖讳禄公九龙穴墓十字。”其墓为夫妻合茔，呈“凤”字形，占地面积800多平方米。墓立坊门，正中匾镌“闽林始祖”，左柱镌“东晋名藩”，右柱镌“开闽世胄”，三层墓埕逐级外扩，左右分列华表二、旗杆柱四，以及石翁仲二、石羊二。墓园右侧通往水曲村，路旁巨石上镌刻宋代朱熹题字“长山世绍”。

西晋末年至东晋时期，是中原士族进入福建的高峰期。大批的北方移民也随着士家大族迁徙到晋江流域，并在涂岭一带定居拓荒。这些入闽的移民不仅带来了先进的工农业技术，也有方术之士把中原宗教文化带进了福建。现存涂岭西南部笔架山上的笔架寺，据称就是东晋时期修建的宗教寺庙。

南北朝时期，中国的经济重心开始逐步南移。隋朝统一中原后，北方的大批移民再次入闽，福建人口增加，土地渐次得到开发。唐末至五代时期，跟随王潮兄弟率领农民起义军而形成了据称有“十八姓从王”入闽的移民潮。王审知盘踞泉州进而建立闽国后，这些姓氏在福建取得了较大的发展。特别是到了南宋偏安杭州，全国政治中心的南移，许多中原人士纷纷入闽，赵宋宗室南迁入居泉州，还专门设置了“南外宗正司”管理相关事务。

唐宋以来的中原大规模移民，对闽南地区产生了极大的影响，泉州港的发展进入了繁荣时期，不仅海外交通与贸易日臻发达，而且宗教文化兴盛，素有“东南佛国”之称。涂岭一带也成为移民开发区域，贯穿全境的驿道的开辟，偏于山区的一些居民聚落的出现，以及像添奇铺小溪云门山东麓的云门寺等寺庙的兴修，最好地印证了这一历史事实。

2. 倭乱、迁界、徙居

涂岭得名涂姓的传说，反映出历史时期涂岭是一个各姓频繁迁入迁出的流动社会。《惠安县志》记载：“观音山北有涂姓兄弟入居之，殁而为神，今郡城（指泉郡）东湖旁有昭惠庙即其祠，宋淳熙间赐额。”这说明在南宋淳熙年之前，已有部分涂姓居民在观音山北部定居。根据民间的说法，涂姓先祖四兄弟从三山（福州）迁入惠安，分居于惠安县城、后龙、峰尾等地，涂岭镇的涂姓很大可能也是从此分迁而来的。明弘治（1488—1505）到清顺治十六年（1659），今涂岭清美村一直有涂姓居住，后因迁界，涂姓逐渐移居莆田、仙游、福清等地。至今那些上千人聚居的涂姓村民，依然清楚是从惠安移居来的，他们也纷纷到涂岭寻根问祖，说明古时涂岭即有涂姓居民居住是毋庸置疑的。

较早迁出的还有菱溪谢氏。唐末谢逊举族入闽，在当时的涂岭菱溪谢庄岭定居，到了宋代，家族人才济济，其中以谢履最为出名。谢氏一族在当地颇有名声，是惠安宋代科举史上堪与崔氏、黄氏、吴氏相媲美的四大家族之一。然而，自谢次鲁后便几乎找不到关于菱溪谢氏族人的记载。明嘉靖年间（1522—1566）尚有谢庄岭村落，后不复存在。今涂岭镇谢姓主要为泉州鸿内、晋江洋尾谢氏的后裔，先居于小坝村南型，后一部分迁居至涂岭村。除了涂、谢二姓外，根据《出氏族谱》记载，明初出光育到达洪厝坑时，此地已有10余姓居住，其中包括方姓、洪姓居民，但如今洪厝坑已无方、洪二姓。明代方姓曾与詹姓、涂姓一起于明万历年间（1573—1620）修建了龙济宫，但后来也迁徙他处，去向不详。

从上述各姓氏的迁出情况来看，明清时期闽浙沿海地区的倭乱和迁界或许是导致一些姓氏迁出的主要原因。宗族迁出是涂岭地区人口流动性的体现，是当时宗族发展与社会环境变化的部分反映，在同样的历史和社会背景下，也有一些宗族迁入涂岭定居。

以涂岭的黄氏为例，早在宋代，仙游街尾黄氏迁至涂岭路口村。南宋咸淳六年（1270），莆田黄姓始祖黄岸的第十六世裔孙黄卫卿，自莆田黄巷定居东里，后迁居今涂岭清美村，属于莆阳黄氏派下的东里黄氏一支。清美黄氏除了莆阳东里黄氏外，据族谱记载还有紫云黄氏一派先于莆阳黄氏迁入，后因战乱，紫云黄氏一族大多外迁。明嘉靖年间（1522—1566），定居在辋川峰崎的紫云黄氏的后代迁居至今丘后村。万历年间（1573—1620），惠安东园内厝外庭房四世祖黄明诚的次子黄敬元迁居涂岭芦朴村（东园黄氏是紫云黄氏始祖黄守恭二子黄纪的后代），为现今芦朴黄氏的开基祖。明代还有黄氏迁入驿坂后田角、涂岭村亭铺。到清顺治十八年（1661），紫云派下锦田后边族人黄仰溪到涂岭菱溪定居，10 多年后又携眷迁到陈田馆埕，成为该村的开基始祖。

在芦朴的黄氏一族传至第十二代的清乾隆年间（1736—1795），顶房一姑娘嫁到了本村上埕蔡家，其未成年的弟弟黄日新就随姐姐在上埕生活，生三子衍三房，黄日新即为上埕黄姓始祖。清咸丰初期，上埕长房族人黄殿卿又从上埕迁出，在汉阳村凤尾定居，取村名“下墩”。道光十三年（1833），芦朴三房十二世黄灶福为了守护祖墓，由三房迁到涂岭松园村西安境内，繁衍生息。还有芦朴黄氏族人移居涂岭村亭铺、泗洲新村、涂岭新街等地。

涂岭地处惠安西北，军民杂处是元末以来涂岭地区居住形态中不可忽视的现象，由于倭乱不断，导致明末涂岭地区人口锐减，版籍凋零，明末惠安县令叶春及的《惠安政书》对此有所揭示：

> 夫西北膏壤，行田宽，随流可堰以灌耕，逸而收倍。兼以林泽之利，宜日富庶甲诸都也。然版籍之耗，三合之四，十二合之十三，十四、五、六皆合之十七，盖昔然矣，繇于兵革死徒者，众绝户之业置屯九十余顷，卫卒当三百余户，属之扁列者几何？濒北山多瘴，溪隧崎岖间，数里有区，亦罕十家之聚，且半为屯卒及流庸者，是以户口之耗累世不能复焉。

当时涂岭大部分地区属于惠安县的添奇、白水、涂岭等铺，虽然户之数额军少于民，但口之数额军远超于民，叶春及亦言：“虽十一且合十二三，则戎伍等籍，他日之弊滋矣。”此即表明当时涂岭地区居住之人当以屯军为主。

明末清初时期涂岭的移民多由莆仙、泉漳等周边地区迁入，迁界与复界的影响尤重。惠北一带迁移官定界址，自九峰（今属界山镇鹅头村）南过天湖岩（今属南埔镇天湖村），历坝头山（今属前黄镇），直抵柳庄（今属惠安县），榜限至十月二十日止，令沿海之民尽搬入界。十一月十二日迁民刚在界边驻足安顿不足20天，惊魂甫定，总督李率泰自漳州定界返回，驻军涂岭，下令重新划分新界，之前划定的界址天湖岩、坝头山一线作为清兵驻扎的前沿阵地，新定界址自枫亭古大路直至柳庄，大致位于今国道福厦公路沿线，限令前界内居民在十一月十五日迁入新界。

涂岭王姓最早入迁涂岭是在明正统年间（1436—1449），开闽始祖王审知派下王天佑从仙游园庄迁居到惠北刘厝，顺治十八年（1661）清廷下令沿海居民迁界，王姓便由刘厝徙居至涂岭村，居住地命名“刘厝”，即刘厝王氏一族，其后族裔又迁往松园等境内其他地方繁衍。

明顺治十八年（1661）的迁界，原居住在峰尾打银的吴姓兄弟两人被迫内迁，吴廷昭入迁秀溪，仅三到五年后便移居芦朴寨内，一直到乾隆末年迁居汶阳后宫村。吴廷睦族人则迁居汶阳洋内角落。除此之外，仙游钟山三角埕的吴氏兄弟也在清顺治年

南田王氏祖厝群

间迁入秀溪半岭，嘉庆年间（1796—1820），其部分裔孙前往本村湖内自然村居住。南田有王氏，自沙格、蟹谷等海澳之地转徙涂岭，从迁移时间和区位来判断，可能是因迁界而内迁的。

清康熙八年（1669）正月二十九日因“海澄稍平”，朝廷悯念迁民距海 20 里者，许百姓展复旧地。在今泉港区域，官定展复界线，自枫亭后榄，抵鳌头乡（今界山镇鹅头村），南过龙田、古县，及圆通院三地（今属前黄镇管辖），而滨海不与。泉港所辖都域大多在距海 20 里范围内，因此绝大多数地区并未展复，如七都前郭郭氏未在展复之内，但因有祭田在芦朴洋（今涂岭镇芦朴村），于是返回的族人便在该处周围筑土堡聚居。《前郭郭氏谱》载，孟殷公、封君公有祭田数十亩在芦朴洋等处，族中各房亦有私田在其地，时方展界，其乡犹在界外，懋卿公乃鸠众筑土堡于竹溪铺坂石乡（位于今涂岭镇汶阳村）聚居，成为因迁界而入居涂岭的姓氏之一。

3. 新式移民与幸福社区的创设

水库移民和石化产业移民，是新中国成立后涂岭镇内部迁徙的典型。在各类族谱和田野访谈中，我们了解到自埔崎迁入涂岭陈田的何氏，1970 年因建设水库需要，族

菱溪水库库底村庄遗址

菱溪水库蓄水线下遗迹遗物

人迁至溪西陈田、前欧等地定居。因建设陈田水库，陈田工部郎乡的廖氏一族，被分散安置在溪西、黄田、前欧等地。潘姓族人主要聚居在清美村，明隆庆元年（1567）潘氏自辋川镇大潘村迁入涂岭，几经迁移后定居清美村，后因建设水库需要，部分移居到秀溪村。

事实上，菱溪水库在建设期间，当地迁出库内寨、巷仔口、埕尾埔、梧洋、岭兜、吹厝、山尾等 7 个自然村 253 户，淹没耕地面积 1242.19 亩。为做好安置工作，涂岭

幸福社区新貌

区组织慰问队帮助搬迁，普垵、松园两乡组织青年突击队敲锣打鼓欢迎迁移人员，移民现主要分布在前欧、驿坂、溪西、路口、涂型等村。陈田水库库区移民，涉及陈田大队九个自然村，包括工部郎、坑仔、埔崎、后洋、许厝、李厝、颜厝、馆埕、尾厝204户，大部分安置在涂岭境内的前欧、驿坂、路口、涂型等村。涂岭境内甚至有因国家修建长江三峡电站工程需要而安置的移民，现居住在西青场的颜、胡、李、杨、王、周等七户六姓，是于2002年由重庆奉节县新城乡迁移来的。

福建炼油乙烯一体化项目，由中石化、福建省、埃克森和沙特阿美三国四方合资，2000年9月中央正式批准立项落户泉港。作为建设泉港国家级石化基地的标志性项目用地需要，2003年泉港区召开福建炼化一体化项目征地拆迁动员大会，拆迁工作全面启动，涉及南埔镇外厝、西枫等村落。2003年12月幸福社区正式动工建设，位于324国道以西龙头岭段，由溪头村规划分出350亩用地，2004年上半年开始投入使用。

直至2009年9月，外厝村和西枫村全部纳入炼化一体化项目厂区范围，两个村10000多名村民按照自主选择的原则，全部安置在涂岭镇幸福社区、后龙镇栖霞社区。清康熙年间（1662—1722）定居南埔镇西枫村的荷池郑氏，还有外厝林氏后人，都是因炼化一体化项目建设需要，于2004年迁居至涂岭幸福社区的。

涂岭镇各村姓氏及入迁情况表

表 2

<table>
<tr><th>村名</th><th>村小组名</th><th>主要姓氏</th><th>迁入情况</th></tr>
<tr><td rowspan="9">樟脚</td><td>陆厝</td><td>陆</td><td rowspan="9">1. 明末清初惠安辋川许厝陆氏迁樟脚村陆厝
2. 清康熙三十七年（1698）惠安东园埭陈氏迁樟脚村
3. 清嘉庆年间（1796—1820）漳州圳尾陈氏迁樟脚村
4. 清初晋江衙口施氏迁樟脚村
5. 清代仙游枫亭镇赤岭村许氏迁樟脚村
6. 惠安县洛阳镇屿头杨氏迁樟脚村小山</td></tr>
<tr><td>馆仔</td><td>陈</td></tr>
<tr><td>西坑</td><td>出、陈</td></tr>
<tr><td>竹湖</td><td>庄、蔡、陈</td></tr>
<tr><td>小山</td><td>林</td></tr>
<tr><td>樟脚</td><td>蔡、肖、陈</td></tr>
<tr><td>梨岭</td><td>陈、施、周</td></tr>
<tr><td>面前</td><td>蔡</td></tr>
<tr><td>岭头</td><td>许</td></tr>
<tr><td rowspan="9">寨后</td><td>芹坑</td><td>王</td><td rowspan="9">1. 仙游园庄后埔山后埔城郑氏迁寨后村店仔后
2. 仙游园庄镇赵厝村赵氏迁寨后村石峡里</td></tr>
<tr><td>下寨</td><td>陈、郭</td></tr>
<tr><td>新厝</td><td rowspan="4">吴</td></tr>
<tr><td>田乾</td></tr>
<tr><td>大厝</td></tr>
<tr><td>草垄</td></tr>
<tr><td>后窟</td><td>郑、林、吴</td></tr>
<tr><td>石峡里</td><td>赵</td></tr>
<tr><td>店仔</td><td>郑</td></tr>
<tr><td rowspan="2">汶阳</td><td>洋内</td><td rowspan="2">吴</td><td rowspan="2"></td></tr>
<tr><td>后宫</td></tr>
<tr><td rowspan="8">前欧</td><td>前欧</td><td>出、陈、黄、颜、李、张、周、郑、许、蔡、陆、肖、廖</td><td rowspan="8">1. 明万历年间（1573—1620）惠安县辋川侯卿陈氏迁前欧
2. 清雍正七年（1729）漳州南靖韩氏迁前欧村乌面宫
3. 辋川镇王孙岭孙氏迁前欧村和溜</td></tr>
<tr><td>顶中</td><td rowspan="2">陈、吴、李、林、黄、张、王、郑、周、朱</td></tr>
<tr><td>下中</td></tr>
<tr><td>新店头</td><td>陈、吴、张、郑、颜、许</td></tr>
<tr><td>乌石宫</td><td>周、陈、曾、黄、潘、何</td></tr>
<tr><td>新厝</td><td>吴、陈、曾、黄、潘、何</td></tr>
<tr><td>新村</td><td>陈、李、张、廖、叶、出、林</td></tr>
<tr><td>和溜</td><td>孙、何、陈、廖、林、吴、黄</td></tr>
<tr><td rowspan="3">清美</td><td>清美</td><td>潘、黄、张、詹</td><td rowspan="3">1. 元大德四年（1300）莆田黄巷村黄氏迁清美村
2. 明末清初惠安北门李氏迁清美村
3. 1940 年惠安东岭东湖村张氏迁清美村
4. 惠安张坂锦田后边黄氏迁清美村</td></tr>
<tr><td>前涂</td><td>柳、林、朱</td></tr>
<tr><td>尾厝</td><td>李、潘、林、詹</td></tr>
</table>

续表 2

村名	村小组名	主要姓氏	迁入情况
下炉	下炉	王、黄、陈、林、刘	1. 明万历二十八年（1600 年）惠安洛阳陈三坝河张氏迁下炉村水曲 2. 明万历年间（1573—1620）晋江梧坑杨氏迁下炉村梧厝 3. 1939 年莆田东沙蔡氏迁下炉村埔尾 4. 1940 年惠安后苏杜氏迁下炉村水曲 5. 1949 年福鼎郑氏迁下炉村水曲迁
	埔尾	王、廖、蔡	
	黄山郑	刘、林、陈、王、柯	
	梧厝	陈、杨	
	水娃窟	张	
	水曲	黄、张、林、潘、陈、郑、杜、赖、吴	
丘后	丘后	黄、许、张、蔡、刘	1. 明嘉靖九年（1530）惠安辋川京山村周氏迁丘后村下林 2. 明嘉靖年间（1522—1566）惠安县辋川峰崎承山黄氏迁丘后村 3. 明末清初仙游十二路岭北翁氏迁丘后村下林 4. 福清李氏迁丘后村
	埔头	陈、李、张	
	下林	翁、周	
	敦园	李、林、张、曾	
五社	模柄	何	清光绪十年（1884）漳州尾篮村高氏迁五社村八担
	岭下		
	园内	王、陈	
	八担	高、吴、王	
	上黄	黄、王	
	厝后埔	张	
涂岭	涂岭街	王、陈、林、章、刘、郑、何、张、吴、曾	1. 明嘉靖年间（1522—1566）莆田东沙蔡氏三房迁涂岭村 2. 明万历年间（1573—1620）惠安县大吴村（今属东桥镇）吴氏迁涂岭 3. 明代泉州、洛阳、浙江苍南黄氏迁涂岭村亭铺、林角、新街 4. 明代中叶莆田东沙蔡氏三房迁涂岭 5. 清乾隆六十年（1795）福建浦城县城章氏迁涂岭村 6. 清道光二十年（1840）惠安涂寨张氏迁涂岭村洋尾 7. 清道光年间（1821—1850）惠安水锦村林氏迁涂岭村顶打珠 8. 民国初期惠安辋川峰崎何氏迁涂岭村 9. 1951 年惠安洛阳井吟洪氏迁涂岭村旧街 10. 泉州菜巷陈氏迁涂岭长箱 11. 惠东许山头东堡许氏迁涂岭村墩上 12. 泉州鸿内晋江洋尾谢氏迁涂岭村 13. 仙游姚氏迁涂岭村 14. 雍氏迁涂岭
	新街	朱、吴、黄	
	顶打珠	林、王、朱	
	下打珠	王、朱、陈	
	后坪	周、林	
	林角	蔡、陈、曾、吴、黄	
	泗洲新村	黄、李、汪、林、吴、邱、王	
	刘厝	王、张、陈	
	亭铺	黄、蔡、朱、侯、陈、张、周、庄	
	长箱	陈、林、高、曾	
	洋尾	朱、张、柳	
	埔上	陈、蔡、柯、黄	
	更上	许、何、吴	
	西吴墩	陈	
	西吴		
	寨内	陈、蔡、姚、方、吴、曾、柯、郑、王、洪、林、张、黄、刘	

续表 2

村名	村小组名	主要姓氏	迁入情况
小坝	洪厝坑	出	1. 明洪武二十六年（1393）福州中卫街出氏迁小坝村洪厝坑 2. 清光绪年间（1875—1908）泉州魏氏迁小坝村 3. 清代惠安辋川下江江氏迁小坝村新庄 4. 漳州吴氏迁小坝村 5. 泉州鸿内晋江洋尾谢氏迁小坝村南型
	横溪		
	甘蔗园		
	后头		
	小坝	出、陈	
	上新	梁、陈、黄、林、谢、江、出、吴、王、曾、张	
	东洲	吴	
	南型	谢、张	
芦朴	芦朴	黄	1. 明永乐十九年（1421）仙游枫亭朱寨朱氏迁芦朴村西仁 2. 明嘉靖年间（1522—1566）莆田东沙蔡氏三房迁芦朴村 3. 明万历年间（1573—1620）惠安县东园内厝外庭房黄氏迁芦朴村 4. 明代中叶莆田东沙蔡氏三房迁芦朴村
	下墩		
	西垄	朱	
	叶厝埔		
	上埕	黄、蔡、陈、吴、王	
	后埔	陈、林、吴、阮	
世上	世上	陈	明嘉靖年间（1522—1566）惠安东岭羊西坑（今东桥镇）陈氏迁世上村
	大埔	张、陈、林	
涂型	涂型	陈、张、温、周、朱、吴	1. 清嘉庆年间（1796—1820）惠安破溪兜门宫周氏迁涂型村 2. 清末惠安螺阳许塘温氏迁涂型村 3.1958 年惠安洛阳白沙杨氏迁涂型村顶山 4. 仙游园庄吴氏迁涂型村 5. 惠安洛阳白沙汪氏迁涂型村顶山 6. 永春颜氏迁涂型村
	温厝		
	后厝坑	张	
	白竹田	陈、张	
	马路		
	半岭		
	羊门		
驿坂	驿坂	曾、林、陈、章、黄、程、周、吴、王	1. 明嘉靖三十九年（1560）惠安辋川镇后任氏迁驿坂村虎丘 2. 明末泉州黄氏迁驿坂后田角 3. 清康熙年间（1662—1722）惠安辋川峰崎林氏迁驿坂村尾草埔 4. 惠安洛阳曾氏迁驿坂
	后吴	陈、林、曾、郑	
	糖灶	陈、廖	
	虎窟	任、郑	
	后田角	黄、陈	
	酒店	林、陈、许、黄、李	
	菱溪新村	张、陈、许、何、赖	
幸福社区		郑、林	2004 年荷池郑氏、外厝林氏迁此

续表 2

村名	村小组名	主要姓氏	迁入情况
白潼	潼关	郑	1. 清康熙三十九年（1700）惠安洛阳白沙施氏迁白潼村 2. 清嘉庆二十一年（1816）莆田白沙朱氏迁白潼白水岭 3. 清初惠安县黄塘仕美村郑氏迁白潼村白水 4. 清初惠安县洛阳白沙郑氏迁白潼村 5. 清末惠安辋川三兴亭大石盘陈氏迁白潼村后望 6. 1955 年莆田市灵川镇硎头村林氏迁白潼村白水岭
	白水	刘、蔡、郑、陈	
	白水岭	朱、陈、杨、施、柯、林、吴、邱、姚	
	后望	陈、刘	
	园头	吴、王	
	湖内		
	棋盘	柯	
	吟兜	廖、蔡	
	桥头	陈、刘	
秀溪	园头	吴、王	1. 明天启三年（1623）莆田东沙蔡氏二房迁岑兜 2. 明代邹氏迁秀溪村 3. 清顺治年间（1644—1661）仙游钟山三角埕吴氏迁秀溪村半岭 4. 清嘉庆二十五年（1820）永春湖洋大坑内廖氏迁秀溪村岑兜 5. 清光绪四年（1878）仙游县唐安乡连江里后榄村柯氏迁秀溪村棋盘 6. 1953 年仙游枫亭学士街杨氏迁秀溪村桥头
	湖内		
	棋盘	柯	
	吟兜	廖、蔡	
	桥头	陈、刘	
松园	赤土埔	林、张、李、郑、曾、蒋	1. 明万历年间（1573—1620）泉州李氏迁松园村垄尾 2. 明代泉州树兜蒋氏迁松园村 3. 明代泉州菜巷尤氏迁松园村洋尾 4. 清乾隆年间（1736—1795）惠安东岭后曾氏迁松园村 5. 明嘉靖年间（1522—1566）惠安东湖（今属东桥镇）张氏迁松园村东湖 6. 清代同安马巷马氏迁松园村西安 7. 清康熙三十七年（1698）惠安东湖张氏三房迁赤埔
	松园	曾、李、蒋、陈、张	
	洋尾	尤、郑、林	
	东湖	张、陈	
	新桥	张	
	洋林	黄、李、张、曾、陈	
	垄尾	李	
	顶虎岩	陈、叶	
	西安	王、黄、郑、马、陈、林、邱、李、丁	

续表 2

村名	村小组名	主要姓氏	迁入情况
路口	路口	陈、张、苏、任、曾、周	1. 宋代仙游街尾黄氏迁路口村 2. 南宋末年徐氏迁路口村 3. 清康熙四十九年（1710）惠安东园门头苏坑苏氏迁路口村 4. 清嘉庆初年福州周氏迁路口村 5. 南安吕甲吕氏迁路口村
	五里松	陈、曾、张、赖	
	花园	陈	
	西坑		
	岭后		
	新村		
	后山		
	路口庄	吕、徐、黄、梁、陈	
溪西	顶西溪	陈、任、詹、叶、潘、张	1. 明弘治年间（1488—1505）泉州清源山詹氏迁溪西村 2. 明崇祯年间惠安辋川后任氏迁溪西村 3. 明末惠安涂寨许堂温厝温氏迁下溪西
	下西溪	任、郑、汪、温	
	涵仔	叶	
	巷仔口	陈、张	
	陈田新村	廖、何、张、许	
黄田	南埔	许、方	1. 明万历年间（1573—1620）兴化涵口陈氏迁黄田村 2. 明末惠安螺城后方村方氏迁黄田村南埔 3. 清初永春周氏迁黄田村 4. 同安马巷陈氏迁黄田村奄前 5. 惠安紫山半岭许氏迁黄田村 6. 晋江赖厝赖氏迁黄田大垵、大行
	大垄	赖	
	大垵		
	庵前廊	陈	
	涂楼		
	大厅		
	溪坪	陈、周	
	庵前	陈、林	
	厝斗	许	
	蔡田	周	
	大行	吴、廖、陈、周	
溪头	溪头	潘、王、郑	清同治年间（1862—1874）惠安洛阳上曾王氏迁溪头村南田
	路尾	张、潘、黄	
	南田	王	
	砖仔埕	潘、杨、郑	
菱溪（废）	谢庄	谢	1. 唐末光州固始谢氏迁菱溪村谢庄 2. 明正德元年（1506）惠安辋川侯卿陈氏迁菱溪埕尾埔 3. 明万历年间（1573—1620）惠安县辋川侯卿陈氏迁菱溪村 4. 明末惠安张坑张氏迁菱溪山尾
	菱溪	陈	
	尾埔		
	山尾	张	

续表 2

村名	村小组名	主要姓氏	迁入情况
陈田（废）	陈田	陈、李	1. 清初南安埔仔廖氏迁迁陈田村工部郎 2. 清顺治十八年（1661）张坂锦田内后边黄氏迁陈田 3. 南安坑仔张氏迁陈田坑仔 4. 南安梅山镇埔仔村张氏迁陈田埔仔村 5. 惠安紫山半岭许氏迁陈田村后洋许厝 6. 安溪湖头李氏迁陈田村
	工部郎	廖	
	坑仔	张	
	埔仔	张	
	后洋许厝	许	

根据 2009 年户籍数据统计，泉港人口 375455 人，姓氏 374 个，其中涂岭镇有 194 个姓，总人口 52596 人。

涂岭镇姓氏人口统计表

表 3　　单位：人

序号	姓氏	人数	序号	姓氏	人数	序号	姓氏	人数	序号	姓氏	人数
1	陈	11918	20	高	386	39	连	131	58	邹	25
2	黄	4514	21	叶	355	40	梁	131	59	侯	22
3	王	3886	22	陆	341	41	吕	128	60	罗	21
4	吴	3689	23	谢	320	42	程	122	61	杜	21
5	林	3499	24	赖	315	43	颜	114	62	余	14
6	张	2641	25	庄	263	44	洪	108	63	邓	14
7	郑	2055	26	杨	263	45	邱	105	64	韦	13
8	出	1922	27	章	229	46	魏	102	65	丁	13
9	何	1633	28	翁	218	47	温	102	66	唐	11
10	曾	1399	29	柯	212	48	施	95	67	彭	11
11	蔡	1368	30	柳	209	49	胡	84	68	伍	11
12	李	1271	31	孙	184	50	郭	83	69	雍	11
13	潘	1146	32	赵	172	51	苏	57	70	康	10
14	刘	1136	33	肖	170	52	韩	52	71	薛	9
15	朱	969	34	蒋	169	53	马	48	72	辛	9
16	周	969	35	詹	165	54	江	47	73	雷	9
17	许	829	36	汪	144	55	尤	43	74	骆	9
18	任	782	37	方	143	56	姚	33	75	阮	9
19	廖	452	38	徐	133	57	钟	30	76	熊	9

续表 3

序号	姓氏	人数	序号	姓氏	人数	序号	姓氏	人数	序号	姓氏	人数
77	卢	8	107	石	3	137	贺	1	167	农	1
78	龙	8	108	万	3	138	文	1	168	乔	1
79	沈	7	109	付	3	139	于	1	169	阙	1
80	麦	7	110	官	3	140	池	1	170	五	1
81	宋	7	111	芦	3	141	崔	1	171	殷	1
82	袁	6	112	盛	3	142	齐	1	172	岳	1
83	董	6	113	泮	3	143	童	1	173	巴	1
84	范	5	114	房	2	144	贾	1	174	察	1
85	戴	5	115	毛	2	145	凌	1	175	芳	1
86	曹	5	116	钱	2	146	白	1	176	霍	1
87	焦	5	117	汤	2	147	孔	1	177	蹇	1
88	卓	4	118	史	2	148	鲍	1	178	郎	1
89	纪	4	119	覃	2	149	练	1	179	庐	1
90	冯	4	120	龚	2	150	孟	1	180	平	1
91	黎	4	121	段	2	151	浦	1	181	卿	1
92	田	4	122	篮	2	152	成	1	182	桑	1
93	符	4	123	邵	2	153	苻	1	183	射	1
94	秦	4	124	揭	2	154	耿	1	184	霜	1
95	向	4	125	鲁	2	155	苟	1	185	吓	1
96	莫	4	126	邬	2	156	舒	1	186	晓	1
97	陶	4	127	班	2	157	敖	1	187	杏	1
98	左	4	128	封	2	158	管	1	188	荀	1
99	艾	4	129	宁	2	159	穆	1	189	阳	1
100	色	4	130	全	2	160	索	1	190	伊	1
101	尧	4	131	伟	2	161	巫	1	191	原	1
102	涂	3	132	严	1	162	卞	1	192	云	1
103	游	3	133	金	1	163	番	1	193	扎	1
104	姜	3	134	易	1	164	樊	1	194	佐	1
105	谭	3	135	夏	1	165	红	1	合计	194	52595
106	甘	3	136	尹	1	166	匡	1			

今涂岭居民的姓氏分布状况，乃是在上述诸多历史变迁和现代发展与建设过程中形成的，多姓杂居，是涂岭姓氏分布的最主要特点。

（二）南下屯军的蒙古族后裔

涂岭镇内主要的少数民族是蒙古族，出氏蒙古族居住在小坝村一带，其开基祖是明初元将纳哈出，为蒙古族名将木华黎的后代。元朝开国名勋木华黎，是成吉思汗的义弟，封鲁国公，权倾朝野，出氏族人都尊木华黎为先祖。纳哈出是木华黎的第九世孙，元亡后据守辽阳，手握重兵。在此期间，朱元璋曾多次对其招抚，纳哈出均不为所动。直到明洪武二十年（1387），朱元璋派大军攻占金山（纳哈出在辽阳的主要据点），纳哈出才被迫投降。明廷将纳哈出及其部配发至云南、两广、福建的都司卫所，纳哈出被封为海西侯，但“食其禄而不任事”，最终在征讨云南途中死去。

纳哈出有两个儿子，长子察罕，在纳哈出去世后因蓝玉案而被诛杀，次子佛家奴，据出氏族谱记载，在纳哈出南下时“以本等名色占籍福州中卫屯田军”，由于怕被兄株连，便去掉父名纳哈，以出为姓，隐居于惠北上西乡，即今后龙镇上西村。出氏迁居今涂岭始于五世祖出光育，传说出光育单姓独家住在一个村里，经常受到外姓人的欺侮，不得不带着老婆，肩挑孩子和一口铁锅避居深山。出走路上，不料绳子被石头割断，摔破了铁锅，孩子也掉到山沟里去了，正当出光育陷入痛苦绝望之际，霎时天昏地暗、风雨交加，冥冥中有人对他耳语：“若要富，洪厝竹槽兜；若要贵，兴化涵江头。”出光育顿然领悟，这一定是山神开示，便下沟抱起孩子拉上老婆，直奔洪厝竹槽兜。从此出光育在这里定居，成为洪厝坑出姓开基祖。这一年是明建文四年（1402），今泗洲水库石梯路旁，保留有“涂岭出光育，喜舍石梯路，壬午冬十月”石刻遗迹。

自五世祖出光育定居涂岭洪厝坑后，出姓在此繁衍生息，世而增昌。出光育生了五个儿子，根据《出氏族谱》记载，为了拓展规模，五世祖“分大妈及长裔孙于西坑，独细妈与所生之四子于斯聚族”，因而长房的六世祖出智惠，被分派到今涂岭樟脚西坑，六世祖智惠公也就成为出姓入迁西坑的始祖，八世祖出世科生了两个儿子，长子举东留居西坑，次子望珠分派坑尾。樟脚西坑的出姓一派人口发展迅速，第十五代共有男丁 14 人，第十六代有男丁 21 人，第十七代有男丁 34 人，可谓人丁兴旺。

留居洪厝坑的出姓，长房七世祖硕叟生三子，其二子、三子均早年夭折，只有长子天祥流传后代，生一子应瑄，至第十四世共有男丁 28 人。二房七世祖确斋公后代人数较多，至十四代已有男丁 102 人。而洪厝坑没有三房七世祖聪公的后代，据说长

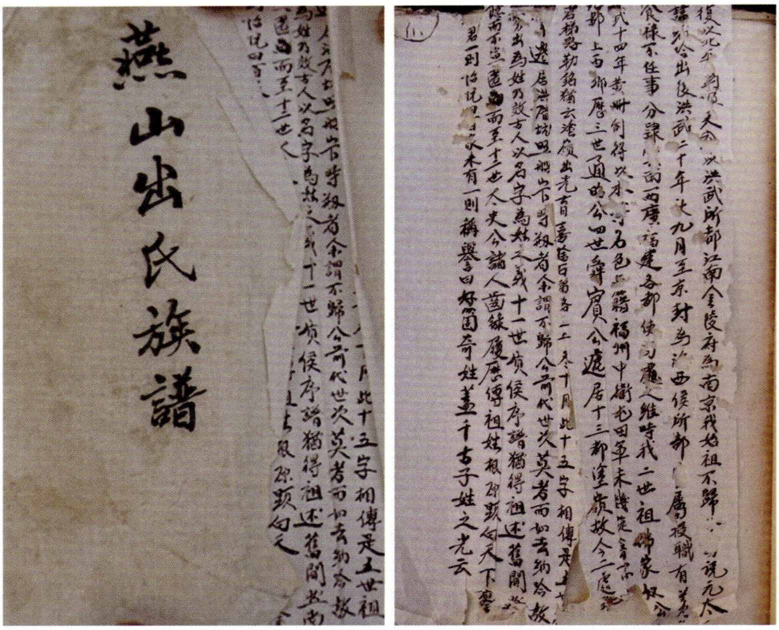

燕山出氏族谱

房硕叟与三房聪不合，导致聪离家出走，“有十余人外出至今，世远年湮”。亦有传言，清咸丰年间（1851—1861），出姓三房裔孙娶了崇武北门的汪家女，有出姓后裔10余人，但这在《出氏族谱》中不见有明确的记载。四房七世祖睿轩公，生一子叠山，四孙应魁、应绍、应诰、应试，应魁、应绍、应诰的后代仍于洪厝坑居住，而应试生了三子从滔、从澄和从智。据称出应试在前欧教书，设学堂，与当时前欧的大户人家钱氏交好，钱家便将业产赠予出应试，出应试便将长子从滔留在前欧继承钱家业产，出从滔从此成为前欧出姓的开基祖。从澄、从智则移居横溪。

出姓族人避居深山，直到出科联在科举上考取了功名，才为外人所熟知。今小坝洪厝坑的“翰林第”，原为出科联的旧居，是在其登第后荣归故里时拆旧新修的宅第。后来出科联的弟弟出梦鲤接连登科入仕，任四川保宁府南部县知事，涂岭出氏一族由此而显赫于世。

随着家族人口的不断增多，以及出科联兄弟的功名成就，出氏家族开始修族谱、建祠堂，以光宗耀祖、彰显家声。清康熙五十九年（1720），十一世祖出质侯始撰族谱，但由于受到兵匪扰乱，因而这部族谱未能保存下来，仅见《序始祖入闽抵惠暨五世祖迁居事略》一文，简要介绍了从始祖纳哈出到五世祖出光育的迁居事迹。1916年重修的《燕山出氏族谱》，是目前留存最早的族谱，收录了出质侯的修谱序言，并且系统

翰林第

记述了历代先祖的生卒、世系、茔墓等。

出氏家庙始建于明嘉靖二十二年（1543），当时确斋与诸兄弟及儿孙们为纪念“祖父母幸获仙兆吉地而安厝之后，能开土启疆，建立家室”，决定新建祠宇，供奉神位，祭祀祖先。到了清顺治十四年时（1657），前面提到在前欧的出姓十世祖汝宪公中了举人，任浙江温州府乐清县知事，这一殊荣轰动了全族，因而为答谢祖宗神灵，族人决定扩展出氏家庙，拓建下厅，并将“文魁”的匾额挂在厅堂内。清乾隆四十二年（1777），出氏宗亲再次商议翻盖祠宇，增辟两个侧门，中厅悬“忠节”，左“进士”、右“文

出氏家庙

魁”，以及中梁挂有“解元”等鎏金牌匾，形成出氏家庙现在的格局与面貌。

1985年，涂岭出姓经政府批准正式恢复“蒙古族”民族成分，目前在涂岭境内，出氏主要分布于小坝横溪、洪厝坑、甘蔗园、后头，前欧，樟脚西坑等地，分派散居于涂岭境外的有仙游园庄、枫亭九社，以及惠安、泉州、厦门等地，浙江乐清、永嘉、平阳一带也有少数出姓迁播落户。此外，出氏族人还移民台湾，清道光十三年（1833），出试携带家眷连氏和二女，以及出良、出污两兄弟迁居台湾基隆；道光十四年（1834），出高流迁台湾，出投、出積、出羔、出寤、出香夫妇迁竹堑，出波举家迁圭笼山；光绪年间出氏十七世出锥英迁台建家立业。据1978年户口资料统计，台湾出氏计有75人，主要居住在新竹、彰化、台北、宜兰、高雄等地。在马来西亚马六甲、吉隆坡等地也有少数出姓族移居，至今与故乡仍有往来联系。

（三）泛海谋生的侨胞与台胞

惠安是福建省重点侨乡之一，旅居海外侨胞人数众多。据称“宋元之际，吾惠已有泛海谋生者”，说明惠安人很早便开始出外谋生了。清雍正《惠安县志》记载，清初惠安人就已经广泛通商航海于南洋诸国，他们北上牛庄、烟台、上海、宁波、福州，东渡台湾，南下厦门、汕头，以及吕宋等南洋诸岛，或做短暂停留，或在当地转而做其他生意。清朝中期，马六甲等地派遣船舶到广州、香港、厦门等地掳夺劳工，以微薄的代价诱骗农民到南洋，从事开发矿山、种植园的苦役。到清末，更有大批惠安人远渡重洋谋求生存。

涂岭镇地处惠安县北部山区，虽然不如临海地区易于外出，但土地贫瘠，欲耕无地，农民发展机会少的情况同样造成了一些人迫于生计，不畏风险和辛苦，选择出国谋生。涂岭人出洋大多在民国时期，当时军阀频年混战，境内匪患猖獗，农民深受其害，生活负担沉重。不仅如此，政府苛捐杂税，欺压敲诈农民，还抓壮丁以满足征兵需求，抗战开始后这种情况更为严重，因此许多农民为了逃难甚至避免被抓壮丁而设法逃往南洋，造成了这一时期涂岭人出洋人数的明显增加。

涂岭镇华侨主要分布在马来西亚、新加坡、印度尼西亚等国家和地区，根据已掌握的族谱资料粗略统计，涂岭人定居海外的有：樟脚陈氏移居印度尼西亚约10人，马来西亚约100人；白潼陈氏移居马来西亚约12人；芦朴黄氏移居新加坡30多人；白水刘氏移居马来西亚吉隆坡约100人；下炉刘氏移居马来西亚约190人；寨后吴氏移居马来西亚约100人，以及下炉水曲黄氏、邱后敦园李氏、涂型周氏、松园曾氏、樟脚肖氏移居新加坡，樟脚陆氏移居新加坡、菲律宾，小坝出姓、赤埔张氏移居马来西亚、新加坡等。

华侨虽然身居异国他乡，但依然怀着对祖籍地的深切眷念，热心桑梓，以自己的实际行动来支持故乡的公益事业。2000年，旅菲侨亲蔡汉业等捐资40万元，建设小坝、洪厝坑两所希望小学。他们积极捐助家族重修族谱、兴建宗祠和宫庙，如1931年漂洋过海旅居马来西亚的寨后吴氏族人，其后裔吴志华、吴细川、吴永水等于1982年捐资襄助寨后隆兴宫的重建；1986年山头寺重修，陈国明、陈国珍、陈荣贵等70余位海外华侨慷慨解囊；1925年迁居马来西亚吉隆坡成家立业的白潼白水村的刘葱炳，在2011年白水祖祠新修时，他和子女纷纷出资以报效家乡。令人称道的是，旅居海外的涂岭人都保持着与家乡的联系，并为家乡的发展与建设贡献力量。

明清至民国时期，大批的涂岭人不仅漂洋过海，旅居海外，而且东渡台湾。清康熙末期，涂岭陈桐派下族人，迁台入垦牛埔（今埔前里）。世上村陈氏族人入台垦殖新竹，把聚居地称为世上村。还有，樟脚陈氏迁花莲，芦朴黄氏迁新竹，松园张氏迁彰化，寨内何氏迁台北，前欧何氏迁基隆，涂岭周氏迁高雄，以及新桥张氏、汶阳吴氏、溪头潘氏、松园曾氏、寨内姚氏、涂岭辛氏、樟脚蔡氏和陆氏、清美黄氏和潘氏等先后移居台湾。1987年台湾开放民众赴大陆探亲以后，众多台胞返乡寻根谒祖。他们情系故里，热心关注和积极支持家乡的建设，祖籍樟脚村的蔡永庭捐建樟脚小学“景崧教学楼”和“良岛育才楼”，蔡航朔、蔡良乡为修建樟脚小学校舍慷慨解囊。福建省人民政府表彰台胞捐助教育，特授予蔡永庭“乐育英才”金质奖章。他们移居台湾，保留着原有的民俗信仰，在当地建立各种庙宇以供奉家乡的神灵，而且每年都有台湾分灵的宫庙善信前来祖殿朝拜进香。涂岭乌石宫是高雄市一甲美泰宫的祖殿，每逢祭节，台湾信众纷至沓来顶礼膜拜。以神缘为纽带，密切了涂岭与台湾的往来，加深了海峡两岸同胞的感情，增强了中华民族的认同感。

二、村落地名始形成

在族群迁徙流动的漫长历史过程中，涂岭各乡村逐渐形成颇具特色的地名文化。通过实地考察发现，涂岭地名的沿革多与福建闽越历史文化有着密切的关系，如带有“厝”“埔”“驿”等字样的村名皆与宗族的迁徙或土地的开发，以及驿站的建置有关。涂岭作为泉州地区一个具有浓厚历史文化底蕴的名镇，其乡村地名的历史文化内涵在闽越文化故地有着长久持续的影响力。

（一）乡村地名溯源

北宋时期，泉州府设置惠安县，下领城山乡、崇善乡、崇武乡，涂岭属于城山乡。“城山乡”名称的由来，其实与涂岭蚁山有着一定的关系。据称宋代初期，惠安设县时曾在蚁山龙窟岭下建立县治（县衙所在地），后来县治才迁往螺山的南面（今县治所在地），原来的旧址便成为“古县”，也就是现在的泉港区前黄镇古县村。至于为何称为“城山乡”，则与惠安县衙迁徙有很大的联系。古县旧地曾设置县城且倚靠涂岭蚁山之故，“城”主要指的是“惠安县城”，“山”主要指“蚁山”。由于闽南话中“艾”与“蚁”为混音，有治理安定之意，“蚁山”也常被当地人称为“艾山”。所以，“城山”则寓意为“艾山之下设立县治，地方长治久安”。涂岭及其他村名的来源，也是丰富而极具内涵的。

涂岭村

涂岭，位于福厦公路中部，涂岭镇政府所在地。族谱资料所载的是明中叶以来莆田蔡氏、惠安吴氏等族人迁此聚居，但村名涂岭则是很早以前的事了。据传宋代有涂氏兄弟入居于此因名“涂岭”；又一说泗洲溪上游地方桃树成荫花似锦故称“桃岭”，后谐音涂岭。虽传说有二，但历史悠久，在近千年前的北宋熙宁年间（1068—1077），这里便已经以“涂岭”而闻名于世了。

路口，古称大路口，位于惠安县城北门外，菱溪下游，为古驿道必经之地。清代《福建省海岸全图》描绘，涂岭古驿道在驿坂铺前不远便分岔成两条路，一条直接通往涂岭方向，而另一条通往南面的大埭寨。对照古今地图，“路口”正处在古道分岔交会的地理位置上因而得名。陈氏村民从锕川后坑迁此定居遂成聚落，这里原有码头、店市、马场、桥梁、牌坊等，历史上曾是重要的水路交通枢纽。

白潼，源于白水、潼关二地名。“白水”之名，当地传说，闽国王审知的妃子北上福州，途经一溪流下辇休息，见流水清白，即称溪为白水溪，于是此地亦以白水而名之也。“潼关”一名，关乎陈同。史载元至正二十年（1360）惠安人陈同竖旗起义，在涂岭白水铺之南据险筑寨，称为陈同关。陈同也叫陈潼，民间以潼关为地名。白潼，即以取白水和潼关二名的首字组合而成。

樟脚，此地原生长着一株700多年的大樟树，枝繁叶茂，冠大荫浓，村落居民的房子就建在大樟树下，因此得名“樟脚”。脚的闽南话发音为“卡”（第一声），除本义指胫足外，在闽南还用作为下面、底下的意思。樟脚，即表示村子“在大樟树底下”。

涂型，早期曾是烧制砖瓦的地方，今村庄的四周仍分布有

路口村

樟脚村

涂型村

不少瓦窑遗迹，因古时盛产瓦片，辟有大片晾晒瓦坯的场地，俗称“土埕”，后讹音为“涂型”。

松园，这里古时候生长很多松树，茂盛成林，明代末期，曾氏自惠安后曾（今东桥）迁此，定居松林之旁，故取名松园。

驿坂，这里为菱溪和大德溪下游冲积而形成的一片坂田，是古代泉州通往福州的“官马大道”必经之地，明洪武年间（1368—1398）设驿坂铺，置邮亭，因名“驿坂”。

溪头，在打珠溪之中游，古驿道经此北上，宋代建“无量桥”，以通商旅。后来潘、王、郑等姓氏先后迁徙于此，在溪桥头定居，村因名“溪头”。

世上村

世上，据张氏族谱记载，明代惠安东岭的张氏被迫离乡背井，北上迁徙至此定居，为了让子孙后代记住来由，把聚居的地方称作“徙上”，后谐音地名为“世上”。

芦朴，相传明代黄氏自惠安东园迁此定居，住庐屋，生活艰苦朴素而得名“庐朴”，至清代谐音而称“芦朴”“路朴”，后又讹传为“路打”。另据一说，黄氏迁来时，以打铁为生，故名“炉打”，后传称“路打”。1999 年，经省政府主管部门正式批准改“路打”为今名“芦朴”。

下炉，古代曾在这里置炉冶铁因而得名，明末惠安洛阳张氏、晋江吴坑杨氏陆续迁此定居遂成村落。

汶阳，所在之处原是泗洲溪下游的泥沙冲积地带，明末清初迁界吴氏徙居至此，筑堤砌岸，把这里开垦成为一片田洋，聚族而居取名汶洋。后因地处涂岭之东，而雅称“汶阳”。

黄田，据传明代黄氏迁此聚族而居，在沿溪两岸开垦田地，故得名黄田。后因遭匪患、兽害，而整体外迁他处，虽然再有陈、赖、许、吴等姓相继到这里定居，村名仍沿称“黄田”。

秀溪，位于涂岭西北，四面环山，坑垄中多条小溪穿流其间，故名小溪。村里有传说建于唐代的云门禅寺，明代以来，蔡、邹、吴等诸姓先后迁此居住。小溪山清水秀，1981 年改村名为“秀溪”。

小坝，群山环抱，溪水穿流，古时溪流上筑有小水坝以便山田灌溉，早期的洪氏，以及明初出氏和后来的陈、江等诸姓族人相继迁此聚居，村庄坐落坝旁，故称之为“小坝”。

前欧，据传古时有钱氏入此定居，以烧制瓯碗、杯盘等陶瓷为业，故名“钱瓯”。后因匪患而外迁，明清时期出氏、陈氏、韩氏等入居于此，沿用原村名，于近代以谐音改称“前欧”。

五社，历史上五社一带素有“大雾山下十八村”之称，因屡遭兵灾匪祸，至 20 世纪 50 年代初，仅存模柄、园内、八担、上黄、岭下五个村庄，后来划分行政村时则命名“五社”。

丘后，明嘉靖年间（1522—1566），惠安辋川峰崎黄氏迁此，建厝聚居在小山丘之后，

前欧村

五社村

丘后村

故取村名“邱后”。

溪西，位于菱溪下游（菱辋溪）的西岸坂地，明弘治年间（1488—1505）泉州清源山詹氏迁此，后来陈、任、郑、叶等姓氏亦相继来这里定居，村落故称“溪西”。

清美，地处坝头溪上游，据载宋代海潮入溪而至坝头港，清美早称仓尾，古为澳头，建有转运物货之仓库。元大德时（1297—1307）莆田黄巷的黄氏族人迁此定居，位于仓库之尾端，故称“仓尾”，后来谐音“清美”，始见称于清末民国初。

清美村

寨后，村落因山寨而名。为御寇防匪明清时代涂岭山区建造了不少堡寨，樟脚西面筑有陈国寨，后来吴、王、郑等姓氏陆续迁于此寨之后的坑谷缓坡地带居住，由于村落东邻陈国寨，民国时期在这里设“东寨保”，1952 年政区划分设乡名为“寨后”。

涂岭各乡村地名的生成与变化，是与特定的历史条件紧密联系的，反映了涂岭区域社会的进步与发展的历程。

（二）地名流变的文化透视

地名是反映一个地方文化底蕴最为直接的第二语言。它作为一种特定的人类语言文化现象，不仅仅是一种简单的代号或标记，山川河流、地势地貌、历史遗址、植物植被等自然和人文景观在地名中都具有广泛的体现。如今在涂岭 157 平方公里的土地上分布着 21 个行政村、1 个社区、153 个自然村，这意味着有近 170 个村名。这些来自不同村庄的名字，在经历了长期的历史演变后，既保留有中国地名的传统文化共性，又形成自身独特的个性。据实地考察统计，在涂岭的这些村庄地名当中，以山水地貌命名的村庄 50 余个，这些村庄以数量众多的自然要素命名，如“坑”“溪”“山”“埔”“水”等。另外，又有近 10 个村是以历史人文景观为要素命名的，如“关”“驿”“路”等，这些村名既生动地记载了当时涂岭的地理环境和人文历史景观，也真实地透视了早期的涂岭祖先们的高超智慧。

1. 山区景观的真实写照

涂岭镇是泉港区唯一的山区镇，其地形构造主要以山地为主。最引人注目的地表形态是凸起的山岭和凹陷的沟谷。在山区与临海平地间，又形成了复杂万端的各种小地貌。这些地形地貌都在涂岭地名和村名中有着极其丰富、生动的体现。从现有涂岭150多个自然村的命名来看，地处山区地方的自然村名大多数是以“山”“坑”“岭”“坂”命名，比如芹坑、小山、洪厝坑、白水岭等，这是对涂岭地形的真实反映。以“山”“岭”命名的村庄，很容易判断出这些村庄所处的地理环境。而“坑”“坂”虽然也是地理环境的反映，却是中国东南沿海地区独特的自然景观写照。

“坑”其本意指自然或人工形成的低洼凹陷地、沟壑，在闽南方言中，也可指小溪涧。在中国地名中，“坑”字的运用较为广泛，但具体意义却有所不同，常用作沟谷、山口、峡谷、港湾、海湾、水库、丘陵、山峰等名称。另外，“坂”字的使用，应以福建地名使用最为多，以闽南分布最广，约占60%。在闽南话中，坂，即山坡，斜坡，山坳，或者专指溪边地势平坦处。涂岭地区以山地为主，素有“七山一水二分田”之说。“坂”在地名中的存在，如“驿坂”，真实反映了驿坂所在的地理环境是处于驿坂溪的冲积平原上。

2. 对“雅”和“美”的追求

随着社会的进步和人们受教育水平的提高，有些早期的村名用字也就显得较为粗俗，于是追求典雅和优美，以“雅”易“俗”成为人们一种普遍心理。在涂岭村名上也能够体现出人们对雅和美的追求。从涂岭各村的命名看，涂岭人们较喜欢用“新”“秀”“美”等字，如新厝、秀溪、清美等村命名。据说这些村名的取名起初多为当地百姓自荐，因此在用字方面往往较贴近平民阶层。此外，在当前建设美丽乡村的时代背景下，政府在地名用字方面也更趋向于雅化。如涂岭的幸福社区、新街、新村等，都体现了新时代背景下，涂岭人民对美好生活的向往与热爱。

3. 古驿道的历史印记

涂岭地理位置优越，位于泉港区西部，324国道和福厦高速公路、高速铁路均贯境而过。涂岭还拥有从泉州至福州段的古驿道，自南向北穿越全境，对涂岭地区的商贸往来、人口分布、村落格局、村名的形成产生深远影响。在现有涂岭的村名中，受驿道影响最为直接的要数“驿坂”和“路口”这两个行政村。驿坂、路口都处于古驿道的交通要道处，首先从地名上看，驿坂的“驿”，据称就来自“驿站”的“驿”。

据相关史书记载证实，驿坂自明清以来，就是惠安官方设置的重要驿道停靠站。而路口村，是古代河运码头、驿道分岔的重要枢纽。直到今日，只要提起古驿道，当地的人们还能绘声绘色地对古驿道上的历史故事进行生动地描述。可见，涂岭古驿道给当地的村名和地方文化烙上了深深的历史印记。

4. 鲜明的闽南文化特色

闽南地区作为中原华夏古文化和闽越本土文化交融之地，村名的命名既保留有中原民居文化的特点，又融入诸多的闽南地域性文化特征，如“厝”字的使用。“厝”是闽语常见的特征词之一，通行于闽语的所有区域，“厝”在闽语中有几种用法：一是房屋的意思；二是家或家乡；三是地名，常用于村庄。在涂岭，拥有“厝”字的村庄有寨后村的新厝、大厝、内厝，涂型的温厝、后厝坑等 17 个村庄。通过考察分析这 17 个村名，可以发现“厝”在涂岭地名中的使用，具有以下几种类型：第一，在“厝”前冠以姓氏，以强化宗族观念，如刘厝、陆厝、洪厝坑等；第二，冠以方向，以明确五行的相配，如尾厝、后厝坑等；第三，冠以“新”的意思，以提示与“旧”的不同，如新厝等。这些村名是历史文明与地区文化的缩影与见证，反映了闽南涂岭地区独特的文化内涵。

5. 浓厚的军事色彩

惠北地区自古以来就处在山地文化、海洋文化，闽南文化、莆仙文化的多重交融区，这四种文化之间的碰撞与重叠，既带来交流融合，也带来了冲突与战争。明代以来，海上强盗的滋扰、倭寇的侵袭，对福建沿岸地区造成了极大的破坏。农民起义、地方械斗，加重了对地方社会经济文化的摧残。为了抵制这些人为的破坏与摧残，民间和地方官府建立了各种防御工事，如堡寨、关卡、烟墩。这些防御工事，在战争年代常发挥着重大的作用，但随着和平年代的到来已逐渐丧失了功能。然而，这些防御工事，作为一种历史文化遗迹保存下来，并在地方民众中留下了历史记忆，原设有防御工事的村庄以“寨”“墩”命名就是一个很好的实证。关山依旧，物是人非，战争远去，硝烟消弭。涂岭地方上曾称兴一时的关寨、卡堡，已经逐渐淡出了人们的视线，然而，那些满带着军事色彩的地名、村名，既揭示了历史上时代的动荡，也记录了当地百姓抗争的史实。

地名是一个地方的文化载体，向人们传达所代表的地方文化的丰富内涵。在政权更替、文化碰撞、民族融合、传统沉淀的交织中出现的涂岭村名，蕴含着浓厚的乡土气息，是无数先民与这方热土命脉相连、融合创造的文化结晶。

三、振兴乡村显特色

建设生态健康、百姓宜居的美丽乡村，是新时代我国对乡村发展提出的新要求和新任务。近年来涂岭镇积极推进美丽乡村建设，涌现出以樟脚、小坝、秀溪、黄田为典型代表的特色乡村。樟脚村是全镇保留古民居和风俗最为完整的村落，在继承历史文化的基础上不断创新形式，成为涂岭镇最负盛名的美丽乡村；秀溪村因地制宜，将乡村建设与旅游发展结合起来，逐渐走上了脱贫致富的道路；黄田村在保护生态环境的同时，发展绿色生态农业和休闲观光产业；小坝村则依据自己的民族特色打造蒙古族村寨，实现了新时代的民族融合和发展。

（一）樟脚——文化的传承与创新

樟脚村位于涂岭镇西北部，村内原有一株巨大的樟树，蔡姓居民最先迁徙到这里，选在这棵有着 700 多年历史的大樟树下繁衍开基，村子因此得名樟脚。樟脚明清时期隶属于惠安县樟柿铺十一都，民国属于涂岭乡东堡寨，1958 年起先后隶属超先公社、涂岭公社樟脚大队，1985 年设为涂岭乡樟脚村委员会。全村现有陆厝、馆仔、西坑、竹湖、小山、樟脚、面前、梨岭、岭头九个自然村，樟脚民风淳朴，历史悠久，文化氛围浓厚，又是陈平山烈士的故乡，红色革命老区，被誉为油画般的美丽乡村。

美丽乡村樟脚

樟脚民居建筑

樟脚村，西部高，东部低，东为日曝岭，东北为观音山，西为晒尾山，南为石桌尾山，北为相牵首尾山，四周山岭环抱为盆地，群山之水汇流为小溪，形成菱溪的源头。村内没有流量较大的水系。小溪由西北向东南流淌，在日曝岭后沙溪尾处跌落谷底生成百米瀑布，与陈田溪汇合流入横溪，因而樟脚被称为“东坑”。

村落人文景观与自然环境辉映融合，民居巧妙地利用地形特点，依山就势而筑，高低错落，首尾相连，颇有气势，产生层次丰富的建筑格局和村落景观。房屋层层上升，组团分布，各组团由于地形而较为疏离，组团之内则较为密集。村中有 1 条主要道路，其余小道路均由此干道外延，整个村落道路犹如树干分枝，狭窄的小路巷道，交错连接，穿行其间，往往看似闭路状，却又相互交通。人们沿街筑居，遇水耕田，因山水道路而造就的聚落，按照地势，将村内划分为上村、下村两个部分。

樟脚村历史文化丰富，其中最具代表性的是民居建筑。村内现存建于明代至民国时期的民居 50 余座，大部分仍然保留完好。与闽南传统民居不同的是，樟脚村的四周群山中盛产黑色花岗岩、五彩鹅卵石，因而这里的村民大多就地取材，将形状各异的鹅卵石用来砌墙，用乌青石修筑门窗，而由于地形的限制，民居均依靠山势在狭窄的平地上建设，一面面五彩斑斓的石墙，形成了山区一道靓丽的风景线，也成为樟脚村最好的代名词。

许多人家的建筑里，从一个房间到另一个房间，需要上几个台阶才能走到，户与户之间也需要卵石台阶相连。房屋的共同点在于窗户少而小，前后房之间常常留有狭窄的露天巷或者小天井。村内随处可见的石屋顶、石阶、石凳、石桌、石栏杆，充分体现了村民取石用石的智慧，及与大自然艰苦抗争的精神。经过长年的风吹雨打日晒，石头上留下了斑驳的印痕，看上去青赭交替，色彩斑斓。村内层层叠叠、首尾相连的一幢幢用鹅卵石筑成的古民居，从半山坡往下看，宛如一幅天然铺开的油画。富有特

樟脚振东宫

色的石头屋吸引着无数人前来参观，樟脚古民居由此而成为涂岭甚至泉港区的代表性建筑。

除了古民居外，村内现有六座宫庙，其中的双忠庙和振东宫是民间信仰文化的中心，“文化大革命”时被破坏，改革开放后进行修缮。村民主要信仰的是相公庙的相公爷，双忠庙的张巡、许远，振东宫的雷万春、南霁云、关帝、司马公、玄天上帝、田都元帅、三王府、四王府诸神，以及在观音山上的菩萨神祇等。村内还保留着不少传统建筑，其中有陈氏支房的祖厝、蔡氏祖厝、肖氏祠堂等。

樟脚的文化特色还体现在民俗风情上。每年正月十五元宵节，村里便组织迎神游灯活动。妇女们备办各种供品，到双忠宫和振东宫烧香拜神，村民们抬“境主神”出游巡境。以姓氏为单位的板凳灯紧随其后，在村内田间穿梭游走，汇聚成长数百米的队伍犹如长龙，按照路线从每家每户门口经过，鞭炮齐鸣，烟花齐放，热闹非凡。在游完龙灯后，还进行“跳火堆”的活动。樟脚村规模盛大的元宵仪式，已经延续了几百年，村民借助这样悠久的文化传统仪式，亦表达着对新一年的期盼。

迎神游灯活动

樟脚还保留传统的手工制茶技艺，古时家家户户门前会备好茶桶茶杯，奉茶给来往劳顿的路人解渴，因其选取的是每年的头春茶来泡制而称之为“东坑首春茶”，也叫“南观音首春茶”。樟脚的手工茶叶制作技艺十分精湛，从杀青到包装都有一套严格的操作工艺技术，口传身授，至今已相传数代，产品远销海内外。

正是这些文化遗产，使得樟脚村在跨越时代变迁中依旧保留着独有的风貌，古厝古民俗、古茶古技艺汇聚一村，让历史得以延续，文化得以传承。如今的樟脚，在进行农业耕作的同时，积极进行生态环境改善，保护森林植被，加强对传统民居的保护。他们依托独特的古民居，以及金钟潭、陈平山烈士纪念碑等旅游资源，大力发展新时代特色旅游业，结合当地农副产品经销，推进全村经济发展，取得了很好的成效。樟脚村以特色文化带动经济发展，是传统与现代结合的最佳典范。

（二）小坝——民族的团结与融合

小坝位于涂岭镇西部，因古时有溪流小水坝而得名。小坝明清时期属于十都樟柿铺，民国属于涂岭乡松洲保，1949 年冬属于七区松洲乡，1952 年属于十区泗洲乡，1956 年并属驿坂区松洲乡，1958 年起先后属超先公社、涂岭公社置小坝大队，1985 年改设涂岭乡小坝村委会。小坝村现下辖小坝、洪厝坑、横溪、甘蔗园、后头、上新、东洲、南型八个自然村。全村群山环绕，地势四周高中间低。小坝村是福建省唯一的蒙古族聚居地，蒙古族村民占到全省蒙古族总人口数的 90% 以上，村内 70% 以上都是

洪厝坑鸟瞰

村寨大门

元朝蒙古族后裔。这里的居民以“出”姓为主，他们的祖先是成吉思汗的义弟木华黎。木华黎的第九世孙纳哈出明亡后移居至福建，后代便在此繁衍至今。1985年1月，惠安县人民政府在小坝洪厝坑召开恢复出姓蒙古族大会，恢复了小坝出氏的蒙古族身份。

被称为“马背上的民族”的蒙古人隐居于滨海的闽南山区，在长期与汉民族的不断融合中，逐渐冲淡了原始的痕迹。小坝村整体建筑风格不太统一，缺乏连续性。明清时期的古民居分布较为集中，位于村落建筑组团的中部偏北，近现代的民居以古民居为中心分别朝东边、南边、西南方向扩张，水田主要分布在村庄的东边、南边，东西走向的公路从村子里蜿蜒穿过。受地形地势影响，村落形成较为明显的地理边界。建筑朝向，多为坐北朝南、坐西北朝东南、坐东北朝西南。近期新建住宅为框架或砖混结构的多层建筑，屋顶形式大部分为平屋顶。早期民居的建造，基本上保留以砖木结构单层双坡屋顶的闽南传统风格建筑。村内的出氏家庙、翰林第两座明清古建筑，是出氏族人引以为傲的荣誉象征，其中出氏翰林第被列为泉州市第七批文物保护单位。

在“燕山出”聚居的小坝，蒙古族人与汉族居民友好相处，他们在接受汉民族风俗习惯的同时，还保留着与周边村落不同的“草原遗风”。小坝村利用独特的山地文化和丰富的旅游资源，致力于建设蒙古族特色村寨，并以此为重点探索特色旅游经济的发展道路。2013年，小坝村被国家民族事务委员会定为“全国蒙古族特色村寨”。为了进一步凸显蒙古族特色，村内派代表与内蒙古地区的蒙古族人民联系沟通，向他

蒙古包（农家乐）

们借鉴经验，吸取蒙古族的特色，还聘请了内蒙古师范大学旅游学院的学者为小坝村蒙古族风情的民族特色村寨进行规划。

近年来，小坝村投入 2000 多万元，建造了蒙古族特色村寨大门，绘制长达百米的出氏源流壁画，修缮、重建出氏家庙、翰林第、燕山寺等古建筑，挖掘与古建筑、古寺庙、古祠堂，以及木华黎后裔、天下奇姓相关的故事传说，开发农家乐、民宿和蒙古包、燕山部落等配套建设。2015 年 1 月，小坝村以“亲山·近水·运动·乐活”为主题举办了泉港区首届小坝草地音乐节，开展蒙古族草原音乐盛典、草原亲子嘉年华、户外露营、天然茶会等活动，还创立“海丝·福建省蒙古族大学生文创基地”。小坝村注重生态环境的保护和建设，突出生态文化旅游功能，因地制宜地将蒙古文化

出氏源流壁画

嫁接于原有文化之中，打造集民族民俗文化体验、休闲度假、观光娱乐为一体的旅游产品与项目，把家乡建成为风景秀美、民族文化底蕴深厚的旅游小镇、文化小镇，使之成为城乡统筹发展和社会主义新农村建设的典范。“燕南无二族，惠北自一家”，出姓蒙古族的知名度日益提升，小坝成为福建地区独具特色的蒙古族村落。

发展草地畜牧业

举办草地文化节

（三）秀溪——美丽乡村的重塑

秀溪村位于涂岭镇西北部偏僻山区，原名小溪，明清时期属于惠安添奇铺十一都，民国属涂岭乡涂岭保，1949—1952 年先后属于涂岭乡、界山乡，1958 年以后先后属于超先公社、涂岭公社置小溪大队，1981 年改称秀溪大队，1985 年设涂岭乡秀溪村委会，目前下辖园头、湖内、桥头、棋盘、岭兜五个自然村。

秀溪村东依天马山脉，与白潼村接壤，西靠大岭山脉，南临山外水库，北与界山镇、仙游县相邻，流入坝头溪的支流自西北向东南穿过，汇入山外水库，全村主要通过一条秀涂公路对外连接。受此影响，秀溪村的民居聚落多分布在河流、道路两旁，其中园头、湖内、桥头、棋盘四个自然村呈组团状居中分布，岭兜村在全村的最北端，与其他村隔北峡岭相望。秀溪村是革命老区，也是革命先烈陈平山当时成立地下活动据点的所在地，并在这里开展地下活动。

村落没有明显的人为边界，地势四周高中间低，较为平坦，无大的高低落差。村内民居建筑质量参差不齐，整体风格不太统一。早期的民居以石木结构的闽南传统风格建筑为主，近年新建住宅，多框架或砖混结构的多层建筑，房子坐向非正南正北，多为坐西北朝东南，或坐东北朝西南。古民居建筑较为集中，形成建筑组团，建筑密度比较大，村民沿着建筑四周开垦田地，形成背山面田的格局。村落的路网与街巷，呈蛇形弯曲，如藤蔓般伸展，增添了人们步行的乐趣。

秀溪村依山傍水，自然资源丰富，但是由于地处偏远，当地的有利资源没有得到充分利用，在过去长时期处于贫困落后的状态，发展水平较低。2014 年人均纯收入不到 5000 元，村集体经济收入不到 6000 元，低于全区人均收入水平，2015 年被列为市级贫困村。为了提高经济发展水平，改善人民生活条件，2015 年秀溪村确定为“省级宜居村居整治村”和“泉港区美丽乡村示范村”。在政府政策扶持下，秀溪村开始大力推动美丽乡村示范村的创建工作，将扶贫开发和美丽乡村建设有机结合起来，首先是建立相应的规章制度，对诸如公共设施保护、环境卫生管理、移风易俗等方面制定了详细的村规民约。为了改善居民生活环境，村里开始组织对陈年垃圾集中清理外运，并组建了专职保洁员队，动员村民对禽畜进行标准化圈养，组织对各家各户的房前屋后进行绿化。同时对主要自然村之间的水泥道路完成硬化，对河道进行清淤，并修建景观步道供居民休闲使用。在居民生活用水方面，成立村安全用水协会，实施农村安全饮用水工程、农村污水处理工程，将生活污水进行集中处理，有效治理农村常见的污水横流现象，打造山青水绿的新景象，让村民能够在干净整洁的环境中乐享生活。

在改善村容村貌的同时，秀溪村不忘坚持文化特色，将历史人文元素有机地融入村庄风貌、乡村旅游与村民的生产生活中。村里有始建于宋代的清朝李光地亲笔题匾的千年古刹云门寺。近年来投入资金对云门寺进行了重建，收集整理了民间流传的“小溪不会出大鱼”“九月豆会开花不会结荚”等典故，修复“罗隐读书处”“罗隐垂钓处”等古迹，配合云门寺重建，还建设了云门公园，沿云门山麓修建了 1 条长 1 公里的鹅卵石登山休闲步道，形成了一系列配套的旅游景观。

秀溪云门公园

打造乡村休闲旅游品牌，是秀溪村正在逐步实现的重要目标。全村在丰富的山水资源和农业资源基础上，把“美村”与“富民”有机结合，将地域资源优势、生态优势转化为经济优势，形成了“美丽

秀溪糖文化广场

乡村+扶贫开发+乡村旅游”的新兴发展模式。秀溪村有着悠久的甘蔗种植和制糖历史，至今村里仍有 1 座早期遗留的制糖作坊，以及部分作坊配套的旧石屋。在充分发掘传统糖文化工艺的基础上，聘请专家实地考察指导，统筹规划，打造了集传统制糖工艺展示、糖文化展览、民宿、餐饮一体的秀溪村糖文化广场，既传承了制糖工艺，又使其成为建设美丽乡村、发展乡村休闲旅游的重要平台。

在经济作物方面，秀溪一向以栽种龙眼、枇杷、甘蔗、西瓜为主。近年来以原有的农业基础为依托，筹建了枇杷基地、黑甘蔗种植基地、油茶基地、肥鹅养殖基地等特色农业基地，并且鼓励和引导村民连片种植，已有枇杷 200 多亩、甘蔗 100 亩、油茶 50 亩，建设了龙眼、枇杷、西瓜等采摘园，取得了良好的成效。不仅如此，还将特色农业与乡村休闲旅游结合起来，带动秀溪村经济的发展。以“人间四月天，秀溪枇杷鲜”为主题，每年春季成功举办两届

秀溪枇杷

秀溪花田

秀溪村举办“花潮”民俗文化节

秀溪村枇杷采摘节，极大地提升了秀溪村特色农业的知名度和美誉度，拓展了枇杷膏、枇杷罐头等深加工农产品的市场，并成立了第一家以营销本村手工豆皮、土鸡鸭等农副产品的农家乐。

值得一提的是，2016 年，秀溪村花田种植波斯菊、非洲菊、百日菊获得成功，花田连绵成片，花朵竞相绽放，汇聚成花的海洋，鲜艳的“花海”为秀溪增添了一道靓丽的风景，吸引着不少游客前往观光。这些都成为有力地推动特色乡村建设、促进村民增收致富的有益途径。在美丽乡村建设的推动下，秀溪已不再是当初贫穷落后的小村庄，初步实现了“村庄秀美、环境优美、生活甜美、社会和美”的目标，正日益呈现出新时代特色乡村的崭新面貌。

（四）黄田——绿色生态新乡村

黄田村位于涂岭镇西部的泉港与洛江、惠安、仙游 3 个县区的交界处，包含南埔、大垄、大垵、庵前廊、涂楼、大厅、溪坪、庵前、厝斗、蔡田、大行 11 个自然村。据传古代黄氏迁此垦田定居，故村名“黄田”。明清时期黄田属于十一都樟市铺，及十七都黄田铺一部分，民国属于涂岭乡双田保，1949 年冬起先后属于七、八、十区、驿坂区双田乡，1958 年起先后属于超先公社、涂岭公社置黄田大队，1985 年改设涂岭乡黄田村委会。

黄田村是涂岭最边远的山区，地势东高西低，南靠笔架山，北临大雾山（北山），全村森林覆盖率超过 80%，村庄坐落在大山里，房子点缀于青山间。村中主要有黄田溪、蔡田溪两条溪流，村落和农田沿溪流两岸分布。民居多集中在南北山丘下，建筑密度较大，北片区民居多为坐西北朝东南，南片区多为坐南朝北，面向溪流。闽南传统风格的五间张或三间张大厝多为砖木结构，立面以白石和红砖为主，屋顶为双坡红瓦屋

黄田村

面。新建住宅为框架式或砖混结构的多层建筑，多为平屋顶，二十世纪六七十年代的建筑以条石为主要墙体材料。村落交通沿溪流两侧为主干道，支路往建筑群延伸，建筑间距离较小，形成细窄的巷道空间。黄田村此前发展一直比较滞后，交通闭塞，信息不畅，基础设施差，村民靠步行肩挑过着自给而不能自足的生活。直到改革开放后，黄田村开始改变落后的面貌。在村党支部和村委会的带领下，全村人民修建公路、水电站，建设“农家书屋”、篮球场和新的村部、校舍，以及村主干道亮化绿化美化等一批惠民工程，黄田村因而气象一新，村容村貌发生了翻天覆地的变化。

充分利用优美的生态环境，并积极开发生态农业资源，是黄田村建设美丽乡村的基本思路。虽然黄田村地下蕴藏着丰富的瓷土矿资源，但由于开挖矿产会造成水土流失，因而村里一直没有进行开采，而是发动群众封山育林，将破坏水土的速生林全部更换成樟树、桂花、红豆杉等树种，以保护原始森林环境，同时建起了大面积的橄榄、龙眼等水果基地。针对海拔较高，云雾缭绕的地理优势，黄田在北山建起了大雾山茶叶基地，生产红茶、铁观音等产品，目前已拥有了标准化茶园 300 亩，年产量 20 多吨。村里还利用果林地发展养蜂业，生产冬蜜进行销售。

经过多年的努力，黄田村已有万亩果树基地、珍稀动物养殖基地、千箱蜜蜂养殖基地和花卉基地、中草药基地，以及休闲农场、饮用水厂等，创造出一条“有山无石好种草，有树无林好种果，有溪无沙好发电”的生态致富之路，将曾经“有树无林”

黄田村养蜂业

的山头变成今天的“绿色银行”。

黄田村生态漂流带

优良的生态环境，更为黄田村发展高价值的养殖业提供了有利条件，从2009年开始建立阳光鲟鱼养殖基地，养殖鲟鱼、鳗鱼等珍贵鱼类品种。2016年，黄田村入选泉港区的首个“全国文明村镇”，还荣获“美丽乡村”建设示范村、福建省文明村、泉州市文明村的称号。

山地自行车体验赛在黄田村举行

近几年来，黄田村积极整合生态农业资源和周边人文资源，发展绿色生态休闲旅游。2015年引进宏昌生态园项目，对陈田水库周围的山地进行了改造，通过种植零污染原生态的有机水果，创造优良的生态环境保护水土的同时，吸引游客观光，促进乡村经济的发展。2016年，村里投资规划建成3.5公里的生态漂流带，主要包括生态漂流、水上乐园、摩托车竞速等，目前一期建设已经完成，后期还将投入温泉、度假别墅等建设，打造一个立体生态旅游项目。

黄田村秉承绿色、生态的发展理念，对未来全村的规划围绕着发展现代农业及农产品深加工为重点，致力于打造以“滨水休闲，农业观光为主，现代农业种植生产为辅”的休闲观光型乡村，既实现“百姓富”，又保持“生态美”。如今站在北山，眺望黄田村，村道绿树成荫、溪水潺潺，红色农舍点缀其间，一派欣欣向荣的新农村发展画卷，“远尘嚣而返璞，近山野而归真”，黄田村的未来值得期待。

（五）前欧——乡风文明新气象

前欧村，位于涂岭镇中部，324 国道（福厦公路）纵贯南北，朝阳公路横穿东西，交通便捷，地理位置优越。据早辈人传说，前欧村民的祖先在南宋末年从湖南始迁入居，元末清初又有蒙古族出姓移居于此，是一个汉族、蒙古族两族的共居地。明、清属十一都樟柿铺，民国属涂岭乡松洲保，新中国成立后先后隶属涂岭区松洲乡、超先公社松前大队，1961 年拆分为涂岭公社前欧大队，1985 年改设为涂岭乡前欧村委会。现全村下辖前欧、顶中、下中、新店头、西尾池、乌石宫、新厝、新村、和溜 9 个自然村，11 个村民小组，545 户，总人口 2523 人，其中蒙古族 462 人。

前欧村

前欧村民以农业为主，手工业为辅，田地主要耕种植水稻、花生、甘薯和大麦、大豆，山地主要种植果树、龙眼、荔枝，以及经济林、杉木、松柏、速生桉树；副业从事饲养家畜、家禽和鱼等，人均收入居于全镇先进行列，是泉州市级宽裕型小康村。在村党支部和村委会的带领下，乡村振兴工作取得可喜成绩，被授予福建省“第十三届（2015—2017 年度）文明村”“十县百乡千村无邪教创建示范工程示范村”“民主法治示范村（社区）”“乡村振兴示范村”和泉州市中级“绿盈乡村”等荣誉称号。

近年来，开展乡村环境综合整治，积极推进建置公厕，旧村裸房改造，规整房前屋后绿地花园的“一革命二整治三行动”，不断改善人居环境，打造美丽前欧。村里

前欧村文明礼堂

前欧村文明主题公园

所有的道路得到全部硬化、亮化和绿化，给排水系统也日趋完善。与此同时，率先建成乡村文明主题公园，占地面积50多亩。公园内设有党建、社会主义核心价值观、移风易俗、孝德婚嫁、康养健身等文化长廊和主题园。2019年建设前欧文明礼堂，开展“乡风永流传”行动，评选表彰文明家庭、身边好人、“五好家庭”、道德模范人物等，整合建成多姓氏联合共享宗祠，探索好家风、移风易俗、乡风评议有效做法，为乡风文明建设做出示范。

充分运用现代信息技术手段，探索“网格化+社会治理”新模式，制订网格化“1+5+N”服务方案，常态化开展信息排查、民意诉求、民生服务、安全隐患排查处置等工作。实施“雪亮工程”，建成前欧村长安e站、人大代表工作室、党代表工作室、司法调解室，形成镇、村联动服务新机制，打造网格化管理、便民服务和社会治理等“一站式”“一体化”服务集散地，实现村民自治和派出所、司法所、律师事务所“三所”联动参与的社会治理新机制，让网格化、大联动、微治理、细服务成为乡村治理新举措。

通过几年的努力，建成前欧老年活动中心、养老院、应急避灾点、综合文化服务中心和儿童之家，成立了前欧南音社、朝阳书院、三行诗社、气功健身站等，开展各类文体培训比赛和“我们的节日”系列活动，承办“吉祥泉港”乌兰牧骑文化队艺创游学和“快乐泉州行”“泉港之夏”等大型演艺活动。2019年度，前欧村集体收入达50万元，前欧联村旅游人数超10万人次，乡村文明建设再创新辉煌，2020年荣获“全国文明村”称号。

凉岭

卷五·生态农业 土特物产

涂岭地区拥有多样的地理环境、丰富的农林资源，宋代以来即有先民在此定居，生态环境好，物产颇丰。新中国成立以来，随着现代农业技术的引入、水库的修建等，土地利用率大幅提高，水电潜能得到开发。而借助地处福厦公路中段以及靠近海港的交通优势，本地红茶、荔枝、龙眼、阳桃等物产逐渐走出涂岭。

一、农业为本土特产

明代以来，涂岭种植的粮食作物有甘薯、水稻、大麦、小麦、大豆、花生、高粱、玉米、蚕豌豆、小米等，其中有据可考的有水稻、甘薯和麦类。稻米为当地最为重要的粮食作物，明嘉靖《惠安县志》所列仅有大冬、青晚、乌芒、占城、畲稻五种。清嘉庆年间（1796—1820）增加了三光、白头禾、白米禾、重播、叶下樵、早术、大冬

甘薯

花生

作物。甘薯又名“甘茹”“番茹”“地瓜”，明万历年间（1573—1620）从吕宋（今菲律宾）引进。嘉庆《惠安县志》记载“皮有紫有白，肉则皆白。有自文来国来者，名文来薯，内淡红；有芋薯，似文来薯，而皮红……”当时人们自八九月至第二年夏季，食用地瓜有半年之久，每亩产两三千公斤，土地肥沃的能获倍，在土地贫瘠的惠安成为重要的补充粮食，甘薯、甘薯粉、甘薯干成为当时主要出产。清末惠北地区大都是红心尾、海丰两种越冬薯，其品种从泉州引进，长蔓，鲜薯亩产量达500公斤，种植历史有60多年，出粉率20%，切干率45%。民国时期从台湾引入台湾本，但出粉率不高。其后又从仙游、上海、莆田、潮州等地引进尧春、红广薯、白广杆、竹西本、潮州本等品种。

涂岭以农业为本而多种经营，农副产品丰富且具特色，主要有黑山羊、珍珠鸡、淡水鱼，以及红茶、荔枝、枇杷等。

黑山羊，主要饲养在黄田、寨后、樟脚、小坝、秀溪等西北低山丘陵地带，民国时期即有养殖，20世纪70年代从戴云山引进山羊品种，90年代在黄田村北山林场建立黑山羊繁殖基地，山地面积1400多亩，存栏达2000多只。黑山羊具有合群性强、适应性强、喜攀登、采食面广的特点，七八公斤的羊羔养成出栏需2～3年时间，生长较缓慢，达25公斤毛重，出肉率只有50%。涂岭地区养殖黑山羊常年野外放养，不添加任何饲料，夜晚只喝淡盐水，不加隔夜料。其肉质细嫩，脂肪少，味道鲜美，经济价值也比较高。

黑山羊

珍珠鸡，外观似雌孔雀，头小、无冠，

喙后下方各有心状肉垂。颈细长，披一圈蓝色针状羽毛。脚短，形体圆矮。眼周无毛，有白色斑纹直延颈上。全身羽毛灰色并布满规则的圆形白点，故名“珍珠鸡”。涂岭珍珠鸡产于山帝王原生态养殖场，该场系2008年松园村村民创建，先后投资约50万元，位于虎岩山西北侧对面的山上，存栏达5000多只。珍珠鸡喜干燥、耐高温，善飞翔，抗病力强，耐粗饲，具有群居性、归巢性的特点。购回的雏鸡开始10多天内控温在38℃左右，饲料以“鸡花”为主，其后可以玉米、麸皮、鱼粉等自行配料喂食。珍珠鸡肉色呈红菜汤色，肉质纹理比普通鸡要粗，以清炖最为理想。

菱溪水库生态化养鱼

二十世纪五六十年代在涂岭兴建的菱溪、泗洲、陈田水库，水库面积大且水位深，非常适宜淡水鱼的养殖。自水库修建好后，水库内就放养了“三大家鱼”：大头鲢、白鲢、草鱼，此外还有鲤鱼。一座水库一次可投放10万尾左右，一年可长大约0.5公斤重，可以陆续捕捞上市。水库养殖的淡水鱼，因其生活环境纯天然，水质优良，日常靠摄取水中浮游生物自然生长，鱼肉质鲜嫩可口，鱼汤乳白清甜，营养丰富，具有催乳、敛毒、消肿的功效，深受群众喜欢。除此之外，水库中还投养了鲫鱼、鲈鱼、石斑鱼、鳗鱼等鱼种，淡水鱼养殖便成为地方财政来源的重要渠道之一。近年来，水库的投养鱼类品种增加，罗非鱼成为水库淡水养殖的另一大鱼类。这些鱼类在库区深水中快速繁殖，自由生长，成为泉港地区广大民众喜欢的食品。

涂岭种茶的历史可追溯到宋朝，元代卢琦有“青藜之羹荐香饭，翠壶之茗烹清泉”之句。清代观音山上有不少野生茶树（本地人称为“菜茶”）。乾隆年间（1736—1795），东寨保（即今寨后村的东坡）“恒春堂”商号成立，在清明前雨水后，采集

“菜茶”制作“首春药茶”，掺和中药焙制，可治霍乱，痊痢疾，传说如果经常服用，精神矍铄，多享遐龄，故而在马来西亚、新加坡一带极受华侨欢迎。

竺林寺

古茶树

涂岭红茶，据说是明末清初时，竺林寺住持托武夷商人带回 10 公斤茶籽，播种于寺庙四周田地上。起初采用晒青制法，而后转为烘干，散茶改进为条形茶，形成条索紧结、外形圆直、色泽银灰、汤色红亮、焦糖香显、滋味浓郁醇厚且耐贮存等特色的涂岭红茶。到 20 世纪 30 年代初，茶农吴水生改用铁锅炒干工艺，规模种植约 200 亩，茶叶开始销往江浙与东南亚一带。

中华人民共和国成立后，公社发动群众，因地制宜在山坡地种茶，20 世纪 60 年

北山茶园

代先后开办北山、五羊、大岭、樟脚、寨后五个茶场，70 年代又办朝阳、岭口、红山等茶场。较大的朝阳茶场（又称旗山古茶场）500 多亩，位于陈田水库以北与仙游交界处，为乡（公社）所有。此外，各村亦有自种。

目前涂岭红茶，有下炉黄山郑自然村的“生态红茶”、大雾山茶园的“玺堡红茶”、旗山古茶场的“蔡家工夫——樟脚印象红茶”、吴辉木的“涂岭红”、樟脚红茶园的“石里飘香”等品种，其中最为著名的是吴辉木的“涂岭红”。吴辉木的茶主要产自后山茶场，一方面地理条件不同，而且茶树品种为无性系紫芽铁观音，另一方面制作工艺严谨，在北风天上午 10 时至下午 4 时采摘，手工干炒和半自动化制茶机具相结合。2012 年吴辉木为其红茶申请注册商标“涂岭红”，2013 年吴辉木的“涂岭红技艺”被录入第四批泉州市非物质文

吴辉木在涂岭红茶园基地

涂岭镇设立红茶馆，展销涂岭红茶

化遗产保护名录。

吴辉木的红茶制作需要经过鲜叶采摘、日光萎凋、摊晾散水、木揉盘揉捻、发酵、100 型瓶式机炒干、再次摊晾散水、铁锅挥干等步骤。吴辉木为其红茶加工制作工艺申请了国家专利。经此制作后，红茶外形紧实、色泽银灰油润，汤色红艳明亮，香气浓郁，滋味醇厚且回甘。吴辉木是福建省非物质文化遗产“涂岭红技艺”传承人，其制作的红茶有“秀珍红”“雨石涂岭红”等款，将家人名字融入商标，用脉脉温情培育茶香。

近年来，泉港区委、泉港区政府加大对涂岭红茶的扶持力度，先后整治茶叶基地1000多亩，打造多种涂岭红茶品牌，产业规模不断扩大，年产值达数千万元。2017年8月，泉港区涂岭红茶协会成立，茶农、茶企、茶商“抱团”，助推涂岭红茶产业经济发展。

蔡襄《荔枝谱》记载，“荔枝之于天下，唯闽粤、南粤、巴蜀有之”，说明泉莆地区早有荔枝种植。彼时荔枝成熟以后，商人“不计美恶，悉为红盐者。水浮陆转，以入京师。外至北戎、西夏，其东南舟行新罗、日本、琉球、大食之属，莫不爱好，重利以畴之”。荔枝不仅成了开封贵族、官僚、商人以至一般市民的美食，也是一项重要的出口商品。蔡襄所食之荔枝即在泉莆一带，如今涂岭的丘后荔枝是一大特色。

据称，昔年在丘后村东面有株大蒲荔枝，树干底部周长 3.9 米，树冠覆盖面约500 平方米，根据年轮推断树龄达 800 多年，1958 年大炼钢铁时被砍伐，目前村内尚保留有老荔枝树 40 余株。丘后村的荔枝远近闻名，1982 年 8 月 20 日，国务院特调1000 公斤入京，作为接待国外来宾的佳果。

目前丘后村种植荔枝 1000 多亩，计 10000 多棵。丘后荔枝品种包含晚熟的“蒲种”“皇帝舅”，中熟的“黑叶”“兰竹”等，其中以每年 7 月下旬、8 月上旬成熟的晚熟荔枝最为出名和畅销。丘后荔枝繁育的方法有二：实生栽培法，即选荔枝核（种子）直接播种在土壤中；压条繁殖法，每年三四月选拇指粗枝条，削掉表皮，插在有机土的营养钵中。丘

丘后荔枝

后荔枝具有个大（每公斤 30 ～ 40 粒），壳薄而色泽深红鲜艳，果肉厚而透明，汁多甘甜的特点。丘后荔枝由于质量上乘，并错开了荔枝大范围成熟和上市的时间，每当果熟时节，周边的漳州、莆田乃至江浙等地的客商纷纷前来采购。

明清时期涂岭地区即有龙眼种植，嘉靖《惠安县志》载，“龙眼大者名龙眼，其次名人眼，小者名鬼眼，俗不复识别，总谓之龙眼”，至今在五社、前欧、白潼、松园等地尚存有古龙眼树。改革开放初，政府拨款在福厦公路两侧，北自界山经涂岭到溪西，建立龙眼生产大片区。1987 年涂岭村种植 100 亩，年产量 100 吨。到 1990 年，松园、前欧、路口已有龙眼 1000 亩，累计 15000 株，成为当地居民的一项重要收入。

枇杷，又称芦橘、金丸、芦枝，性喜温暖湿润的气候，而涂岭地区属亚热带海洋

秀溪枇杷采摘节

性季风气候，是枇杷生产的最适宜区。至 2012 年，秀溪村已形成较具规模的枇杷种植基地。枇杷种植需先选种育苗，待三年后枝干长至拇指粗时即可出售。秀溪枇杷具有皮薄、肉厚、汁甜、营养丰富、个大味美的特点，堪称上品，其每亩年产可达 1000 公斤左右。为打响“山水田园·大美涂岭”乡村旅游品牌，提升秀溪枇杷的知名度、美誉度，2016 年 4 月涂岭镇举办第一届秀溪枇杷采摘节。2017 年 4 月 8 日，又举办第二届“大美涂岭”秀溪枇杷采摘节，现场开展“枇杷王”PK 赛、“奔跑吧”枇杷接力赛、剥枇杷比赛等活动，并使用现场网络直播互动。到 2018 年，秀溪村成立枇杷专业合作社，将枇杷园打造为对外开放的采摘体验园。4 月 14 日，第三届枇杷节则以“人间四月天，秀溪枇杷鲜”为主题，开展亲子旅游嘉年华，游戏活动分为启动仪式、采摘枇杷、枇杷趣味闯关赛、特色枇杷长桌宴、亲子定向挑战赛、文艺演出等，内容丰富，吸引众人参与。

随着林果价值的增加，一些果品的引种更成为地方特色的象征。1982 年，五社村果林场还开发引种黄塘蓝田的粉甘。1987 年小坝村引种西番莲。2000 年 4 月，位于白潼村的争艳农场创建，并成功地引进和改良台湾香蜜阳桃，种植面积达 70 多亩，有 1300 多棵成年果树。香蜜阳桃，果肉细嫩、纤维少，果汁多、味清甜，无酸味、涩味，

涂岭水果

涂岭水果

风味宜人，富含多种人体所需的维生素，是一种营养全面的水果。自上市以来改变了福建阳桃味酸、渣多、果小、低产，经济效益差且难以形成规模生产的状态，2007 年获得农业部“无公害农产品”认定，并与莆田绿森庄园酿酒有限公司联合开发生产阳桃酒。

除了上述物产以外，随着近些年涂岭旅游业的开发，猪脚成为一道远近闻名的美食。在涂岭村，猪脚有炒、卤、蒸、焖、椒盐多种烹饪方法，最负盛名的莫过于卤猪脚。选材上，脂肪要洁白透亮，肉色红润，有弹性。入锅前要用水煮沸 3 分钟，并用凉水

涂岭猪脚节

炖煮猪脚

清洗。下锅时，要加入白糖、酱油、加饭酒、当归、香菇、桂皮、橄榄、姜片等诸多调味品和香料，加水炖煮。涂岭是福厦交通要道，旅客多在此中途休息。自 2010 年 11 月举办猪脚美食节以来，涂岭卤猪脚名声大噪，在高速公路服务区的餐厅，平均一天能卖出 40 多公斤。涂岭猪脚以前是在每月初二、十六用来烧香供奉的，古谚云“冬食猪脚赛熊掌”，闽南习俗中吃猪脚有“否极泰来”“延年益寿”“福禄双全”等寓意，而在涂岭婚庆时，男方要送上两只猪脚给女方，一只前蹄、一只后蹄，寓意“前脚走、后脚跟”，也就是夫唱妇随的意思。

“涂岭糕”亦称“琼凤米糕”，是一种米发糕，因口感特别而为人们所喜爱。涂岭糕以精选优质大米、蔗糖为原料，通过磨制，用蒸笼置柴火灶锅上炊蒸而成。具体制作程序讲究，即先把大米淘净浸透，研磨成细润稠浆，并拌入一小部分蔗糖和酵母搅拌均匀，保持一定的温度让其发酵。待发酵后，取适量的食用碱泡水化开，以中和酸性，再加入适量白糖快速搅动。搅动越久，发酵越充分。经过充分发酵的米糕，细密松软和富有弹性。近年来，涂岭人在传统米糕发酵工艺的基础上，不断地在米糕的口味和口感上进行试验、改良，才制作出如今这种味带酒香、甜而不腻、冷热皆宜的独特口味。

松园村（324 国道旁）“琼凤米糕”店

涂岭糕还有其本身吉祥的寓意，“发糕”与“发高”同音，有年年发、步步高的含义。又因米糕松软如海绵，通常配卤肉食用，在涂岭乃至惠北有一道传统美食，那就是被称作黄金搭档的“涂岭猪脚 + 涂岭米糕”，成为民间结婚生子摆设宴席上人们爱不释手的美味佳肴。“涂岭糕”远近飘香，每当逢年过节、家有喜事时，涂岭人都会蒸上一笼作为供品，或作为零食点心，或作为伴手礼赠送。

二、矿产山林柴草市

涂岭地处东南沿海低山丘陵区，地质构造属于闽东南沿海变质带的中段，地层出露简单，岩石主要由火山岩、侵入岩构成。在福厦公路西侧，大范围地分布着第一次侵入的二长花岗岩，东侧存在期次不明的侵入岩，其花岗岩脉呈暗灰黑—暗灰绿色。独特的地质构造，使境内拥有不少矿产资源。石料除盛产辉绿岩、钾长石外，以花岗岩为主。在涂岭的蚁山、南坑湖山、虎岩山、乌礼山均有大规模的花岗岩开采。新中国成立前，泉港一带建宫庙祠堂府邸，建桥梁石塔，以及一些作坊加工大石礤、大石臼、大石磨都用这种石料。改革开放以来，这些岩石开始有较大规模的开发，被加工成条石、横梁、柱、石帮、门、窗等。1985 年全镇共有 6 个采石区，即驿坂、涂型、松园、路打、下炉、白潼，有 226 个石工组，生产基建用的石板材，还有众多可开辟为破碎石子的石区。20 世纪 90 年代中期，涂岭境内兴办了许多石材厂、石雕厂，开采工具也由以前的铁锤铁钎，变成半机械化的矿压机和机械化的火烧机。石材业的兴起，成为地方发展的一大特色。

涂岭境内也有其他矿产，如陈田村拥有高岭土，芹坑东藏有磁铁矿石英脉，后山东北也有呈脉状的铁矿，粪箕湖东南有铅矿，大雾山顶有露头的钼矿。具有较大开发价值的是位于涂型村酒坑山、后山场、大湖山、大硝山分布有花岗岩瓷石矿，主要由斜长石、钾长石、石英及少量黑云母组成。其发现与开采始于 1997 年，起初为个体户经营。2000 年开始对矿区进行规模开采，年生产能力达 10.8 万吨。因其结构均匀，可直接作为陶瓷生产原料的配料，是生产玻化优质瓷砖的良好辅料，且无放射性，不自燃，便于运输，产品远销晋江、南安及福清一带。

樟脚村古榕树

明代之前，涂岭境内林木苍翠。据明嘉靖《惠安县志》载，“往年风雨时舒，自海隅达之山陬，莫不有茂林蒙密”。由于环境变迁和人为因素，至明末，森林消逝，“草木与之消长”，则“童山而樵矣”，水土流失日趋严重。民国期间，仅植树数百亩。至 20 世纪 40 年代，仅见大雾山孑遗的野生橘，笔架山麓的苏铁，后坂的古油杉，散布于全县的古榕。新中国成立以后，国家坚持植树造林，以速生的杉木、柠檬桉等为主，森林资源增长显著，涂岭地区森林覆盖率达到 80%。

涂岭镇的古树名木有四大类：一是古榕树，最具代表性的一株位于樟脚村陈平山烈士纪念碑旁；二是樟树，寨后村店仔有一株明代所植樟树，立木材积约 4.4 立方米；三是重阳木，在虎岩寺庭台边，浓荫覆盖周围房屋；四是茶花，在寨后村芹坑王珏新厝宅天井中的一株茶花，现树高 5 米余，花粉红色。

20 世纪 50 年代以前，涂岭公社的深山林木大部分属族山，其次是村有山，或为地主、富农等私人所有，寺庙也占有一定山林。土改中这类山林被没收。土地改革完成后，农村开展农业生产互助合作运动。在初级社转入高级社时期，1957 年 12 月 24 日，惠安县委、人民委员会发出《关于处理山林入社政策几个工作意见》，提出山林入社的原则和形式。到 20 世纪60 年代，依托丰富的山林资源，涂岭境内创办众多林场，其中规模较大的有笔架山林场、朝阳林场、岭口林场，规模较小的有鹿窟林场、大北林场、赤岭林场、观音山林场、清美林场、小坝林场等。

虎岩寺古重阳木

笔架山林场位于大雾山，是国

国营惠安县笔架山林场

有林场。1958年春勘察设计，是年8月28日成立，首任场长栾云亭，山东人，经营总面积7.1万亩。1963年，省林业厅通知改为经营所，体制下放归县管。林场方圆15平方公里，面积20013亩，风鼓院工区下马后，仍拥有厝斗、鲁寮、七公里（地名）、土门等四个工区，场址设在七公里。有木材加工厂一座，房屋建筑面积2000多平方米。此外，惠北、朝阳等两个乡村林场又相继成立。惠北林场，位于惠安县北部，东邻泗洲水库，南面观音山、大山尾之山脉与惠北松鹤农场相接，北面大林山、照船山、尖山等山脉与仙游县毗邻，全场总面积3564公顷，有林地4635亩，农用地1530亩，其他13350亩，场址设在涂岭村三十九坑，1960年4月建，冬撤销。朝阳林场，位于前欧村旗头山附近，由涂岭乡创办，山地面积14000亩。建场后，种植杉木、柠檬桉、茶叶、龙眼、余甘、马尾松林等。

柴草是传统时期居民烧火做饭，以及取暖的主要燃料，因本地的山林资源丰富、交通优势明显，柴草又成为当地居民的经济收入之一，在驿坂形成了柴草市场。驿坂在大雾山下，驿坂柴草市场在清代即已存在，民国时期十分兴盛，一直持续到20世纪60年代。市场每天早上五六点开售，八九点卖完。在福厦路通车后，交通更加便捷，现驿坂小学附近柴草市场变得热闹非凡，新中国成立后将售卖中心转移到原供销社旧址附近，政府设置市场管理员。上市柴草主要来源于大雾山及周边山林，包括有谷草、树枝、秸秆等，销往的市场包括山腰、辋川、惠安县城区。在20世纪50年代，山区道路修通后，居住在山腹的陈田等村也常有村民来此售卖，他们三四点起大早挑担出发，取柴的方式主要是从树上砍枝。此外，在关帝庙古驿道的街道两侧，分布有售卖虾皮、干货等商店，也有耕牛、生猪等牲畜在此交换，周边还形成打制面条等部分手工业。到20世纪60年代，随着人民生活水平的提高，特别是蜂窝煤替代柴草开始在居民家中普遍使用，驿坂柴草市场逐渐消失。

三、传统手艺留记忆

据《泉港名产》记载，涂岭地区有几种著名的民间传统手工业，如豆皮、米粉制作，以及碾米、制糖、榨油加工等，有的已经消失，仅存遗迹。

豆皮，在涂岭地区又称“豆油”，用白豆或黄豆磨浆制作。制作豆皮在樟脚陆厝自然村已传承三四代。制作有五道工序：首先是清洗、浸泡大豆，时间为6到8个小时，待到手指捏压感觉扁、烂为止；其次是磨豆浆，将泡过的大豆沥水，放在磨盘上

豆皮制作

加水磨制为豆浆；再次是把豆浆煮沸与过滤，将豆浆与豆渣分离；接着是熬煮，豆浆倒在锅中微火再熬20多分钟，直至锅面聚凝一层豆皮，随即捞出晾干；最后是把豆皮晒干，并一片片有规律地穿起扎好。需要注意的是磨浆时水要适量，太多会增加熬制时间，太少容易焦煳。初成的豆皮，颜色较淡，质地较薄，最后则呈块状，显棕色，皱纹增多。

制作豆皮通常是晚上浸泡豆，凌晨四五点开始磨制，下午即可制成。民国时期，陆厝村100多人中有近三分之一的人加工豆皮，现在300多人只剩下4户人家在制作。以前多用石磨，柴草燃料采自观音山、陈同寨，现在磨浆用电机带动，以煤或天然气烧制，效率更高。纯手工熬制出的樟脚豆皮，薄如蝉翼，半圆而不破，尤其在冬日暖阳下，散发着一股淡淡的清香。可惜的是，这种清代传承下来的老手艺已经在慢慢消失。

古时的秀溪村种有甘蔗，并有手工业制糖的传统，至今遗留有早时制糖作坊一座。嘉靖《惠安县志》中记述在深山肥润处，种有甘蔗，傍山煮炼，获利甚丰，“凡煮糖取蔗，入碓舂烂，用桶实之，桶侧近底有小窍，其下承以巨桶，每实一层，辄撒以薄灰，及桶满以热汤淋之，则浆液自窍注大桶，入釜烹炼，俟其浆渐稠，置大方盘中冷结，

甘蔗田

榨糖作坊

遂成黑砂糖，至正月，复取黑砂糖煮之，劈鸭卵投釜中，疾搅之，使渣滓上浮，辄去至尽，乃以瓷器上广下锐，如今酒家漏卮者，有窍当其锐，以草塞窍，下承以瓮，瓮挹糖水入器，及冷凝定。其不凝者，沥入瓮为糖水，至3月梅雨候，用赤泥封之，大约半月一易，封伏月，剖封出糖，则糖水沥尽。其凝定者，遂燥结无湿气，是谓白砂糖，其响糖、糖霜，皆煮白砂糖为之”，对其黑砂糖、白砂糖的制作工艺进行详细的说明。20世纪80年代以后，这种古法制糖的工艺逐渐失传。

汶阳后宫村米粉业，俗称“挤米粉”，起源于清末，兴盛于民国，销迹于20世纪70年代末。旧时在涂岭，后宫家家户户以“挤米粉”为业，被四乡五里的人誉为“米粉乡”。后宫米粉制作讲究，所需工具，以木制和石制以及竹编为主。挑选的制粉大米，要预先浸水，米浸软后再使用手推磨磨浆，浆袋接够米浆时，要扎上袋口放进大木桶中压上石块让它慢慢滤去水分。然后，再把变成干稠的米浆倒进大桶里，掺入前一天特地留下的酵母浆，用双手搅匀压平盖上浆袋让其发酵。这样生产出来的米粉，会因米浆经过发酵带有一丝淡淡的酸味。冒泡发酵的米浆需要用双手重新用劲搅拌一遍，再把它搓捏成一个个比柚子小一些的浆球。浆球搓完后，要放入已烧开水的大锅中煮一个多小时，煮成外表一半熟，内里一半还生时，用笊篱或粉筛捞起来倒进

后宫村米粉加工作坊旧址

大木桶里晾 10 多分钟，然后再倒进大石碾盘中，用铁铲把浆球逐一铲成块状并摊平，套上牛拖动大石磙碾浆。须碾一个多小时，直到浆块生熟混为一体粘连成一整片为止。碾好的浆料装进篾篮后，方可“挤米粉”。在制作米粉过程中，最重要的是要注意米浆发酵的时间和煮浆的火候。

后宫米粉经过精心制作后，又因经过数道与水有关的工序，是一种凉性食品，最适宜夏天吃。因米粉的韧性较好，煮汤或咸炒都不易碎条黏糊，粉条晶莹剔透，吃起来润滑爽口耐嚼，产品远销泉州、莆仙和惠北一带。附近村庄人家在办喜宴时，宴席上都少不了一盘“后宫炒米粉”。凡逢年过节或喜庆节日，外乡人都会提前挑着大米到后宫村换取米粉，或自个食用，或馈赠亲友。历史上留下一句很有名的俗言：“清美古井万丈深，后宫粉汤真好饮。”

稻谷作为区域的重要农作物，种植收成后的加工，即碾米业成为涂岭的一个粮食加工产业。“涂岭古街”位于古驿道中段，明代以来即有商业在此集聚，民国时期街道两侧店铺林立，有布店、甘味（食杂）店、肉店、旅店、剃头店等，也开设有多家碾米店，最初基本使用人力或以牛、马为动力，用土砻、石磨、碓臼土碾土磨。1931 年，涂岭农民蔡二妹在本乡创办第一家粮食加工厂，命名为“瑞昌号米厂”，开始使用机械动力加工，设备有六匹柴油机、上海式二号铁滚筒碾米机、鼓风机各一台，成为惠安粮食机械加工发展的起点。1952 年涂岭地区建立粮库，1955 年涂岭地区有两家私营碾米厂，一是瑞昌碾米厂，负责人王树德，年加工量达 1226 吨；一是民丰碾米厂，负责人陈梅德，雇佣工人六人，年加工量达 441 吨。后来瑞昌碾米厂实行公私合营，全面实现机器生产。

涂岭的旧式榨油，也是一项悠久的手工工艺。自花生引进种植以来，花生果榨油成为解决当地食用油的主要来源。早年，涂岭先民发明一种“千斤坠”的工具，一直延续到 20 世纪 80 年代初。“千斤坠”主要由三根大石柱（俗称“将军柱”）和两根大木头（俗称“大扶”）构成，其形状、大小、布局均有规定。传统的榨油程序：先将花生烘焙，而后均匀碾成湿润的碎末，然后装桶以稻草铺盖进行炊蒸，待冒出热气时取出制作“生元”饼，随后装入“将军柱”的圆筒中，盖上铁板、木块、大小垛，与“大扶”固定，挂上石锤，开榨“生元”饼。进入 20 世纪 90 年代，机械化的榨油机开始陆续替代旧式榨油坊，那些笨重而耗力的传统榨油设备也不复存在了。

20 世纪 50 年代初的社会主义改造以来，供销社成为集体化时代重要的工商业部门。1951 年，在县工商科帮助下，建立涂岭供销合作社。同年元旦，涂岭消费合作社成立，位于八区涂岭街，有社员1409人。供销社的工作分为3项，一是生产资料的供应，二是农副产品的采购，三是生活必需品的供应。

关于供销社的生产资料供应工作，1956年组织配备肥料、种子、新式农具三项业务的专门干部。肥料分配先由支部提出意见，经民主协商通过定案，送区委批准，印发供肥票。供应繁忙季节，则临时抽调行政人员支援。种子供应，包括杜枇籽、黄麻籽、菜种，采取小赚不赔的原则，保证市场供应。农具供应方面，成立新式农具推广小组7人，训练农技手，以推广双铧犁的使用。旧式竹制农具，在当地竹木铁手工业中找代用品加工，发动修补农具的能手自己修补，弥补供货不足。此外农药推广上，则组织专业干部深入田间作实地试验，组织农业社观摩并积极指导农民使用。1962年配合农技站，建立2个虫情情报站，并在涂岭、驿坂附设农械出租站，及时消灭虫害。此外，供销社建立1个耕牛交易所，配专门干部1人，改造牛牙2人，建立圩日，古历逢一、六日进行交易。

至于农副产品的采购，例如1956年在门市门口放一告示牌，把新收购的品名写出来，注明规格、价格，有的还把商品信息写在备注栏内。1962年，按照先公家、后集体和社员的顺序，供销人员实行分片包干，挨门串户，登门收购，在全区开展工业品奖售和超额增加奖售。还有生活必需品的供应。在1956年涂岭集镇增设图书、新药、家具门市，动员社员、小商贩组织货郎担，携带240种生产生活资料，在207个村进行串走供应。

在涂岭供销社的组织下，1963年9月22—23日，在涂岭市场举行经济与物资交流会。交流会期间，建立临时的农副产品交易市场，上市的产品有鸡鸭、蛋品，也有牛羊猪狗、干鲜鱼蚌、水果藻菜等。供销社的百货门市也新增许多品种，仅工业品就达245种，包括塑料拖鞋、香皂、罗斗等；纱布门市增加新品种50多个，包括纤纸布、棉布等；副食门市新增加品种41种。在县医药公司的支持下，还有药品的推销、展览。手工业社的农具展览，既是物资交流，又是商品展览会，随着时间的流逝，这种富有时代特色的手工业展销，也成为历史记忆。

1968年，毛泽东主席向全国广大知识青年发出了“知识青年到农村去，接受贫下中农的再教育，很有必要”的号召。从此，整个神州大地掀起了一场波澜壮阔、声势浩大的知识青年“上山下乡”运动。当时惠安城关那些吃商品粮的中学毕业生，理所当然地也走上了“上山下乡”这条路。他们或随家庭整家搬迁到惠安县农村去落户，或被零散分配到本省、本地区的偏僻农村去插队。1973年，惠安县革委会借鉴外省一

涂岭知青场知青（1974 年）

些地方集体安置知青的做法，也决定在惠安县创办知青场，最终选定坑尾埔为场址。坑尾埔原本有惠安县兴建的一个木雕厂和一个生产耐火砖和耐火缸的铸造厂，有现成的宿舍、厂房、食堂等可供暂时利用。1974 年 3 月间，涂岭（坑尾埔）知青场、西青场知青场正式挂牌成立。

首批落户涂岭知青场的县城知青仅数十人，以后每年都有新毕业的知青分配进来，最后增至 184 名，全部为高中毕业生，按照当时农村生产大队的编制，他们被分配成三个生产小队，女知青分散安排在各个生产队里。进场初期，知青们配合那些机械化劳动工具，进行开荒造田。耕地问题解决后，场领导又适时发动知青在场所属荒坡地里，大量种植毛竹、龙眼、杧果、柑橘等林果，成活率很高，收益也不错。农、林目标实现后，场部领导又果断地发动知青因地制宜，大搞副业生产办养鸡场、养猪场，以增加经济收入。通过自愿报名和抽调的方式，培训一批知青当工人，办

涂岭镇坑尾埔知情上山下乡四十五周年纪念活动（2019 年）

米粉加工厂、石英厂等。

涂岭知青场前后共存在七年多，在那段特殊的岁月里，知青场规定知青每天的劳动时间仅为五小时，每周的周六下午至周日均给予放假，允许知青们回十几公里远的县城探亲，节假日更不例外。平时，知青们还自已组织了篮球队和文艺宣传队等。每逢节日，活动内容丰富多彩，尤其是篮球队，经常用“请进来”和“走出去”的方式与各单位进行篮球友谊赛。1981 年，涂岭知青场因人去楼空宣告解散，至此，涂岭知青场完成了它的历史使命，缓缓地落下帷幕。

四、生态农庄新产业

涂岭境内水库众多，将山林、水库、农田相结合，发展农林产业、旅游休闲产业，建设生态庄园，是近年来利用本地优势发展特色产业的新趋势，目前已有绿笛生态农庄、红星生态园、溪西生态农场等。

绿笛生态农庄，位于泗洲水库左侧，果园、林地面积上千亩，主要经营种植业、养殖业、观光果园及生态旅游。绿笛种植有枇杷、阳桃、杨梅、龙眼、木瓜等水果，2002 年获得“无公害农产品”标志，成为福建省首批无公害果园基地，受到消费者欢

绿笛生态农庄

迎。2005 年，通过循环农业无害化处理，建立低耗、高产、优质、高效的良性循环可持续发展的农业模式。2006 年，开始进行生态农业旅游尝试，将自然资源、生态资源、农业资源、田园市场有机结合，大力发展特色农作物种植、山地禽畜养殖，推广观光休闲旅游，向游客提供农家菜、草药凉茶、水果酒，以及乡村游活动，如登山、打迷你高尔夫球、棋牌、烧烤、采摘水果、草坪派对、营地露营、专业拓展训练等。

以同样方式进行经营的还有红星生态园。2008 年 6 月，红星生态园动工建设，地址在红星水库边，占地面积约 3 万平方米，主要围绕原红星水库进行生态与旅游开发，前期投资 3 亿元，是泉港区首家 AAA 级旅游景区。红星生态园以生态休闲、体育游乐、民俗体验、养生度假为四大主轴，集餐饮美食、康体养生、体育运动、娱乐休闲为一体，拥有游泳馆、羽毛球馆、网球馆、SPA 休闲会所、果园、钓鱼台、水上康体游乐园等，独具乡村文化休闲旅游特色。2017 年入选为福建“省级体育旅游休闲基地”。

红星生态园

绿笛生态农庄全景

水上康体游乐园

红星生态园全景

凉岭

卷六·传统建筑 闽南风貌

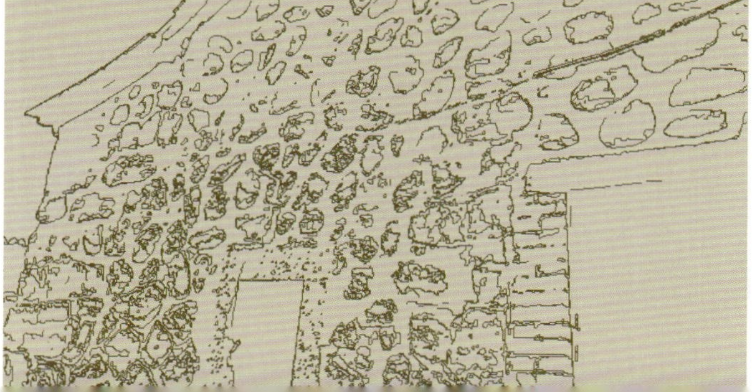

人类实践活动的重要一面，就是在广袤的大自然和社会发展变化中寻求一处容身之所，不同的地理环境、社会风俗、生产生活方式，使得民居建筑从布局、造型、装饰等方面呈现出百花齐放的景象。每个地区的民居建筑都折射着历史的各种变迁，凝聚了当地民众世世代代与大自然相处相融的智慧结晶。

涂岭地处今泉港区，民居类型与闽南传统建筑有着极大的共同性。同时，在悠久的历史长河中，涂岭传统民居的形式还受到地理因素和环境资源的制约和不同时代文化的冲击，逐渐形成了一些自己的传统民居建筑特色。涂岭不同村落都蕴藏着丰富多彩的乡土材料、地域技术、艺术特点，传统民居在建设选址、院落布局、建筑材料、营建技艺、建筑装饰等方面具有重要的传承和借鉴价值。

砖木结构传统民居，分布于涂岭的各个村落，为闽南传统大厝（闽南地区传统特色民居）形制，建造年代多为明清时期。石木结构民居，主要集中在樟脚村馆仔自然村，保存也最为完整。这种民居以石材为主要建筑材料，采用墙体承重，仅在屋架部分采用木构架。生土结构，在涂岭传统民居中常见采用，有较好的保温性能，出现在涂岭较为贫困的地区，因其就地取材，墙体材料可重复使用且成本低廉，是一种具有很大生态优势的建筑用料。

二十世纪六七十年代，受到外来因素的影响，涂岭很多村落开始出现了“外廊式”民居。这种建筑不同于一般的骑楼，是在底层通过内向的凹进而形成一面围合、一面半围合的室内外过渡空间，类似在整个建筑体量之外再搭建了一个石质的棚架，有点像是塌寿空间的外置做法。八九十年代以来，兴起较为现代的新农村住宅建设，多为框架或砖混结构，改善了当地居民的居住条件，但由于其布局 、造型、装饰方面与传统民居存在较大不同，且在数量上占有优势，在一定程度上破坏了村庄的整体风貌，传统建筑风格的延续因此出现了断裂。

总体来说，涂岭的传统建筑由于所处的建设年代不同，社会背景、经济状况以及各个村落自然条件和资源利用的不同，除了早期的砖木结构、石木结构和石结构等，还有近现代以后出现的框架结构、砖混结构，由于其建筑形式和采用材料的复杂多样，呈现出较为多样性的特点。

一、民居大厝皇宫起

涂岭的传统大厝，整体上和闽南传统大厝的布局是一样的，保持着以院落为空间组合的、几重进深的、中轴对称的空间格局，维护着以家族为中心的生活秩序。受材料的限制，红砖烧制工艺以及成本的影响，当地很多民居建筑在材料的选择上与闽南传统大厝相比更为多样化。红砖被视为闽南传统建筑中的最好材料，其运用取决于各个家庭的经济条件，经济状况好的，红砖便使用得多。作为建筑门面的“镜面墙”，较多的是用红砖组砌，如果用不上红砖，便以青砖代之。建筑山墙用红砖以“封砖壁”方式砌筑，或用乱石砌至鸟踏，鸟踏以上的山墙用砖、卵石或土坯砌至山尖。建筑内墙，

青砖镜面墙（小坝出氏长房祖厝）

土坯墙

砖石混合墙

石头墙

多为素土夯筑，或者土砖叠砌。大厝前面一般辟有前埕，但甚少见设置围墙，建筑的“领域感”没有那么强，建筑与建筑之间并没有明显的可感知边界。这或许与当地的敦亲睦邻，大家交往走动、互帮互助，共同“日出而作，日落而息”的社会风气有关。

不过，像这样的传统大厝，在白潼、黄田、路口、芦朴、丘后等19个村落均有分布，数量达上百座，多为明清时期建筑。因建筑材料中的木材、土坯不耐久，大厝的保存状况比较一般。现在很多家族已经意识到保护传统建筑遗产的意义，纷纷集资修缮家族的祖厝、祠堂，放缓了拆旧建新的步伐。

（一）布局形制

大厝在纵向通常有一进（顶落榉头止）、两进（顶落、下落）、三进（顶落、下落、后落），较少四进或者超过四进的建筑。当建筑规模不满足使用时，往往朝横向扩展，在建筑两侧加建房屋，即护厝。护厝以狭长的天井与大厝组合，在护厝与大厝身之间形成南北向纵深的天井，中间以矮墙或过水廊分隔。护厝与下落相连部位称“护厝头”，多作内凹处理形成塌寿空间。

典型的平面有三间张榉头止、五间张榉头止、三间张两落大厝和五间张两落大厝，其中以五间张两落大厝最为常见。可列举的保存较好的案例，有三间张榉头止的秀溪村廖氏祖厝，三间张两落大厝的黄田村霞厅陈氏祖厝、黄田村南埔许氏祖厝、小坝村洪厝坑出氏祖厝，五间张榉头止的樟脚村馆仔萧氏祖厝，五间张两落大厝的黄田村涂楼陈氏长房祖厝，五间张三落大厝的小坝村洪厝坑出氏长房祖厝。

闽南传统民居的形式，在不同民族文化的交融下，也有不同程度的变异。传统的榉头止的布局，下落中入口处没有塌寿的设置，而有的村落的民居，出现了“榉头止”

秀溪村廖氏祖厝

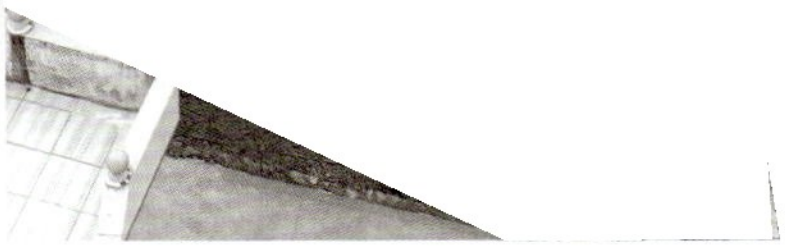

黄田村霞厅陈氏祖厝

黄田村涂楼陈氏长房祖厝

黄田村南埔许氏祖厝

小坝村洪厝坑出氏祖厝

樟脚村馆仔萧氏祖厝

小坝村洪厝坑出氏长房祖厝

的变形模式，在“榉头止”的基础上，下落明间内凹形成入口灰空间。

建筑两厢的“榉头”一般作为辅助用房，东榉头用作厨房，西榉头用作闲杂间。

孤榻寿

下落、顶落与榉头围合成天井，形成四水归堂的格局，而三间张、五间张、七间张是指正房面阔的间数，下落的明、次、梢间分别为门厅、下房、角间。顶落的明间为顶厅、后轩，中间设板壁分隔，板壁两侧各开有一门。次间左右各两间房，面向天井的为大房，从后轩门进入的为

双塌寿

砖石结构牌楼面（新桥典当大院）

后房。梢间，由朝“子孙廊”开门的边房，和采光稍弱的后房组成。下落明间，入口处多做内凹处理，一般内凹一至三个步架的空间。

涂岭传统民居塌寿主要有两种做法：一是立面内凹一次的孤塌；二是在孤塌的基础上再内凹一次的双塌，双塌在平面上形成“凸”字形空间。随着时间的推移，塌寿部分的牌楼面由木结构向砖石结构转变，但形制依然仿制木构造板壁。

插梁式构架

（二）做法用料

涂岭地属闽南，大木构架主要有两类：一种是兼具抬梁和穿斗特点的混合构架即插梁式构架。其特点是承重梁的两端插入柱身，每根檩条下皆有一柱，每一童柱骑在下面的梁上，而梁端插入柱身。其施工方式，采取在现场由下而上、分件组装而成。另一种是搁檩式构架，檩条直接插入承重墙体内部，室内无梁柱构造。

由于闽南气候炎热、潮湿，柱脚处的地栿，多离地面三至五厘米以便防潮，材料多为石头、砖块，大体上年代越晚，采用石柱的比例越高，石柱断面多为圆形或窝角四方形。石柱上的叠加木柱即“柱节”，其断面多为圆形、倒角方形。石柱通常只做到通梁之下。

搁檩造

通梁的断面有矩形和琴面型两种，其中矩形最为

圆柱

方形“柱节”

普遍。琴面型的梁多用于建筑入口的塌寿处，在其侧面两端入柱处作卷杀并在侧面刻出或人字或八字形的曲线，当地工匠称这种曲线为“鱼尾叉”。

属于小木作的建筑部件，有门、窗、挡壁，以及托木、束随、通随等木雕构件。传统民居中的门，分为“板门”“六离门”“疏窗门”。“板门”是由多块木板拼合而成，用数根木条穿带固定，坚固耐用，多用作外门。“六离门”是一种低矮的栅栏门，在民居入口的双层处理中，门扇下段用板封闭，上端镂空，既可起到一定的遮挡视线作用，又可以通风散热。“疏窗门”常见于面向天井、廊道的出入口，安装在门楣与门槛之间，从下至上分别由底框、裙堵、腰框、疏窗、中框、顶堵、顶框组成，两侧的立框与其相连。疏窗的形式变化很多，总的来说，年代越晚，其形式越为繁复。除了与门结合设置的木质疏离门外，涂岭民居中的窗户主要为乌青石制作的石棂窗。因为山区经济较为落后，门窗的装饰较简洁或不作装饰，同时由于匪患严重，建筑开窗都较小，防止土匪与寇盗撞窗而入。厅与房的分隔墙，称为“挡壁”，根据砌筑材料的不同大致分为木、砖、土坯三种。挡壁通常设置在顶落明间正厅里，起到遮挡视线的作用。

直接承重的柱、梁、檩等构件一般不做雕饰，次要承重构件斗、栱、瓜筒等多做浅浮雕。联系构件如垂花、托木、束随等大多用透雕的形式，雕刻元素多为龙凤、各类花草形状。仅在正面雕刻称为“单面见光”，若正背面皆有雕刻则称为“双面见光”。

木雕常与彩绘相结合，十分精美。

木雕构件

涂岭传统民居的“镜面墙”，通常以烟炙砖为主要建筑材料，采用空斗墙砌法，内填瓦砾、土料，转角处用砖全顺叠砌。烟炙砖，制作工艺较为复杂，首先要挑选土质较好的泥土做砖坯，入窑烧制时侧立斜向堆码，以松枝为主要燃料，松枝灰烬落在砖坯相叠的露空部位，在朝上的一面熏成斜斑纹。受经济条件和土壤条件的限制，有的民居墙体使用普通的红砖，有的村落使用青砖。

石材，从色泽上主要分为白石、青石、黑石、五彩鹅卵石。白色花岗石，由于形成年代较晚，受破坏较少，故而矿体较完整，常用作加工板材、柱材、石雕等建材。

石雕构件

青石质地坚实，颗粒细密，非常适宜表现细节的雕刻，在民居中，常用作台基、台阶、裙墙、柱础等，与白石相映成趣。门框也多为青石搭建，有的建筑还在门框上雕刻有吉祥物，寄托人们美好的愿景。五彩石，常用于建筑外墙的砌筑，经过雨水的冲刷以后五彩石的色彩饱和度下降，与新建的石头厝形成色彩上的对比，使人可以较为轻易地分辨出建筑物修造年代的先后。

三川脊

屋顶，以硬山居多，悬山次之，部分民居的榉头间做成平屋顶，主要目的是防风。除了传统的悬山、硬山顶外，还有一些具有地方风格的屋顶做法如三川脊，屋顶的正脊用砖砌成中间高两边低的三段脊，中间一段抬高，并于两侧加上垂脊，有的在中段屋脊的两端和两侧屋脊的末端，装饰有四个“燕尾脊”。

燕尾脊

（三）施工工序

从前，匠人们建造一栋完整的大厝大约需要一整年甚至更长的时间，其中耗费时间与精力的工序是材料的雕刻，从圆钝木材或岩石荒料，经过一凿一锤的精雕细琢，成为一件件栩栩如生的花草鸟兽构件，倾注了匠师们的无限心血。据调查，当地房屋的建造过程，大致分为以下五个步骤。

第一步是选址，请风水师确定建筑位置、朝向，以及划分场地和占地面积。闽南人特别相信“风水”，风水在建筑上的应用，是闽南建筑的一个显著特征。“负阴抱阳，背山面水”是建筑选址定位所采取的基本风水原则。风水师用罗盘定方位，称“牵金”，即确定中轴线，通过在大厅中心放置磉石的方法来定位中心位置。接着确定建筑的外轮廓线，再放样每一间房间，将设计图纸上的结构按比例测设到实际地面，从而为开始施工找准位置提供依据。

第二步，择定黄道吉日动土兴工。在“破土”前，要先敬拜“土地公”，然后从四个角落开始开挖地基。一般地基的宽度为 90 ～ 100 厘米，用条石或杂石填砌，辅以砂浆平基。

第三步，确定标高，以顶落的正厅为正负零标高，确定对应的天井、下厅、大埕标高，常用尺寸依次为负 360 毫米、180 毫米、120 毫米。地坪层次由低到高依次为天井、下落、榉头及顶落，寓意“步步高升，蒸蒸日上”。

第四步，墙体和木构架的搭建，正常情况下是先建筑外墙，再建筑内墙和木构架，大木构架是在各种构件制成后，先分栋路在地面进行水平组装后再立起来与前金柱榫接。木构架搭完就开始构建屋面以及铺瓦，这之间有一项重要的仪式“上梁”(指脊檩)。这项仪式与动土平基同等重要，它预示着主体结构的完工，表示建筑的骨架已经搭建完成。屋面的铺设材料多用板瓦，筒瓦较为少见。屋顶的建造流程，是先砌四面的垂脊，再铺屋面。屋脊砖砌，是在正脊与垂脊交会处叠置一至十数层的砖瓦材料，越到相交处垫层越厚，从而形成一个较为圆滑的外弧曲线。因为垫层材料为砖瓦，重量较大，所以正脊升起的高度都较小，起翘值较低。基本上所有屋面，都是曲线，甚少出现直线，而这些曲线都要靠工匠精准的眼力来把握。屋脊端头的燕尾脊，乃至戗脊卷草、山墙水车堵等，以前都是工匠纯手工“堆剪”“灰塑”而精心制作的。不过，涂岭村落中的建筑，较少美化装饰，仅在不多的大户人家的祖厝、巨姓望族的宗祠才有精彩表现，而今多使用水泥预制件或陶瓷烧制成品现场安装了。

第五步，室内装修，主要是梁架、立柱等构件装饰，最后的工序是“安金”。大厝建造所需的材料，古时都是就地取材。现在村里古建筑修缮与重建的材料，多在晋江的古建筑市场购买，越来越趋于“现代化”。

（四）典型祖厝

陈氏二房祖厝，位于樟脚村馆仔自然村，是典型的闽南传统建筑，布局造型装饰上都沿袭了闽南传统民居的做法。

樟脚陈氏古民居，是明崇祯十年（1637）陈氏“太邱衍派”先祖“朴吓”，由东园埭村迁入十三都樟柿铺涂岭东坑馆仔后，陆续兴修的。房屋筑建在后张山，面南依山而建。东坑馆仔“朴吓”为馆仔一世祖，生三子为长房、二房、三房。古民居中间两座并排而建的红砖五间张大厝，是长房和二房的祖厝，至今已有 250 多年的历史。

樟脚村馆仔陈氏长房、二房祖厝

陈氏二房祖厝

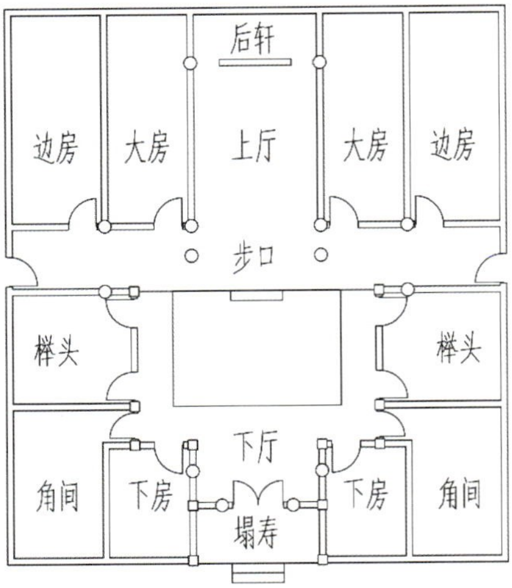

陈氏二房祖厝平面图

建筑主体坐西北朝东南，是一座砖木结构的 “五间张两落大厝”，与中国传统的合院式住宅相同，建筑遵循中轴对称的规律，尊卑有序，以天井为中心，房间围绕其布置，形成以家庭为单位的内向空间。位于中轴线上的为开放的公共和交通空间，依次为前埕、塌寿、下厅、天井、步口、顶厅、后轩，两侧对称设置下房、角间、榉头、大房、边房及后房。下房作为辅助用房使用。顶落大厝身与榉头间由“子孙巷”分隔，两端有通向户外的门户，门宽约为墙宽的一半。正厅与后轩之间设板壁（现已烧毁，替之以表面涂白灰的砖墙），半壁两侧各有一扇“后轩门”。

陈氏二房祖厝大厅

顶落与下落均为五开间，且下落的明间与顶落的明间同阔（约4.1米），天井长度略大于明间面阔，呈扁方形。下落加上榉头的进深略小于顶厅的进深。下落明间设正大门，入口内凹一个步架的空间，作“孤塌”处理。入口处设置一级游踏两级台阶，形成室内外高差。室内标高以顶落为最高，榉头和下落次之，天井最低。

下落屋顶形式，为硬山双坡顶，在纵向和横向上都略呈凹曲面。屋顶正脊分为三段，中间一段抬高，两侧加设垂脊。三段屋脊外侧的端头分别起翘伸出并于尾部分叉呈燕尾状，共四个燕尾。垂脊断面呈工字形，两端起翘升起，起翘值较低。从正立面看，檐口下的“水车堵”也随之升起。屋脊由砖砌成，外抹灰泥，在靠近垂脊处铺设一道筒瓦，其余屋面铺设仰合相间的红色板瓦，最外侧的红瓦用灰泥填补严实，外观呈圆润的梯形。瓦上压砖块，防止大风掀翻瓦面。檐口处铺设滴水，滴水外观呈橙红色，表面未施釉，两边做波浪形的线脚。顶落屋顶形式，与下落仅有正脊的做法稍有不同，以空透的红砖砌成“花窗脊”，与下落的“鼎盖脊”形成对比，屋脊形式多样。边房屋顶上开设天窗，用砖砌成方框，上覆玻璃。

建筑墙身正面的“镜面墙”，从下往上由柜台脚、裙堵、腰堵、身堵、顶堵、水车堵构成。柜台脚、裙堵用青石，柜台脚浮雕出双足矮案，外撇成八字形，足端雕刻

水车堵

灿景

牌楼面

为卷草形。裙堵用与房屋开间同长的整块青石密缝砌筑，不做拼接，表面打磨光滑，外观美丽大方。身堵，由红砖全顺组砌，次间墙面用砖砌出两道凹凸线脚，梢间墙面仅砌筑一道，形成立面节奏的变化与律动，香线框内四角做红砖雕饰。“水车堵”以砖叠涩出挑，正面做出数道线脚边框，内灰塑雕刻花草纹饰，并施以蓝绿色调的彩绘，成为红瓦屋顶与红色砖墙之间美丽的过渡带。墙面转角处、分隔处砌出犹如西洋古典建筑的壁柱状的竖向墙垛，微突出于墙面，青石砌至裙堵，其上由红砖全顺组砌。角牌檐下的“灿景”作一斜面，四周用线脚起框，框内灰塑山水建筑图案。

建筑入口塌寿处的牌楼面，以青石、木质隔板组砌。裙堵四周起框，框内采用水墨沉花的雕刻技法雕刻出花鸟图案，左面裙堵为仙鹤，右面为梅花鹿，寄予着“松鹤延年，鹤鹿同春”的美好寓意。顶堵四周起海棠线脚，框内雕刻花鸟图案。塌寿两侧的对看堵上，有着十分精美的砖雕，虽然只是几种几何图案简单的组合与重复，却呈现出简洁有力的美感。红砖雕刻的图案以外的底子上，涂白灰泥，施以蓝色为主色调的彩绘，经过岁月的打磨，虽如今已经斑驳，但可见当年的光彩依旧。

对看堵

山墙的“铡归”做法

建筑山墙面采用“铡归”做法，榉头外檐口平直，顶落、下落的檐口高于榉头的外檐口。山面鸟踏以上用红砖一丁一顺砌至规尖，鸟踏以下采用乱石砌法。归带呈略微内凹的弧形，归尖四周用白色灰泥塑出云纹，在红砖的映衬下，色调格外醒目明快。整栋建筑的外墙面皆开石制条枳窗，窗框外再用红砖砌筑一道线脚，窗棂均为单数，窗棂的断面为矩形。

下厅梁架，为插梁式结构，进深七架圆，大通梁上置瓜筒、坐斗、鸡舌、栱仔承托副圆；通梁截面呈琴面状，入柱处有卷杀，侧面刻出“人”字形的曲线，当地工匠称其为“鱼尾叉”，鱼尾叉线内的三角形块面又向内凹入，疏解了梁与柱交接的生硬感，使结构更具有整体性。瓜筒的直径宽于梁身的厚度，采用骑栿的做法，柱头与坐斗拼接的地方有卷杀，柱径无收分。柱脚包梁的形式比较简单，为几段弧形拼接的对称式构图。坐斗的形式皆为方斗，瓜筒、斗抱、束木，简洁不做雕饰。

顶厅梁架，为搁檩造的做法，进深九步架，灯梁嵌入脊檩与前坡下金檩步架之间的墙壁上，断面呈六角形，火灾侵袭之下，灯梁上曾经精美华丽的包巾彩画依然模糊可见，但是不能一睹这个屋架中最为华丽的构件的真容，让人感到十分惋惜。

在出檐的处理上，以步通、栱仔出跳，并以榇木、托木等构件稳定联系，下厅的后檐檐口与榉头同高，以增强梁架的整体性。下落、榉头的檐部以丁头栱出一跳承托，顶落与入口塌寿处出两跳。榉头与顶厅后檐交接的部分，用红砖砌筑出三角形的水遮，防止雨水飘落进大房口。

因为当地气候炎热、潮湿，柱脚处的石地栿使用较为普遍。建筑室内一共有柱子 26 根，

石质直棂窗

砖堵香线框

鱼尾叉

插梁式结构

灯梁

丁头栱出两跳

其中入口埸寿处六根，与砖墙相连的四根圆柱，石柱做到顶堵并做成海棠线脚的“窝角四方形”柱；下房与榉头面向天井的八根柱子石柱做到裙堵，截面也为海棠花形；其余木柱的石地栿均与墙基同高。

大房、下房、路间、下路间、后房均开板门，皆用木质直棂窗，顶堵饰以雕刻。埸寿处的木雕十分精美，也是整栋建筑木雕最为集中的地方。例如作为次要承重构件的斗，作为联系构件的托木、通随以及门楣上方的木质隔板，以浅浮雕、透雕、“单面见光”等各种技法雕刻出各种花草图案，让我们得以窥见当时木雕匠人巧夺天工的

托木

鸡舌拱

木户对（门簪）

木雕顶堵

木质直棂窗

雕刻技艺。前埕地面和塌寿铺地为红色方砖正铺，下厅、顶厅为红色方砖斜墁，天井中路为水泥铺设，两侧为条石铺地，其他房间均为素土地面。

整座建筑保存状况良好，承重结构与维护结构均完好无缺，装饰部分保存较差，基本上都难以看到全貌，屋面的瓦当和滴水以及屋脊部分外观较新，应该是建筑维护修缮后的结果。总体来说，建筑拥有较高的遗产保护价值。

二、地产建材石头厝

石头厝整体风格质朴、简洁、粗犷，甚少装饰，“乱石砌”是涂岭山区建筑的一大特色。乱石砌筑两面墙壁的交接处，用比较规整的短石条构成直角，中间以乱石叠砌，灰浆抹缝，形成平整墙面。这种不规则石块堆砌的墙体立面构图，打破了建筑平直线条带来的单调感，增加了建筑的亲切感。村落中的石头厝，多为家族繁衍人丁兴旺，子孙后代就近另建居室所采用的房屋形式，基本格局遵循“一明两暗”的原则，等级低于祖厅，基本上无天井的设置，总体布局也是沿着与房屋进深垂直的方向拓展，给人以静谧舒展之感。

民居布局依山就势，就地取材。许多人家，紧挨屋后便是一堵石砌大岸，岸上的人家就高踞于下方人家的屋顶。由于倚山而建，同一幢房子里从这个房间到那个房间，还得上几级石阶。同一幢房里，却一定要在前后房之间留一道哪怕只是窄窄的露天巷道，这样有利于通风和采光。这家与那家，窄窄的巷道上空还要盖上石板或铺上屋盖，这样就使得巷道几乎变成地道。家户之间，往往有石卵台阶相连。大多的房子都石砌到顶，也有一些房子上面部分是垒土坯的。在丘陵地带，地形复杂多变，建筑形式和布局多种多样，甚至没有规制，这显然是因地制宜而不得不为之的结果。

目前涂岭的石头厝，主要在樟脚村、寨后、涂型、甘蔗园等村，而樟脚的“馆仔”自然村最成规模，而且大都保存完好。

（一）结构形式与布局

石头厝的主要形式，是普通四扇厝、四扇厝带书院、大四扇厝等，还有一些较为简单的单体民宅，以一明两暗的四扇厝为基本单位进行横向和纵向的扩展。四扇厝，平面为单进三个开间，分为左右两间和中间厅堂，进深较大，左右两个开间分为前房、后房，中间厅分为前厅、后厅。若为两层建筑，则在后方设置木楼梯联系竖向交通。入口处，部分保留塌寿做法，较少设置天井。整座房子以石材为主要建筑材料，除楼板、屋架采用木结构外，都采用石材。室内无柱，纵、横墙体承重，屋顶采用搁檩造。一般民居基础都比较浅，主要用大块乱毛石堆砌，再用灰或黄土作为黏结材料将乱石固定。

“乱石砌”墙体

屋顶正脊、垂脊由砖瓦砌筑。正脊两端无升起与起翘，屋面纵向平直无曲线。檩条伸出山墙外且外露，没有封檐板遮挡，檐口处无勾头、滴水的做法。屋面由青瓦以仰合相间的方式铺设，板瓦横截面较为扁平，弧线平缓。瓦上压石块或砖块防止台风掀翻屋面，站在高处向下俯瞰时，屋顶上整齐摆放却又形状大小各异的石块与五彩斑斓的石墙交相辉映，也不失为一道别致的风景。石头厝的山墙多为两种形制，一是人字形，比较简洁实用，修造成本也不高；二为五行中的金式山墙，形圆而足阔。

人字形山墙

涂岭地处内山，旧社会多匪患，出于预防盗窃掠抢的目的，窗户的开设有数量少、面积小的特点，高不超过 70 厘米，宽不大于 40 厘米。门窗框均用石材制成，但依然仿制木隔扇的做法。对外的大门，由竖向的门框，与横向的门楣、地栿构成。窗户多有窗棂的设置，窗框、窗棂利用重力关系上下叠压，或者呈 45 度角榫接。窗棂的断面形式多为正方形和扁方形。在采光、防盗的权衡考虑下，还出现了内大外小的箭窗。

马鞍形（金式）山墙

（二）建筑材料与施工

石头厝的建筑材料，主要是石材、黏

土、杉木等。房屋建造全靠工匠手工操作。充分利用地产材料，砌墙的石头或是敲砸开采于大山，或是从溪床中直接搬运而来，选取的石头大小适宜，形状不一，不需要经过二次加工，而是凭借工匠精湛的砌石技艺来构筑墙体。搭建门框、窗框的乌青石，也产自本地，但是需要经过二次加工，将石材的六个面都砍斫平整，加工难度也比较大，过去都雇请专门的“打石师”制作，今村民找就近的加工厂选购。除了建筑墙体所需的石材，搭建屋架所需的木料就地取材，在附近山头砍伐，以最大限度减少肩挑车载的运输成本。由于石材不需要二次加工，建房的工具也较为简单，所以铁锹、铁锤加上一把灰匙也就够用了。

建筑工具

石头厝的墙体，表面看只是乱石堆砌，实际上石头厝的营建绝不仅仅是石头堆砌那么简单，需要长时间的实践和经验的累积，才能建好一栋石头厝。

首先是选材，因为是自然石，没有两块石头是完全一样的，石头的形状千奇百怪，所以怎样选取适当的石头，以及石头与石头之间的组合，这些都需要师傅凭借多年的眼力和经验来选用。

其次是挖地基。地基的宽度大约为 60 厘米，地基的深度并没有一个固定值，而是师傅根据地质条件与软硬程度灵活处理，正常情况下，地质较软就挖深一点，地质较硬就相对浅一些。墙体的砌筑是最考验工匠功力的地方，我们看到的石墙朝外的墙面比较平整，那并不是将石材二次处理砍斫后的结果，而是工匠凭借眼力挑选适当的石头，然后将石头的平整面朝外组砌形成的效果。免去对材料的二次加工过程，不仅保留了材料的原真性，使得建筑与环境更加融为一体，也节省了很多的人力。在墙体的砌筑过程中，需要两个工匠同时施工，里外配合。一位在墙体外侧将大石块以适当的角度叠砌，一位在墙体内侧及时用小石块填补墙体的空隙。墙体的转角处，有的选用上下表面都较为平整的青草石，垂直叠砌出“蜈蚣脚”的样式，以加强墙体结构的承载能力和稳定性。墙体大小石块相互间齿形交错形成的咬合力和利用泥土的黏结力，使得建筑在不使用白灰和黑灰的情况下，就可以建到两三层的高度并且十分牢固。墙体的厚度一般为 45 ～ 48 厘米，上下同宽无收分。经济条件稍好一些的家庭，建筑内墙也采用石头砌筑，经济条件稍差一些的家庭，则选择使用土砖砌筑或抹灰。

令人忧虑的是，目前村庄里掌握石头厝营建技术的老师傅大多年过花甲，而年轻

石头厝转角做法

石头厝外墙勾缝抹灰

人多去城市里寻求更好更多的就业机会，石头厝的营建技术正面临着无人传承而泯灭的窘境。

土砖的制作过程，是先用木板制成砖模，将糅合好的黏土填于模具内成型，拆下模具后置于院子的埕或平地上晾干。土砖呈长方体状（尺寸长约 30 厘米、宽约 16 厘米、厚约 13 厘米），用于叠砌墙体，一般会在土砖墙体处再加抹一层石灰或水泥砂浆，以防止雨水渗透。在石砌的建筑外墙面上，有的沿着石头交接的缝隙填灰，做出或凹或凸的曲折线条，墙面曲线凹凸有致，既防水又美观。室内墙面，则抹白灰使空间更为明亮。

墙体砌筑完成后，开始搭建屋面。屋架采用搁檩造的做法，建筑的山墙面按照屋顶的坡度砌筑，顶部呈三角形，横墙上直接搭檩条，檩条伸出山墙以外，但并无斗拱等其他结构承托屋檐，所以屋顶的出檐尺度都较小。檩条上置椽子，椽上再铺青瓦，屋面采用青瓦以仰合相间的铺设形式干铺，以板瓦为底瓦，再在仰瓦之间，覆盖合瓦。因当地风灾严重，经常于瓦上加压石块或砖块，以防台风掀翻屋瓦。

（三）建筑范例

瑞峰楼建于清嘉庆四年（1799），是樟脚村最为堂皇和最具特色的一座石头古厝。主人陈声为东坑馆仔一世祖“朴吓”的后代，随着人口不断繁衍，居住环境也随之变迁，长房仍聚居馆仔自然村，二房在邻近的西南面大宅自然村居住，三房则在土楼自然村修建了祖厝“瑞峰楼”。

村内住户以农耕为生，收入水平较低，据当地居民口述，此宅当时建造时主人通过在后山砍伐杉木变换银两，以补贴家庭建房的支出，整座建筑历时一年建成。瑞峰楼坐落于村子的较高处，坐西北朝东南，

瑞峰楼全景

瑞峰楼外景

瑞峰楼内景

平面方整，顺地形展开，为典型的石木结构。宅背后正靠观音山，风水上说“山主人丁水主财”，该宅前却并未辟池塘，门前是与住宅中轴线相垂直的路，呈现出背山面路的格局。主体建筑三开间，木框架承重体系，硬山式双坡屋顶，铺红色板瓦，上压砖块，屋脊平直无曲线。下落屋顶在左右各开设一个天窗以改善室内采光条件。面向

瑞峰楼大门

瑞峰楼门额

浮雕石构件

天井的屋檐覆盖瓦当和滴水，以防止雨水倒灌，并引导雨水下流，使椽子不被雨水侵蚀，既起到了保护屋檐又美化建筑的作用。

瑞峰楼是由上下两落一进三开间和两厢组成的天井式住宅，遵循中轴对称的秩序，门厅、天井、上厅沿着中轴线依序展开。大门镶嵌门额“瑞峰楼”，落款为“嘉庆四年己未之秋”。平面格局为“一明两暗”基本布局的扩展，下落及上落均为一厅两房，两厢的榉头各设一房间，一层六间房，三层共 18 间房，其中一层为主人居住，儿孙辈则居住在二、三层。上厅正中供祀先祖，左右次间敞开。可惜的是，200 余年间，瑞峰楼遭遇过两次大火，二楼和三楼的木质楼板及承重结构均被烧毁，已难以窥见原貌。

经改建后的瑞峰楼，现作为祠堂使用，既是尊祖敬宗供奉祖先以及联络宗亲的地方，也成为发扬乡村文化的活动场所。在建筑内部全部向天井敞开，无板壁和门窗的设置，上落当心间为香火堂祀祖先牌位。建筑外墙全石到顶，采取下宽上窄的形式，最窄处约 70 厘米，最宽处约一米，以保持墙体的稳定性。下落大门处无凹进的塌寿，而是用青石发券起拱形成拱门，这种在立面上形成方圆对比的门洞处理方式在当地较为少见。瑞峰楼的特别之处，还在于其精美的石雕艺术以及蕴含其中的美好寓意，建筑仅在二楼正立面开设两个方形直棂的石质小窗，共设置有三门，每个门的门框上部均嵌砌有不同图案的青石雕刻，有金榜题名的“鱼跃龙门”、威力无比的“芭蕉宅扇”、福禄万代的“飘带葫芦”等。这些象征性装饰图案的应用，表达了人们对幸福生活和财富的热切企望。

三、新型住宅外廊式

二十世纪六七十年代，开始出现一些由料石砌筑的石头房屋，其墙体的建筑材料

外廊式民居

现代多层住宅

是用开采的花岗岩经过“粗平直”简单加工而成的粗料石，按照形状大致可以分为长板石、方条石和方块石。建筑形式出现了外廊式房屋，形成室内外过渡的灰空间。外廊式住宅一般为二到三层，层高多为 2.8 ～ 3 米，建筑较少装饰，平屋顶多为长板条石排列的屋面，受到条石材料长度影响，建筑柱距或墙距较小，导致房间面宽不能太大。石头厝柱子上端一般加砌一块简约曲线装饰的长石块承载两条横石梁，使横梁与柱子搭接更稳固。屋面排水多为汇集至鱼嘴或雨水管道排至地面。外廊式房屋一层多设置客厅、厨房、卧室、厕所，二、三层为小客厅、卧室。有的住宅为了节约建房资金和用地，房子与房子之间共用一堵墙。

20 世纪 90 年代以后，村里纷纷建起了比较现代化的方砖水泥房，外立面使用瓷砖装饰，建筑结构多为框架或砖混。现代房屋建筑多为平屋顶，屋面排水汇集至雨水管道排至地面暗沟。建筑两层至四层不等，一层以客厅、厨房等公共空间为主，二层以上多为卧室和小客厅等较为私密空间。一层较高，约 4 米，二层以上的层高为 2.8 ～ 3.5 米。大部分房屋二层以上客厅和次卧内凹形成外廊，作为室外阳台，可作为休憩和晾晒空间，外廊上柱子通常为罗马柱式，但比例欠佳。建筑外窗较大，窗外多设有不锈钢纱窗和防盗铁网。

涂岭

卷七·民俗风情 文脉传承

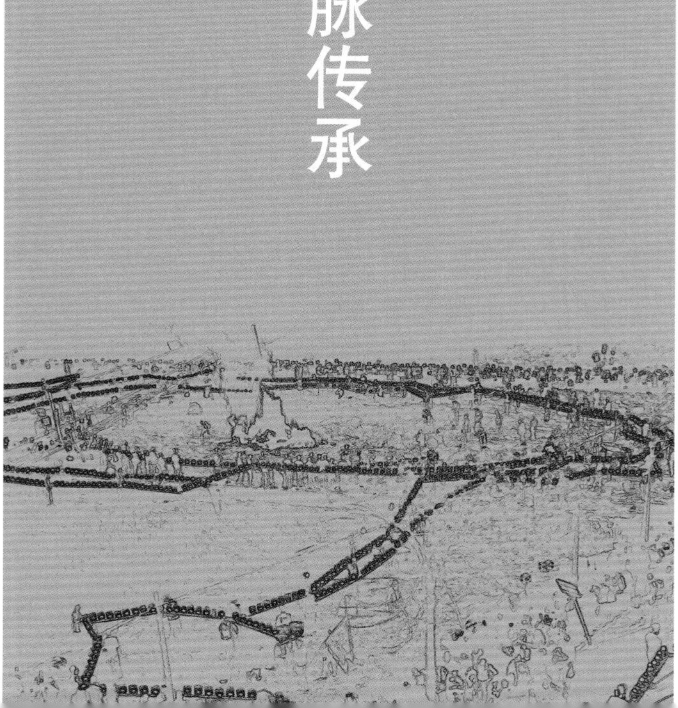

民间风俗是历代相传、积淀而成的社会风尚和习俗，反映的是儒释道等各家思想与民间习俗不断磨合、适应、变迁的历史过程，如“六礼”与婚俗、“朱子家礼”与祖宗祭祀等的关联，这些从传统发微而后归于日常生活组成部分的“民俗”，既是文化传承的结果，也体现出文化实践的多变性，和民间记忆塑造与传承的独特性。

涂岭地处闽南与莆仙交界，历史上作为古驿道所在地，长期受到来自不同地域人群的文化碰撞与融合，使涂岭的民俗风情具有混合多元的特点。

以方言为例，在涂岭地区便同时存在不同方言，即便同一个村也有不同方言，譬如惠北地区的“头北话”方言，是莆仙话过渡到闽南语的衔接方言。涂岭的岭兜、秀溪两村至今的主要方言还是莆仙话口音为重，但再往南的村庄则是以闽南口音为主。

民俗风情随着方言的过渡而变化，靠近界山、南埔及莆仙地区的村庄，因历史上商贸婚嫁往来比较密切，所以民俗方面含有莆仙成分较多，比如这些地区无论是庙宇修葺、佛诞生辰等民俗节庆，均会请“头北戏”或莆仙戏来演出。然而毗邻惠安的村庄，在民俗上则与泉州类似，遇有民间佳节则会请高甲戏、木偶戏等前来增添热闹。

一、人伦礼节显特性

费孝通《乡土中国》提出，礼是社会公认合适的行为规范，维持礼这种规范的是传统，传统是社会所累积的经验。换言之，这是一代又一代人累积出如何应对人生道路上可能面临问题的方法。人伦礼俗的形成是精英思想与大众文化交融互动的结果。经过长时期历史实践，人们对人伦礼俗有发自内心的敬畏感，人伦礼俗亦提供人生的价值意义和维系乡村社会的秩序。

（一）岁寿喜庆

诞生　婴儿出生，合家大喜。先有十月怀胎才有分娩之期。一旦妇女怀胎后，便有“胎神”相随存在了，“胎神”保佑胎儿在母体中平安成长。据五行“金、木、水、火、土”相生相克原理，中央戊己土最为庄重并能相生相制，所以在孕妇的床下面安放一块“土结”（建筑用土制坯块）来稳住腹中胎儿，不致“轻胎”（流产）。妊娠期间孕妇有身体不适，出现呕吐等现象，娘家要送没有下过蛋的小母鸡给孕妇补养身子，以减轻孕妇的不适反应。妊娠期间孕妇还有很多的禁忌，例如不能动用剪刀、针线等一应什物，不得宰割鱼肉，孕妇卧室的家具不能随意迁移，更不能在墙壁钉钉子，平时说话要注意言行，不能说不吉利的话，以免造成胎儿残缺，丧葬场面要避之，孕妇与孕妇不能面对面坐着，以免造成“换胎”（男女胎对换）。在十月怀胎期间，人们抱着“宁可信其有，不可视其无”的心理，恪守习俗以保证胎儿的健康成长，期待顺利分娩。婴儿出生后，当父亲的要到外婆家“报生”。若是男孩，外婆家应备一公斤米、两个鸡蛋和两粒石卵仔；若是女孩则备两扎面线、两个鸡蛋和两粒石卵仔，给“报生”的父亲带回产妇房中，置于衣柜顶。“坐月子”期间产妇所居之房，禁忌有丧事的人和陌生人进入，以免惊吓胎儿而啼哭。产妇也不能随便串门走动，使产后的晦气给别人带来坏运气。若是男婴，在产后第三天或第五天要挨家挨户“分饭”，即分送加入鱼、肉、菜等煮成的“咸饭”。分到饭的人家应回赠两个鸡蛋，返以“压碗”，并道恭喜，为婴儿祈福，这是俗称“男儿三日分干饭”的由来。该日还有个习俗称“缚手”，给婴儿洗澡换衫，再用红纱绳把两袖口束缚住，名曰“缚了手，日后才勿贱手”，意思是孩子长大后不会好动，随便乱摸乱拿东西。在婴儿出生半个月称“半月日”，外婆家要备办“月内包”（鱼、肉、菜）等食品给产妇“填腹”，夫家也应回馈。

满月　孩子出生一个月要做“满月”，俗称“出月”。择日时男女婴儿有别，男孩为单日，女孩为双日，所择日子基本是满一个月的前一天或两天。但樟脚村有所区别，如要提前做“满月”，日子定在婴儿出生后的第九天或第 13 天，否则不管是男婴或女婴的“满月”仪式都定在满一个月的前一天。满月要为婴儿剃胎发，举行仪式前置洗头温水一盆，盆内放壁林等野草和鸡蛋 12 个、钱币 12 枚，若逢闰月其数量为 13。盆边置葱数棵、镜子一面，葱谓聪，镜谓明，合之意谓“聪明”，象征孩子长大能聪明伶俐。开始剃头，先从温水中拿出一个鸡蛋，在婴儿头上滚一周，边滚边念着：“鸡蛋滚落面（脸），有通吃有通穿，小弟仔盉来一大阵。”剃头后凡曾进入产房者都要在剃头盆温水洗手以示从此之后就无任何禁忌了。随后叫本家和邻居的小孩前来入盆洗手并捞出鸡蛋食用，据说这样做婴儿长大后与众孩子们能和睦相处。剃头洗手完毕，将剃头水泼在门前地上，认真察看钱币正反两面。钱币正面有“某某通宝”谓之“字”，反面是“万”。如果有八个钱币正面向上，就表示婴儿好“八字”，一生有安稳幸福的生活。接着由婶或姆用背巾将婴儿背上，左手拿一把裂缝的雨伞，右手执一根裂尾的竹梢杖，从自家大门出来绕房屋走一圈，边走边用竹梢杖不停地敲打地面并念着“来叶乎！（老鹰的闽南方言）大门出，后门入，不怕电，不怕闪”，俗称“练胆”，这样以后婴儿会胆大。本家的女人应头插黄枝花，以示喜气。从满月这一天开始婴孩可以自己睡摇篮。母亲房中的床头巷要敬“七娘妈”来保护孩儿平安，健康成长。满月当天，产妇必须“绞面”，表示坐月子已经结束，产期的晦气也随之消失。婴孩满月内如有异常不适之处还有传统“制作”的做法来化解，颇有灵效。譬如：一、婴孩面色蜡黄，则在产妇床下置一碗放有黄纸的水，黄纸经水浸泡后褪成白色时，婴孩蜡黄的脸色也随之消失；二、婴孩夜啼不止，在床梁上挂“爱哭帕”，便会不哭，“爱哭帕”是用两层纸中间夹有1尊纸剪的红孩儿做成。为了婴孩的成长，还有许多祈愿祝福的方言谚语，如“洗脸洗目眉，愈洗愈成才，洗身洗脚仓（屁股），一瞑睡到（天）光”，“干仔（孩子）乖乖困（睡），一瞑大一寸，狗仔（孩子）勿吠叫，一瞑大一尺”等。娘家要为婴儿准备裙童衣袜、摇篮蚊帐和辟邪的金银饰品等，其他亲友也会送给婴儿各种佩戴的吉祥物，如手镯、脚环等。夫家操办酒宴招待娘家亲友，这叫“请送庚”，并将红鸡蛋、满月包等食品分送亲友。

四月日 婴儿出生满四个月的这天称作“四月日”，要给婴儿“开荤”“坐椅轿”“缚手脚”，举行“淋黑”仪式。是日，外婆家要备办小孩的衣服、米香（爆米花）、饼干、大豆、麦粒等送到婴儿家。“开荤”即让婴儿吃一点熟虾、熟虾蛄、肉、蛋等食物。相传吃虾会聪明，吃虾蛄会精明。有的用香菇给婴儿擦嘴，称为“香嘴”，寓意孩子长大后能说会道。“坐椅轿”“缚手脚”，即用红纱绑手脚并坐竹椅轿，希望孩子长大后能规矩做人。“淋黑”仪式是在厅堂中的桌子上平放一个大筛子，筛子中央置一石臼，石臼上横放一根扁担，让婴儿坐在扁担上。婴儿胸前挂一串饼干，男婴脸朝内，女婴脸朝外，头披黑巾，将装满一竹管（容器）的黑豆、白豆、小麦、大麦及米香混合物往婴儿头上倒，像下雨似的从婴儿头顶掉落到筛子里，边倒边念“淋黑淋豆，吃搁老啊老，淋黑淋麦，吃搁头毛嘴须白”，接着抱婴儿“钻桌脚”，意为此后不怕响雷。

周岁 婴儿出生1年叫作“度岁”。是日，置木盒子一个，内放面包“度岁包”二个，红蛋二个，书一本，剪刀和尺子各一把，算盘一个，还有其他玩具等，然后把木盒放在婴儿面前让婴儿自己伸手去抓，通过拿到什么物件以预测孩子未来从事行业的志向和前程。娘家要提前送衣服、鞋袜等礼物给婴儿做生日，亲友也要送礼祝贺。夫家要宴请娘家、亲友，还要赠予“度岁包”等物。周岁这天，照例要祭拜神明，感谢神明保佑小孩平安顺遂。

成丁　古有16岁“成丁”的说法，即到了16岁就算长大成人了。因此16岁做生日叫“成丁”，有“剃角髻”“烧大金”举行成丁礼的习俗，谢天还愿，请师公做仪式谢神，办酒席宴请外婆家、亲友。

寿庆　旧时候，人的寿龄都普遍较少，能活到49岁称“五十大寿”。49岁之前只能做生日称“贺生”，之后做“寿诞日”。做“生日”多要吃鸡蛋、面线，寓意长寿和圆满。男人有了自己的家庭后，有的主妇在丈夫生日当天的早上会煮一碗面线和鸡蛋，再放一碗水在灶君公面前祭拜，祈求丈夫长寿和福运。父母双双健在，寿庆仪礼更为做儿女的所重视，当父母一方做寿，子女要敬奉双亲各一份寿礼。满49岁开始，每10年一大庆，岁数逢“九”当“十”，都要举办寿庆，称为“做十”，例如49岁称50大寿，59岁称60大寿。“逢九做十”的习俗，一说是“九”与“久”谐音，寓有“岁寿长久”之意。拜寿之礼，大多在晨间，民间认为上午属阳，正是阳中之阳，对双亲拜寿一般只让子女、女婿、媳妇和内外孙来参加。拜寿时以长为先然后依顺序排列，夫妻两人一同叩拜父母，双亲健在参拜三下，如只有一位健在只能是拜两下半。半拜礼仪是在左膝跪下，右膝不能跪下。其他亲友若要拜寿则只拜百寿图。有的人家当日还会请戏班子演戏庆贺，大办寿筵宴请来宾。新中国成立后寿庆之礼较为简朴，近年来，随着经济发展，操办“做十”寿庆之礼，不仅相当普遍，而且场面非常隆重。但在老人79岁做“八十”寿庆时虽要操办，然不宜过分隆重，特别是不能多放鞭炮，据当地人说，如果放鞭炮过于热闹，惊动了阎王知道做寿人的寿命，就会提早来收命，做寿人会减寿。靠近界山一带的村庄，做寿庆之日是提前在正月初三或初五举办。民间做寿，一般是根据家庭的经济实力量力而行，不一定每次都举办，庆寿意义在于团聚家人庆贺，享受天伦之乐。

（二）男婚女嫁

男大当婚，女大当嫁。传统婚嫁礼俗，有“六礼”即纳彩、问名、纳吉、纳币、请期、亲迎。婚姻是一个人的终身大事，人们都比较重视，即使现代也基本延续着较早时的“六礼”而操办婚事。

纳彩　封建社会遵从“父母之命，媒妁之言”，一般人到了18岁，男方父母就托媒人到女方家提亲，此为“纳彩”。

问名　女方家如允许这门婚事，男方就托媒人到女方家取来女方的生辰八字，将女方用红纸写的庚帖（俗叫“生月”）带回男方家，压在厅堂神佛或厨房灶公香炉下以占休咎，卜这门婚事之凶吉。现在大部分男女青年自由恋爱，由双方父母当面说亲。

纳吉　女方生辰八字的红纸压在神明香炉下三天，男方家三天内人畜平安，没有发生纠纷或打破碗碟之事，称为“三日圆”，说明女方“八字头清秀”，这门婚事呈吉象，可以联姻，反之该门婚事不适宜，应另行说亲。

纳币　又称“纳征”，纳吉完成，双方满意，就进行订婚，订婚分为“放小定”和“放大定”两个步骤。“放小定”，男方择卜吉日，并与媒人一同到女方家先送上“小定金”，以往定金为82元（方言“二”与“字”谐音，“八二”即“八字”），象征好生辰，即好“八字”，后随物价上涨增至820元、8200元。双方互赠定亲礼物。“放大定”也应择卜吉日，由男方长辈（伯或叔）挑二担盘，一般是一担米和一担面线，并送上之前议定好的聘金钱的一半到女方家中，女方要回送纸花和糖果等。“放大定”后意味着该婚姻已具有民间法律效力。如男方悔婚，女方可以不退男方所给的彩礼和聘金，倘若女方悔婚，应归还男方所送的物件。

请期　结婚日子由男方把男女双方的生辰八字请择日先生择吉日，吉日已定，男方再将第二次盘担送到女方家通知迎娶的日子。

迎亲　迎娶新娘。结婚前必须做这些礼制习俗。临近结婚的日子，男方依据择日时刻要“开绞剪”为新郎缝制“上头衣”。男女双方冠笄时“上头”穿戴“上头衣”，“上头”完要把“上头衣”收藏起来压在箱底，保留终身用作寿衣，如今所用衣服都是随时购置，因此鲜见保存收藏。此外，要依据择日时刻给新婚用的新“眠床”举行“安床”仪式，参加安床的人的生肖必须与择日制定的生肖相符合，“安床”是在“眠床”四个床脚下垫金纸，然后点香，烧金纸，祭拜“床神”。在结婚前一天，男方还要挑上盘担（即“轿前盘”）和聘金（余下未付的部分）到女方家中，女方应回送一些礼物。

贴结婚联。结婚当天，男方家要贴结婚联，大门楣上和新房门上挂红布，结“鸡母刺”和1小块白肉头，意在辟邪消秽。旧时世家子弟结婚须骑马披红领着迎亲队抬着花轿去迎新娘。新娘要出门时，由伴娘撑着红伞，遮着新娘头顶，母亲把一盆水从伞上洒下，意味着“泼出去的水，嫁出去的女儿”，希望女儿不会因婚姻不幸再回娘家。到达男方家，媒人要先去撒“缘钱”，寓意“人未到，缘先到”，新娘结婚后能与男方家人和睦相处。花轿到男方家大门前，新郎执“手中扇”挑开轿门，让事先挑选一位好八字的男孩在“礼妈”的引导下，到轿前喊着“请出轿”。接着“礼妈”牵着新娘走出轿门，跨过预备在大门前的火炉缓缓进入洞房。火炉中木炭通红，木炭上放着鸡母刺和盐米，新娘跨火炉入门的仪式是担心在迎亲路中遇上不吉之物，因此要先洁身再入男方家。新娘进门时，还须“礼妈”手举米筛遮住新娘的头顶，新郎的父母及直属亲戚应回避，特别是生肖相冲的人，据说这样日后才会和睦相处。新娘迎进男方家中后还有许多的礼制：

上厅相见。大厅长案桌上神龛门敞开，点香点红烛，供品敬献。媒人扶新娘和新郎上香顶礼，夫妻双双向祖先灵位参拜，扶祖父母就座太师椅，夫妻双拜，继之双亲受礼如仪。随后与直、旁系亲属如姑姨、舅妗等所有人见面，诸人按亲疏辈分顺序围坐行相见礼。新郎逐人介绍，新娘端茶盘茶杯随请亲人吃茶，亲人喝完甜茶，随即掏出红包放入茶盘，作为与新娘的“相见礼”，娘家也早为女儿备好答礼。靠近界山的有些村庄，新郎新娘在进门当日下午要拜天地和王母娘娘，不用行拜见父母等长辈礼。

婚宴。正日中午举行结婚筵席，其桌位和座位有诸多讲究，正厅主桌的“大位”（东北角的位置）是小舅子享坐，母舅坐“对位”。各席宾客必要待小舅子坐定启筷后才能跟着动筷。主桌在筵席过程中上有一道“全鸡”菜，戏称“宰鸡送阿舅”。小舅子见到这道菜上来应立即离席，否则会被人笑话。席间，新郎新娘必须向客人敬酒敬烟致以谢意。晚上一般也有婚宴，宴请各位亲朋好友。

上头。即冠笄俗礼，是结发仪式。按照择日所定下的吉时（一般都是结婚当夜），聘请亲友中生肖相合且有福德的女长者主持。夫妻两人在洞房内穿着“上头”衣服，男左女右并坐在板凳上，由该女长者主持扶着男童（也是经过挑选）的手，用木梳木篦分别给新郎、新娘各梳理三下，边梳边念“木梳走，篦箕帝（跟），两人恩爱吃到百廿岁”，祝福新郎新娘白头偕老，恩爱一生。礼毕新郎新娘同吃猪心、面线、丸子汤。“猪心”方言与“知心”同音，寓意夫妻同心同德，心心相印；面线寓为白头偕老；丸子汤寓意婚姻圆满甜蜜。上头后，要让一位生肖相合的男童在婚床上滚一滚，再撒上花生、红枣、豆子、麦子，意在祝福新郎新娘早生贵子。这种“滚落铺”的习俗，各村也略有不同，有的是在正日午间进行。上头礼毕后，新郎新娘不得出房门与外人碰面，防止“踏青”影响生育。

换花送桌银。新娘出嫁时，娘家要安排叔伯兄弟来“换花”，“换花盘”担内有果盒、红帖（请柬）和纸花若干，还有糕子、剪刀、尺、小筐等。“换花盘”担由小舅子担着，到迎亲半路时，新郎应去接应挑着“换花盘”带着小舅子等人到新郎家，午餐后回盘，盘内有“返盘”礼金，钱数视新娘陪嫁嫁妆丰俭而定。还要给小舅子红包，称“结彩带”，回盘物品有红团、猪肉、肉丸、米糕，甜粿和两条鱼等，鱼必须是全鱼，在请女婿的筵席时烹调用。

归宁会亲。婚后第二天早晨，新娘的弟弟要到新郎家请新娘回家，新郎也在媒人、小舅子及同伴（称“子婿伴”）的陪同下，前往岳父家“做子婿”。女婿上门之际，岳父母等至亲的人也要回避。在用过点心后，女婿首先要上祖厝拜谒女方家祖先，再拜见新娘亲戚，然后就宴。筵席上，当见到“全鱼”（即返盘的2条鱼）这道菜时，女婿即离席，有的村则是八道菜上席后，女婿就要离开筵席。当日小姑（新郎的妹妹）还要专门去接大哥大嫂回家，新郎向女方祖父母、父母拜别，应各送上一份“拜见礼”。娘家要备两棵留根带尾的完整甘蔗让他们带回来，意在夫妇生活有头有尾，恩爱甜蜜。

下厨。又称“落灶脚”，是婚后第二天的最后一次仪式。新娘在新郎及家人的引导下，在灶台前点香烛拜见“灶公”，然后象征性地拿起菜刀切些鱼肉葱蒜，下锅时用煎匙翻拨几下，从此新娘正式成为家庭中一员。新娘要返回娘家还有“交锁匙”的礼俗，新娘将嫁妆箱的锁匙交给婆婆，婆婆开箱笼验查物件是否与事先说定的嫁妆相一致。

在涂岭，也存在一些流行于闽南的特殊婚俗。

姑换嫂。20世纪80年代前，由于经济落后，家庭困难诸原因，很多家庭的儿子已到了婚龄还娶不起媳妇。为了传宗接代，门户相当及子女的年龄接近的双方父母，以各自女儿交换作为儿媳妇，这种嫁娶婚姻民间称为“姑换嫂”。由于换亲双方非自由恋爱，生活上会经常产生一些矛盾，亲家变冤家。面对这样的情形，为了尽量避免家庭悲剧的发生，涂岭人在换亲过程中逐渐改变由原来的两家换亲发展为三家的间接换亲，即甲家的儿子与丙家的姑娘成亲，甲家的姑娘与乙家的儿子成亲，乙家的姑娘与丙家的儿子成亲，这种换亲方式被戏称为“三人三”，尽管仍属于非自愿的换亲，但三个家庭的子女在婚姻大事上更有了选择的余地，一定程度上减少了家庭矛盾和婚姻痛苦。改革开放后，不得已的“姑换嫂”婚俗，随着经济发展和社会进步而消失了。

趁孝娶。居丧人家在民间婚俗方面，也有一些约定俗成的做法。居丧人家如有婚庆喜事，必须在百日内举行，但只能“借红”（挂红布，贴结婚联）不能放鞭炮。以示对亡灵的尊敬，此称“趁孝娶”。若过百日须等到三年“脱孝”后才能举办。

丧偶再娶。丧婚者再婚仪式有别，而且在丧葬方面也有习俗。丧妻者为了避免再婚时受到前妻灵魂的相互纠缠，在亡妻收敛入棺后，鳏夫须在亡妻的棺盖顶走过，俗称“过棺材头”。丧夫的妇女受传统贞节观的影响，寡妇改嫁被视为大逆不道的行为。风俗认为寡妇死去丈夫的灵魂会常随其身，娶之则会深受其祟，因而改嫁必须在夜晚，且不得张扬也不得大举操办婚礼。时间一般是在除夕夜，俗称“廿九晚扫做堆”，“扫做堆”方言是“做伴”。再嫁者出门时不能从大门出去，只能走偏门，不能坐大花轿，只能坐简陋的轿子，而必须先步行到半路再上轿，并且要在上轿的地方丢弃一件亡夫曾常穿过的熟悉的衣服，相传这样才能使亡夫不知改嫁妻子的去向而再来纠缠。

（三）生老丧葬

“灵魂不死”的观念起源于远古的原始人类，灵魂是令人敬畏的，亲人之灵可以庇佑子孙后代。在民间传统观念中，死者的灵魂是到了另一个世界，依旧会影响在世的人，为他们带来幸福或灾难。亡者过着和活人没有两样的生活，要吃要喝要穿要住要花钱，逢年过节还要回到人世的家中看看。亡者在另一个世界的消费是全靠在世的家人供奉。无人供奉者则成为饿鬼，会作祟于人。每年农历七月的普度习俗，就是敬供这些无人祭祀的孤魂野鬼的，祈求他们不要作祟。佛教认为凡界众生分为天、人、神、鬼、傍生、地狱六大类，众生这六类中生来死去，又死去生来，是为“六道轮回”。佛教主张在“七七四十九日”内超度，使人超出并度脱六道轮回的生死之外，得以投生到好去处。民间社会经过长期的实践，吸收了儒释道等因素，将其杂糅一体，形成了独特的丧葬文化。

民间百姓会忌讳把亲人的死亡谓为“死”，而是称之为“老了”“过身”或“过面”，委婉地表达了人们对亡者的尊重。未成年人去世称为“夭寿”，丧葬礼仪从简，一般用草席包裹，或用缸、瓮等陶器收敛后，送往本家坟山安置或于荒郊野外掩埋，待家中有上辈人过世才顺带一同做“功德”，称为“缴库”。50岁以下过世的称作“半寿人”，而过了50岁大寿且当了内外祖父的人就可以做“竖生寿”的仪式，即提前备下“百年”之后的棺木和寿衣。因为老人还健在，所以将棺材称为“生寿”。

留板。首先要购置合乎规格的木板，一般要在闰年进行，意为“天增岁月人增寿”。购置合乎规格的木板即“寿板”，要择吉日请已结婚生男丁的“旺壮人”搬运回家，称为“扛板”。扛板沿途要大鸣鞭炮。至半路时，出嫁后的女儿须从夫家煮好面线、点心并携带碗筷，请扛板人用膳，俗称“半路祭”。并将纸制的金花、红布系挂在木板上，俗称“留板”。其含意是将寿板永远留住，父母健康长寿而用不着它们。

竖寿板。寿板运到家后，要竖列在祖厝或大厅边上，并贴上“福如东海大，寿比南山高”之类寿联，还要贴一张“福”或“寿”字，然后点红烛，放鞭炮，宴请亲友和搬运木板者。

竖生寿。是将板材加工成棺木贮存。制棺作为丧葬仪礼的前奏，孝亲的特色十分显著。首先择日开斧，亲属应回避。世俗认为，木匠动工第一斧劈下木材的长短是用棺者阳寿之长短的预示，所以师傅的开斧非常谨慎小心。棺木的制作过程也很考究，棺木作成型后要用桐油灰填缝，苎麻布裱褙，层层上漆加固，而油漆工序的所有费用由已经出嫁的女儿负责。棺木制作完成，举行“竖生寿”仪式，有的选择用棺者的诞辰日，有的另行择日，若夫妻健在且同时制作棺木，则称为“竖鸳鸯”。棺木请育有男丁的男性长辈用新草席和红织带包扎起来，棺头披红布插金花，贴上“寿联”，男棺贴“福”字，女棺贴“寿”字，男左女右并排安放，一般置于祖厝厅边或福堂后，也有的竖在住家的后房。所择时辰（一般在拂晓）到，内外子孙面对寿棺叩拜，仪式与拜“生日寿”相同，男女双方健在即“鸳鸯寿”行三拜礼，只有一方则拜两下半。出嫁的女儿备办面线、猪脚、红布、鞭炮等礼物来参拜。拜寿时，点香烛烧金纸放鞭炮，以营造大福大寿的气氛。近年来推行火葬，“竖生寿”习俗也随之匿迹。

造寿域。当老人还健在时，后辈为其预先择地建造坟墓，称为“寿域”。造寿域同样以闰年为吉，先请风水先生堪舆吉地。闽南一带对风水之说颇为迷信，风水好坏对子孙后代影响甚大。所以营造坟墓亦称“做风水地”。选好墓地就择日动土兴工，坟墓的大小和规格以经济基础决定，墓顶基本是龟壳形状。按当地习俗有夫妻合葬和长男长媳随葬的习俗。殡葬改革后施行火化及公墓安葬，造寿域也逐渐消失。

人去世后，孝眷要为死去的人治丧，习俗有“丧三日而子宾”之说，即人死后要举办三天治丧才“入土为安”，也有个别停柩治丧五天或七天的。民间操办丧事，仍遵传统丧葬礼仪。

发丧　丧者年龄在 50 岁以上且当上祖父母的人去世，称为“大福”，“大福”者可以在本族祖厝顶厅东面，未满 50 岁的只能在下厅停柩举办仪式。亡者如在原来的寝室断气是不吉利的，称为“隔梁断气”，所以在亡者气绝之前必须抬到祖厝厅边，并为其更换“寿衣”，以免在断气后来不及穿“寿衣”，有“生死都光着身子”之嫌。寿衣数量为单数，不能双数。布料不能用“缎”来做，因为“缎”与“断”谐音，有“断子断孙”之说。死者遗体头朝厅内安放。厅的地面铺稻草，子孙身穿白衣，头披白布坐在稻草上哀哭。厅口挂“脚尾布”遮挡阳光。房族中的老者提着装着果盒、金银纸的“礼篮”，引领孝男和孝眷到村里的境主公或社主公去“投社”。“投社”是向境（社）主报丧，报告父或母已亡故，即向阴司的阎王报到，免得灵魂归阴后沦为无主孤魂野鬼。接着长孝男出门，到池塘（乡里指定地点）取泥土一块放在瓦片上，捧回置亡者的脚尾，在瓦片上点上蜡烛和在泥土上插着点燃的香，香、蜡烛不能熄灭，称点“脚尾烛”。同时要不断焚烧冥纸，称烧“脚尾金”，直到入殓为止。在亡者的脚尾要盛放一碗大米干饭，上面插上一双筷子，称为“脚尾饭”。“脚尾烛”是给亡者照亮冥冥黄泉路好行走，“脚尾金”是给亡者前往阴司提供“盘缠”，“脚尾饭”是给亡者在路上饿时吃用。孝眷人等应坐在稻草上，现在为了卫生大都改坐在小板凳上。对于死者去世的时辰，有“留三顿”的说法：在清晨早饭前去世是给子孙留下三顿饭，以后子孙一日三餐都有饭吃，这时辰最佳；若是在早饭和午饭后去世，后代子孙三餐被亡者带走一顿或二顿；最忌是晚饭后去世，死者将一日三餐都带走，后代子孙将一日无三餐可吃了。在晚饭后去世，必须禳解，方法是让众孝男和孝妇在厅堂脸朝外跪着，由堂亲长辈按长幼顺序给每人分三筒米，意思是向天“乞米”以示解厄。凡丧亡之家，要在房屋的外门贴白纸条，有的村庄还要在自己田园地上插白纸条旗，称为“田园挂孝”。向姻亲报丧尤其重要，否则亲姻之间有的会怀疑女儿在夫家是否死于非命，因此在为女性举办丧事时，必须去娘家报丧并通知入殓及出葬时间，当地俗语“死姑父扛去埋，死姑母等外家来”，说的就是这个意思。随即请堂亲设“库房”主理丧事：一是派人向亲戚朋友报丧，前往报丧者，对方应给“彩钱”；二是接受亲友送的“白礼”，向其分发“红头布”“脸巾”，并告知出殡日期；三是安排丧事议程，雇请道士或和尚，以及组织出殡仪仗；四是负责租赁和采购丧事所用的物品，操办伙食，接待宾客，管理账务等。

入殓　入殓前孝男孝女要手提一小桶前往村里指定的水井去取水，叫“乞水”，“乞水”时先投两枚硬币在井中，意思向“井神”买水，也要点香烧金纸，然后打上半桶水。返回时，小桶绳要放在地上拖着，边走边哭，走到厅口，用钵盛点水，再拿着一根夹有白布条的竹筷蘸着钵内的水在遗体上从头抹到脚作洗涤状，意为“净身就木”。在入殓时，死者坐在厅中的太师椅上，双脚平放在太师椅的米筛上（米筛由斗或盆垫着），孝眷要为死者梳头，戴面遮布，缚手束布。道士或和尚会站在供桌前念经给灵魂往生。仪式完成后，收殓者配合抬着死者遗体放入棺木内，棺内还要给死者准备木梳、木篦、手巾、扇和糕子、饼干等，年龄较大的要放拐杖，女的要放胭脂、花粉、镜子等一齐随葬，然后盖上寿衾被单。供桌上摆着大米饭、鱼、肉、菜等煮好的祭品，这些祭品称为“祭生饭”，仪式又叫“辞生祭”。生肖相同的人均应回避，以免犯冲煞。孕妇禁忌近前，如是亲眷的孕妇，必须在腰上围“红头布”保胎。“收呼”完毕，道士或和尚到死者生前寝室去净房，净房时必须把死者生前就寝眠床上的“绞斗”“蚊帐”拆除，习俗说“绞斗”和“蚊帐”犹如天罗地网会将灵魂罩住，不得往生。入殓毕停柩结灵堂，孝眷三餐灵前敬饭举哀，即“守棺脚”。

做功德　一般是在出殡前夜做功德，请道士或和尚来诵经给亡灵超度。做功德之前请糊纸师糊“灵厝”，由竹篾和纸绳结扎成骨骼，再用彩纸张贴而成。“灵厝”富丽堂皇，配有楼台亭阁，还有生活用品，男女奴婢一应俱全。“灵厝”依壁而立，灵厝前置“灵桌”，桌上摆满祭品和已出嫁女儿备办的糕粿和猪头、猪脚、猪尾，“至接鸡”及食用所需的筷子、汤匙、酒杯等器具。灵桌下点“七星火”为死者照亮冥路。“灵桌”前建坛，坛上挂佛像，坛桌上摆着五果六斋等敬品和信斗火。做功德前，僧道者把死者的生卒年、月、日、时和孝眷的名字依次写在“文疏”（一种纸片叶）上，以备诵念。做功德的程序：“起鼓”“请神”“开路”“放赦”“至接”“解愿”“礼忏”“献供”“拜火盆”“烧库银”“辞神”“烧厝”。做完功德，由僧道牵着和孝男画好的“厝契”及库银灰一齐放在灵厝内烧掉。做道场时，孝男必须手拿“孝杖”和魂福及众孝眷站在僧道后面叩拜。有的村庄还要去请本境境主公金身塑像在坛上跟坛。

办祭。家境较有名望、当官者或修读大学者，其父母死后有办祭，一般会在出殡前举行。

送脚尾　俗称“送草”，出殡前，由乡亲长者（有的村庄是长女婿）手执用稻草扎成圈状的火把（樟脚村是用火盆代替火把）点燃后在前引路，亡者的长子捧着入殓盛者“脚尾烛”瓦片的米笞在前，其他孝眷依序分别拿着亡者生前用过的草垫、棉被、衣服、餐具等遗物，没遗物可拿的，必须拿一把稻草，由鼓吹乐队送至郊外指定的地点焚烧，焚烧时孝眷面对遗物跪四拜。回归时，队伍须从另路返回，沿途不得号哭。樟脚村在送草时带上熟鸡蛋，回来时分亲人吃，意为“脱壳”。

出殡　俗称“出葬”“出山”，出殡队伍排列顺序：

（1）火把，利用烟火驱除拦路的鬼魅污秽；

（2）放金，放银，放炮，有的村庄是女婿要拿着一盏红灯子；

（3）红、白旗；

（4）引路旗，旗有二面，一面写着“金童接引香烟去”，另一面写着“玉女迎归魂魄来”；

（5）大灯，当上祖父的人死后才有资格享用，当祖父称“四代大父”，必须举两盏白色和两盏红色的大灯，白灯上写“某府”和“某代大父（或母）”，红灯上写“某代大父（或母）”和“添丁进财”（小坝村出氏姓氏在出葬不用大灯）；

（6）引路吹，引棺的僧道；

（7）铭旌，铭旌上写（朝代名）某代大父（或母）享年某龄某公（或某氏）铭旌，凡能举铭旌都是名门望族；

（8）花圈挽轴；

（9）像亭，有的村庄用福轿（轿内安着神主牌），例如樟脚村是用福轿而不是像亭；

（10）灵柩，孝男、孝妇及长孙、长孙媳扶着灵柩两边，灵柩后拉两匹白布让随后送葬的人牵执着走，俗称“拔龙布（须）”。乐队按队伍长短来穿插，由于各村习俗不一，因此队伍排列顺序也有差异。抬灵柩者有 4 人或 8 人，“半寿”和“夭寿”是 4 人抬，“大福”用 8 人抬。

安葬　又称“落土”“入土”。过去土葬，灵柩抬到墓地后，按择定时辰入穴定位，下葬时孝眷要背向坟墓跪下，下葬完铭旌要随葬，孝男要掬一撮土用白衫包着绕墓地慢慢把土撒落到墓穴内，此称“培土”。覆土后，备三牲、酒仪先祭后土，后在墓头备办菜碗祭拜亡者，称“卧山”。随后点主，孝眷拜墓，礼毕归虞（返主）。出葬时，红白布旗及红白灯，是白在前，红在后，而“返主”时红在前，白在后。临近家门，女眷到祖厝大门内哭接灵魂回归，孝男捧“神主牌”入内安放在祖厅长案桌或椟内，叫作“安主”。至此，安葬完毕。事后丧主还要宴请帮丧的人，对扛棺、挑灰、挖金井者，还应分给“草鞋钱”。随着时代进步，丧葬制度也改革了，大多实行火葬，礼仪相应简便。

守制　居丧期间，子孙带“手尾孝”，逢七须做旬，一旬为七天，即在逝者过世后的第 7 日、14 日、49 日、百日等日子祭奠。涂岭在计算日子要退日，即有几个孝男则退几天，樟脚村还有在七天重叠算，如七天按八天算。第八天就是第九天。相传人死 14 天时才能知道自己已归阴司，因此，这天请巫师为亡者“找神”。做“49 日”，直系孙辈可脱孝，剃头。做百日，做“对年”，都应祭拜亡者。守制期间，对敬祀神明的礼节一律免除，头年春节丧主贴“孝联”，“孝联”有黑和绿两色，三年守制礼毕除服从吉，脱孝换红，还要贴“脱孝联”。当年冬至和“天公生”日，亲戚送丸子粉和甜粿给丧主。“三年”过后每年逢死者卒日要“做忌”祭奠，代代相传。整个丧葬过程，礼仪到此才能完全结束。

重葬。重葬原因有两种，其一是丧葬以后家境不顺，凶事频出，则认为是墓穴风水不好，经风水先生重新堪舆，择地迁移二次安葬。其二是夫妻中一人先亡，只葬单穴之墓，另一人去世，为了能夫妻同穴，就重造两穴之墓。以上情况都要开墓“绞棺”或者拾骸再葬。“绞棺”是死者死亡时间不久，尸体还没有腐化，不能拾骸，采取“绞棺”即将整个棺木吊起再葬。

公益性骨灰堂。随着移风易俗的开展，传统丧葬礼俗也向“文明低碳”转变。地方政府建设农村公益性骨灰堂，提倡将骨灰安葬从“入土”到“入室”。涂岭镇老年人逝世后，其骨灰大多寄存于太白峰骨灰堂。但由于部分村庄路途遥远，每年的祭祀十分不便，故根据丧葬要求，村委会决定申请建设村级骨灰堂，以方便村民的祭祀活动。公益性骨灰堂的建立，既尊重和传承传统习俗，又节省了资金和土地，还降低了森林火灾的风险。

二、家庭习俗成规范

家庭是社会的基本单位，以家庭为单位展开的岁时节日、习俗礼仪，与传统农业社会有着密切的联系，饱含古人对家庭和睦、合家平安、人畜两旺等美好寓意，亦表达了人们对风调雨顺、五谷丰登的期盼。祖先祭祀则体现了家族观念的传承，以及“慎终追远，民德归厚”的精神。

（一）岁时节日

春节 农历正月初一称春节，一年之始，是民间最隆重、热闹的节日。除夕晚要守岁，凌晨一到，家家户户要“放鞭炮开正”，迎春纳福。清晨，男女老少起床后要换上节日新装，家长要到厅堂祭拜祖先、神佛，晚辈向长辈道贺“恭喜”“拜年”。早餐后，大家可出门互相拜年，互道“恭喜”“新年好”等吉祥话。主人要敬奉烟茶给上门拜年的亲友，还要请他们“吃甜”，如红柑、糖果，寓意生活甜蜜、万事顺意。早餐一般是吃面线鸡蛋，面线预祝长命百岁，鸡蛋去壳寓意去掉晦气。这一天，有不挑水、不扫地、不动刀弄剪等禁忌，意在避免钱散失和一年受苦。

初二为出嫁女儿回娘家日，岳家要宴请女婿，亦称“子婿日”，有些地区的传统是将回娘家风俗顺延到初三。

初五“过大岁”，据传此俗源于明嘉靖时期（1522—1566），由于春节期间倭寇在沿海一带侵扰残害百姓，人们为了避难，故视初二为不吉利之日，忌相往来。到了正月初五要补做春节，甚至比正月初一还热闹，此称“做大岁”。这日早餐与正月初一同样要吃线面鸡蛋，靠近界山、南浦的村子至今仍传承此风俗。

正月初九是玉皇大帝诞辰，民间素有敬拜天地的习俗，称“天公生”。正月初八晚上就要准备好“五果六斋”，以及米糕、甜粿、寿龟牲礼等供品，待到正月初九的凌晨，全家老少按照长幼顺序逐一敬拜天公，祈求合家平安，然后烧纸钱放鞭炮。

添香，是正月期间规模较大的活动，各村有自己的定期。这期间村的各宫庙、祠堂、晒谷场都热闹非凡。这些活动饱含了老百姓对美好生活的向往，通常有“投符祝福”“做春醮”“过龙斋”“游春境”“演天香戏”等活动。

元宵节　正月十五日称元宵节，又称上元节，有游花灯的习俗，孩子手提花灯，走街串巷，四处游玩。此外，还有吃“汤圆”的习惯，意味家人团圆。不过，涂岭镇小坝村的蒙古出氏族人，则有不过元宵节的传统，因“元宵”与“元消”同音，出氏祖先为元朝功臣，对此有所避讳，遂有出氏不过元宵节的习俗流传至今。

清明节　所谓“万物生长此时，皆清洁而明净，故谓之清明”。一般在农历三月上旬，此时气温回升，雨量增多，是春耕大好时节。如今清明节一般在阳历 4 月 5 日。这日要祭拜祖先的灵位，并上山扫墓。清明节前后 10 天，无任何禁忌，除扫墓外，还可以迁葬、修坟、捡遗骸、换瓦棺。

端午节　农历五月初五，称端午节，又叫五月节。节前，已出嫁的女儿们要备面线或米粉、鱼肉等礼品回娘家送节，俗称“送五月节”。当天早上，要在门窗、神位插榕树枝、艾枝，洒雄黄酒，戴香袋，熏杀蚊虫，寓意驱蚊逐邪，以避邪秽。民间在端午节日以包粽子、赛龙舟的习俗来纪念古代的爱国诗人屈原。因南方多水，容易发生溺水意外，因而纪念仪式其实意在安抚溺水而亡的水鬼。家中还要置办菜碗“做节”，用粽子、麦饼来孝敬公妈神位。

敬田头公，过去境内的农户，于五月初五要到地里敬“田头公”。农家备办牲礼、饭菜或粽子、糕粿等物在田头敬奉，边祭边念“田头土地公、田尾番薯王”，以祈求新一年获得好收成。

七夕节　农历七月初七称七夕，又叫“乞巧节”，俗称“七娘妈生”。传说是牛郎、织女一年一度银河相会之日。民间主妇要置办“七娘亭”、“七娘轿”、红头绳、宫粉、绸花、胭脂、“炒糖豆”七件事，将各品陈列，添加鲜花、年豆花和“长命缕”，一齐敬奉“七娘妈”。民间有一习俗，做母亲的会让自己的幼儿拜契七娘妈，祈求“契妈”保庇孩子无灾无难，安康长命。因此，“契七娘”常在“七娘妈生”时举行，仪式隆重又虔诚。

中元节　农历七月十五日，称“七月半节”，是道教“中元节”与佛教“盂兰盆会”相结合的一个节日。两个节日原是追荐祖先的盛会，后发展至普度众生，超度亡魂而在民间形成了“普度”风俗。民间另一传说，即每年农历七月，城隍爷会将这些孤魂野鬼放出来到人间吃东西取用品。无论何种缘由，如今一到每年农历七月，民间百姓都会举行“普度”，祭祀孤魂野鬼，通常按照角落村庄轮流祭祀。普度分为单普、双普，单普是各家各户在家门口进行的普度仪式，双普是集体以寺庙或祠堂为中心举行的普度仪式。普度事先要准备鸡鸭鱼肉，以及炊糕、炸油饼等食物，将祭品摆在家门口桌上“布施”，另外还要烧纸钱、冥衣（用五色纸剪折成衫、裤或印制成衣服、鞋帽等），以及各种日常生活用品，以祭孤魂野鬼，供其吃喝享用。普度日期各地（村）自定，大约从七月初一至月底，几乎每日都有街坊或村社轮流做普度，交替请客。传统习俗除了有“正普”外，还有“小普”“重普”“大普”等，项目繁多，热闹非凡。

灶生日 灶神又称灶君、灶王爷、灶公，相传农历八月初三日是“灶公生”。灶神司火被认为是一家之炊的主宰。民以食为天，民间早已有敬祀灶神，为其做生日的风俗。通常是炒“糖豆”、蒸“米糕”，在灶公香炉前挂上两串红纸，备办礼品，进行敬拜。灶生日敬拜灶公，平时也有不能在灶台或鼎盖顶切菜否则会割伤灶神的背脊，不许将火棍横架在灶口不然会撑破灶神的嘴巴等许多禁忌。

中秋节 农历八月十五“中秋节”，又称“拜月节”，与月神崇拜有关。中秋节以月亮圆满兆人之团圆，节日前已出嫁的女儿要备物品回娘家“栽秋”（送节）。俗例当日要祭灶公、拜祖先（公妈），烧纸钱，放鞭炮。晚上，全家人团聚赏月、品茶、吃月饼，借以寄托对故乡，对亲人的思念。

重阳节 农历九月初九为“重阳节”，二九相重称重九，九为阳数故叫“重阳”。自古文人墨客在这一天登高、赏菊，吟诗、畅饮。今定为“老年节”，各乡村的老协会均举行活动，向60岁以上的老人家“拜寿”，以弘扬中华民族敬老尊老的传统美德。

冬至节 大约在阳历十二月二十二日（或在其前后日），俗称“冬节”，俚语“冬至小年兜”，有拜祖祭神的习俗。冬节前一夜，家家户户用糯米粉“搓丸做鸡狗”，即冬至早餐吃冬至丸子汤，以“添岁”团圆，以糯米粉捏作鸡、鸭、猪、狗等家畜状，祈求来年六畜兴旺。俗语称“冬至不回家无祖”，表达了冬至回乡谒祖风俗的重要意义。这日要祭献祖先，拜公妈神位，称之“做节”。有的大宗望族，要在宗祠举办“冬祭”仪式，由宗族耆老主持，依制献礼。除了祭祖外，部分村庄因受莆仙地区风俗的影响，冬至节也要上坟扫墓。

尾牙 农历十二月十六日做“尾牙”。从事商业的人每月（除正月外）初二、十六都要“做牙”，准备三牲礼品、酒、金纸敬祀土地公，祈求生意兴隆，全家平安。二月初二日为“头福”，十二月十六日是每年最后一次“做牙”日，故称尾牙。到了尾牙那日，头家（老板）置办丰富的祭品，供奉土地公“打牙祭”，同时办“尾牙宴”

款待员工和重要客户，并分发年终奖金。

除夕　农历年最后一天的晚上，称“除夕”，俗称“二九暝”。节前家家户户都要除尘、贴春联、蒸年糕。已出嫁的女儿回娘家向父母送面线、米粉、鱼肉，此为“送年兜节”，娘家相应馈赠，称“压节”。外出的家人都赶回家过年，与家人团聚，共享天伦之乐。中午依俗要向祖宗行辞岁礼，拜公妈。晚上，一家人聚齐吃年夜饭。饭后，要燃香点烛祭土地公、灶公、娘妈，组织大人、小孩在门口跳“火盆”，燃放鞭炮。长辈给儿孙分发压岁钱。家里点灯，通明守岁。

（二）祖先祭礼

祖先崇拜是对祖先亡灵的供奉，相信死去的祖先的灵魂仍然存在，会庇佑子孙，福荫后代，同时也需要自己的后代子孙的孝敬，以供给他们在另一个世界的生活。一般来说，一个家族的列祖列宗（神主牌）都供奉在祖厝，有条件的也晋主至祠堂祭拜。祖先祭礼除特定节日在祠堂、墓地外，平时大多在祖厝举行。一年之中的元宵、清明、端午、中元、中秋、冬至、除夕等重大节日，分房子孙都要集中到祖厝祭拜。祭拜仪式一般备办五或七碗禽畜肉、海产品、瓜菜蔬等熟制品“菜碗”，以及相同碗数的饭酒，重要年节要增加碗数，特定的节日有特定食物，还要点烛焚香（一般为偶数）祷告，烧冥纸放鞭炮。冥纸有金纸和银纸之分，清明、忌日烧银纸，中元节则金银纸搭配，其他节日均烧金纸。家宅的厅堂中亦会设神龛供奉祖先牌位。逢重要年节、祖先忌日都要祭祀，每月的初一、十五也要按时焚香敬拜。倘若家中有各种大事，如出生、婚嫁、寿宴、荣归、脱险等情况，均要上祖厅拜谢祖先的庇佑。

在涂岭，清明节除了在家或祖厝祭拜祖先神主牌外，还需上坟扫墓，部分村庄在冬至亦要祭祖扫墓。一般而言，家中长者带领后辈，携带锄头、畚箕、纸钱、鞭炮、供品等物上山祭拜先祖。墓顶培土、墓园除草、献纸钱。据说还有分“丁肉”、吃花生的习俗。只要当年结婚、生男丁、上大学、盖新厝者，应献出10斤熟花生到墓前祭拜，然后按丁分花生，以示子孙兴旺发达。同时祭拜后土，准备好牲礼、柑、酒、花生供品，祭拜后烧纸钱。祭拜墓头，亦是准备好菜饭、柑、酒、花生供品，祭拜完就烧银纸、放鞭炮。若是父母当年去世，则不扫墓，不搓丸子，不蒸甜粿，这些食物由亲友赠送。清明、冬至两节的前后10天，无任何禁忌，除扫墓外，还可以迁葬、修坟、捡遗骸、换瓦棺。据民间传说，冬至扫墓的习俗，是因明清时期涂岭受到战乱的影响，清明节来不及扫墓，遂延至冬至扫墓的。

民间百姓历来重视“进主”这一仪式，即将神主牌请进祖祠或家庙。进主分两类：

一类是进入祖厝，或安置在家庭的厅堂上，称凶进；另一类是进入小宗祠或大宗祠，称为吉进。凶进的神主牌乃出葬时所用者，吉进的神主牌一般是每年春、冬二祭间，或重修祠堂，或是修谱牒时特制而进入。另有一种称为“进禄位”，即为生人预备“神主牌”进入祖祠。通常进禄位入宗祠是有条件的，按宗族的规定，或依额捐资，或为宗族和对社会做过贡献者。“禄位牌”有别于一般的神主牌，因人还活着，外用红布包裹置于神龛。

宗祠的进主仪式，要先修总“进主牌”，即由专人将旧神主牌抄录在总牌上，再一一填写到特制的新神主牌（木主），已报废的神主牌集中焚烧或埋于“神主墓”。新神主牌都要经过一次点主的仪式，请一位有名望的人士或宗亲来点主。点主时要在门庭摆桌，总牌由家族耆老背负，点主者用朱砂鸡血一一点过，然后披红布，插金花，以彩旗鼓吹迎入厅，安放在已编排好位置的神龛内。个人的“神主牌”或“禄位牌”，经点主后由其子孙奉入安置。进主仪式完毕后，即行祭祀礼，仪式辞藻更换为吉祥语，如祭文称祝文，行三进献礼。若是大宗望族，进主备受重视且仪式十分隆重，供品要用全猪、全羊，最后大摆筵席，有的还请戏班演戏。

三、民间戏剧异纷呈

涂岭民俗风情随着方言的过渡而变化，多元的语系决定了该区域的民间传统文化是多样和包容的，也体现在民间音乐和戏曲方面。涂岭民间音乐有北管、南音，戏剧有芗剧、高甲戏、木偶戏、莆仙戏。靠近界山、南埔等地的村庄，因相邻而商贸婚嫁往来频繁，风俗习惯互为影响，含有较多的莆仙成分。这些地区无论是红白喜事抑或修葺庙宇、佛诞生辰等节日，均会请“头北戏”或莆仙戏来演出。南部近惠安的村庄，语言和民俗则以闽南文化为主，遇有民间佳节则请南音、高甲戏、木偶戏等前来增添热闹。

北管　亦称“北曲”，源于江淮一带，繁衍于泉港，用普通话演唱，以拍板或木鱼敲打和拉弦、弹拨乐器等伴奏。北管长期受闽南、莆仙音乐的熏陶与影响，既保留了发源地江南丝竹乐的明朗幽雅，又融入闽南、莆仙地方音乐的柔婉悠扬，形成一种新的特色乐种，素有“天子传音”之美誉，2006 年被列入第一批国家非物质文化遗产名录。北管大致可分为“南派”与“北派”两大流派：南派流行于靠近闽南地区的村庄，方言偏重闽南话腔，人们比较习惯欣赏演唱南音、芗剧，因此南派艺人唱奏北管的同时，或多或少地融入南音、芗剧的唱奏方法和风格；北派则流行于靠近莆仙地区的村庄，这里方言大多是“头北话”，大部分人习惯欣赏莆仙曲，因此北派艺人唱奏中融有莆仙风格特点。北管后随着移民被带到台湾，甚至传入琉球群岛和东南亚。

南音 又称“弦管”，起源于唐，形成在宋，是我国现存最悠久的古汉族音乐，有“中国音乐史上的活化石”之称，2009 年被联合国教科文组织列入人类非物质文化遗产代表作名录。南音的演奏形式为左洞箫、二弦，右琵琶、三弦，执拍板者居中而唱，词曲优美清柔，旋律缠绵深沉，富有独特的民族风格和浓郁的乡土气息，在闽南和海外拥有众多的知音。南音流行于涂岭，深受广大乡民的喜爱，其独树一帜的演奏风格被誉为“北派南音”。涂岭镇组织有涂岭南音社，此外在涂岭、前欧、松园、邱后、驿坂、五社、寨后等村庄皆成立了南音乐队，活跃于农村节庆活动和日常生活中。

芗剧 也称“歌仔戏”，起源于漳州芗江一带，1948 年，漳州芗剧著名艺人邵江海前来授艺传教，派生出山腰滨海的咸水之腔。歌仔戏音乐曲调富有地方色彩，唱的是闽南方言“杂啐调”，演的是优秀传统剧目，其丰富多彩的演出，受到广大民众的喜爱和欢迎。芗剧成为福建省的五大剧种之一，在台湾亦见盛行。它长年以优惠廉价服务于边远山区，成为涂岭乡村婚丧大事和岁时节俗的一道独特风景。

高甲戏 发祥于泉州，形成于清代中叶，流传于我国的闽南、台湾、港澳，以及东南亚等地，2006 年被列入第一批国家级非物质文化遗产名录。高甲戏源于民间的“宋江戏”，早时农村每有迎神赛会喜庆节日，村民们装扮梁山好汉，配以锣鼓和“红甲

路口村举办“龙安宫庆典”，请高甲戏剧团演出

吹”“十音”之类曲调游行于乡里，或就地表演以宋江为主的故事和各种武打技艺，一般只有道白，少有唱腔。这种形式后来逐渐发展成专业戏班，在艺术方面有所提高，称为“宋江戏”，深受大众的喜爱。高甲戏20世纪初传入泉港，主要流行于山腰、前黄、涂岭一带。清光绪二十九年（1903）普安村戏剧艺师张来成组织成立高甲戏剧团，成为泉港高甲戏路上的“先行马车”。1979年前欧创办高甲剧团，演职人员30多人，主要在惠安张芹、黄田、涂型、樟脚和仙游三坪等一带演出，曾参加惠安县高甲剧团调演评比第三名，荣获县文化局颁发的奖牌。

木偶戏　又称“布袋戏”，是用木偶来表演历史故事的戏剧，在泉港俗称“南派掌中木偶”，表演时演员站在幕后，将手套入戏偶的服装中，一边操纵木偶，一边演唱，并配以音乐来吸引观众。布袋戏于清末民初由惠安传入，当时涌现了驿坂村陈妈居、邱后村陈延生、前黄村黄乌猴等一批掌中木偶名师。过去，民间普度时节、佛诞祭仪、婚嫁寿辰、婴儿满月、新居上梁落成等喜庆日子，时常要请掌中木偶戏团来村里演出，以示庆贺。

莆仙戏　也称“兴化戏”，源于唐，成于宋，繁荣于明清，是独具特色的福建传统地方戏曲剧种。由于地缘关系，历史上莆仙与惠安北部民间往来十分密切，因而莆仙戏在泉港地区颇有市场，也很受涂岭民众的欢迎。20世纪70年代前，莆仙戏流行，每年民间耗资请莆仙剧团前来演出，场次多观者众可谓称盛一时。泉港头北的一些村子，也曾组织团体演莆仙戏，其演艺水平、乐器击奏技术独树一帜，莆仙人亦十分欣赏，称“南兄”能演莆仙戏很了不起，常请去莆仙农村助兴节庆活动。

四、地方文脉恒赓续

涂岭早在明代，“立学社，以养蒙敛贤才”，敬字惜纸蔚然成风。后有清代地方乡贤为无主孤魂修建义冢、为过往行人修建茶亭的慈善义举，有举办游神游灯的宗族联盟活动，新时代还有各姓建立联合宗祠的创举。这些文化活动和举措，传承与弘扬了地方文脉，是地方文化精神在地方物化形体上的反映，大大地促进了涂岭民众对地方的认同感、归属感。

（一）“敬字”蔚然成风

敬字，顾名思义是敬重汉字，也即珍惜写有文字的纸张。这一敬字惜纸的习俗源于文昌帝君的信仰。文昌帝君，又名文星神，是中国民间和道教尊奉的掌管士人功名

芦朴村敬字亭

禄位之神。文昌册封来源于抗击前秦的东晋将领张育，其战死后被供奉在梓潼，被尊奉为四川梓潼地方神。传说此神屡次以显灵方式帮助不同的帝王立国或平乱，中央政府也以不断册封来肯定这位地方神。随着时间的推移，他受到历代朝廷的信仰，逐渐演化为文学、学术和考试的守护神，渐渐被称为文昌帝君。因此，敬字不但要敬创字的仓颉，还要敬文昌帝君。敬字积德以求功名的风俗，明代中后期以后走向兴盛。除了科举动力外，还因明清佛道两教世俗化、儒学通俗化，最终使得三教人士都推动敬惜文字做法。

涂岭的芦朴村在明清时期为文风鼎盛之地。据叶春及《惠安政书》记载，在明万历年间（1573—1620）惠安县十三都樟柿铺芦朴村办有“辂朴社学”，是当时为数不多创办社学的村庄之一。芦朴的“敬字亭”与圣母祖庙同位于村后塔山东北处“妈宫头”，始建于明代晚期，重修于清光绪十年（1884），为当时读书人焚烧废弃字纸之处。

敬字的过程，是将废弃的字纸捡拾起来（如遇到遭污秽的字纸则需用水清洗干净）集中放入炉内焚烧，然后把纸灰收集起来装入瓦罐，拿至河边，将水缓缓加入瓦罐中盖好，推至深水让其沉入水中。据当地村民回忆，20世纪早期村里仍有不少人将写有文字的废纸丢入敬字亭焚烧。可惜在“文化大革命”期间敬字亭被拆毁，所有石构件被挪作他用。2003年10月，由乡贤和村民共同捐资，敬字亭在原地恢复重建，流散的主要石构件经搜集大部分得以归位建设。亭边置立《敬字亭复建碑记》云：

> 敬字亭，地处芦朴村塔山东北，俗称“妈宫头”，原系三乡圣母祖庙遗址，因年久庙圮，芦朴、洋内、西仁（垄）分炉建宫崇奉。敬字亭清光绪甲申年重修，“文革”期间破四旧毁坏，今龙济宫文保小组倡议复建，谨记。
>
> 黄奕恩撰文，农历癸未年阳月。

亭盖顶鲤鱼石雕

文昌帝君石雕

《敬字亭碑记》

芦朴龙济宫文物保护小组，公元二〇〇三年十月立。

重建后的芦朴敬字亭，三层方形造型，通高约 3.2 米，护以六角石栏。一层实心石砌。二层西向正面开设小拱形门，上方刻字描金“敬字亭”，柱联“修富酉山余鸟篆，文辉甲观射牛墟”，另三面之立柱间原镶嵌石雕，现在仅存于南面的半块青石浮雕，以竹鹤塔蕉叶为题材，层次分明，雕工精致。三层保存比较完整，正面是 2003 年重建时新制作的青石文昌帝君雕刻，中座文昌帝君手持如意，两侧为侍童、天聋（掌管文人录运簿册）和地哑（手持文昌大印）真人；南、北、西三面为原石碑刻，虽年久已经风化，但字迹仍可辨识，录其一方以存照：

圣道无偏，圣德恢宏。删诗订礼，玉振金声。笔头雨起，纸上云生。收来焚炙，点墨煮烹。蕴也藏之，烟篆火潆。亭新地古，肇启文明。峰高彩献， 水秀景清。文章入彀兮，陶铸群英。姓字勒石兮，头角峥嵘。浪跃禹门兮，鲤化龙成。题名雁塔兮，奋志鹏程。乡党诸子偕义举兮，春秋联捷步玉京。脩文社文昌帝君勒。

最上端的亭盖，四角起翘，攒尖顶装置一条石雕鲤鱼，尾部高高上扬，栩栩如生，寓意“鲤化成龙”。

矗立在乡间田野的芦朴敬字亭，承载着以往人们对“敬惜字纸”的崇拜和重视诗书耕读的家风，这种特殊的良好传统习俗，让我们深深感受到仍然具有继承和发扬的必要。

据清嘉庆版《惠安县志》记载，涂岭还设有驿坂社学，驿坂敬字亭现存于驿坂关帝庙内。

（二）“施舍”从善若流

在涂岭世上村石鼓山上，有一座建于清朝前期的广藏亭，位于涂岭镇世上村通往前黄镇古县村的一条古道上。伫立在古道旁的山林中的广藏亭，规模不大，石头构造，四根柱子支撑着歇山顶亭盖。亭柱镌刻四副对联：“内可安居阴饮德，外口乐所阳歌功”“代便房于既愿，祠荫室而无尽”“觇塚知功德，戾亭见广藏”“叠又佳城崇马鬣，渠又石室稳牛眠”。亭中竖立一块黑青石，上刻“清幽灵神位”。亭后原是安放无主孤魂尸骨的墓冢，但遗憾的是遭遇盗墓者破坏，如今已破败不堪。据当地村民介绍，二十世纪五六十年代，仍有人前来烧香敬拜。80年代后，古县山岭开辟为林场，此道路不通人行，广藏亭逐渐荒废。

广藏亭

石亭旁边的一块碑刻记述了广藏亭的由来，《皇清林公功德碑》云：

广藏阡古之穑岭荒丘也，迩来营冢稠叠，两亭翌然。余侪过此，询所由来，□埔里林君讳代才奢费施舍，闻之且喜且慕。质之林君，林君曰：“余窭人也憨，而忆总角时，见一二阻葬系柩□□者，不觉心戚，语先府君曰：‘安得净土，以利孝子宅兆？令死者含啖心，□我愿诒费耳。’越雍正三年，售黄家山一厢，书券印口，邑侯韩公嘉□□□□□壮在□四界内者，悉葬□□而外，此春秋失祀者，又可造□两亭，效古为□焉，故名其岗曰广藏亭，不过酬鄙怀而已，敢云施人！”余侪喟然曰：乐善好施，旌奖在目，兹九泉安魂，抔土瘗哉。亭朴以坚，栖神利人耳。大而田远□□矣，向令置□山，若亭于康庄辐辏之区，则圣主饬谕□缙绅□笔言，讴歌载道□哉，今隐于四僻中，何□足增君辉光也。虽然名□而名不可湮，他日当事者采风，贤其事，高其行，安知君之功德，不垂为国之朽中之一耶？遂召工立石，书而勒之焉。好施者楷法。

乡饮大宾连讳添淑，乾隆十三年戊辰之秋穀旦，缙修朱远、刘居敬、□□凤、王克昌、陈承禧、陈士元拜撰，约正王朝娘，耆老陈有善、黄敬胜、吴林忠同立。

据载，一位叫林代才的乡贤，因不忍见无主尸骨无处入土、孤魂野鬼不得安息而心生悲悯，于清雍正三年（1725）捐输巨资购买土地，建造坟墓予以安葬，并立亭以祭神和为来人提供休息之便。清乾隆十三年（1748），乡绅连添淑偕伴路过广藏亭，得悉捐资建设者乐善好施可嘉，而且所建的广藏亭和坟冢位于山中偏僻之处，更凸显了不为名利而行善更值得赞扬。于是众地方贤达决议为林公撰文立碑，以彰显其事，以推崇其行，以称颂其德。如今广藏亭及其碑刻经后人整治而保存了下来，不仅见证了一段历史佳话，而且成后世“好施者楷法”。

（三）“游灯”保境平安

涂岭镇各村落在正月举行游神游灯活动，尤以樟脚村每年正月元宵节的迎神游灯活动规模最大，其名声远扬，吸引了不少外地游客前来观看。迎神游灯，是民间崇拜祖先、敬奉神祇，以此来增强村民凝聚力和归属感的一种活动。

涂岭樟脚是多姓聚居村，有陈、陆、蔡、肖、庄、林、出、施、周、许、吴、张、杨等家族。村里有两座主要宫庙，称为上宫、下宫，分别指双忠庙和振东宫。双忠庙和振东宫供奉的都是张巡、许远的部下雷万春、南霁云（蓝霁雯），他们被作为“境主”来祭拜。每年正月十五日，樟脚村要举行隆重的迎神游灯活动。所有家族都要参加，由各家族轮流主持，一年一换作“头人”。迎神游灯是当地一年中最热闹的日子。

正月十五日上午，游神之前，请道士在双忠庙举行仪式，然后开始抬神巡境。两顶神轿由八位男子抬杠，境主雷万春、南霁云（蓝霁雯）的神像分别安放轿中，抬神轿的必须由当年生育男丁的人担任。队伍由道士引领，紧跟着喧天的锣鼓乐队，招展的多彩旌旗，神轿居其中，随后是信众。巡境的路线，是先到樟脚与寨后交界处的相

公宫，再往分布于村里各个角落的祖厝。各姓族人备办香花果酌、牲仪礼物，集中到祖厝参与祭祀仪式，祈求赐福消灾。在巡游过程中，若是上一年家有喜事如结婚、生子的，会在家门口等候，向巡境队伍分发红包和食品。巡境后队伍即可回双忠庙，道士在庙进行收兵仪式，即将随行巡境的“小兵小将”收回来。在傍晚游灯开始前，村民提着红色篮子装好供品到庙祭拜。

接着的板凳游灯，是极具特色的民俗活动，相传兴于元末明初，距今已有600多年的历史。闽南方言的“灯”谐音“丁”，“添灯”即“添丁”。从传统意义上来看，游灯活动是人丁兴旺的展现，彰显一个家庭乃至一个家族（宗族）丁多人众的势力状况。樟脚的板凳游灯，是将写有家族姓氏的灯笼固定在板条椅子上，一般每一条板凳排列12盏灯笼。家族内的青壮男子都要参加举灯，特别是新婚的男子都希望去扛龙头灯，以祈来年能添丁生子。游灯队伍的“龙头”，是境主神的大轿，从这一年“头人”的祖厝出发，板凳灯紧随其后，众人扛着成百上千板凳灯，板凳首尾相连，灯火连绵不断，在乡间田野中蜿蜒前行。游灯队伍所经之处，村民纷纷在家门口烧芒箕草、燃放鞭炮以凑热闹，并加入队列增添气氛，场面热闹而壮观。夜幕里星光下，板凳游灯宛如一条长长的火龙浮动于天地之间，为闽南闹元宵传统风俗平添了一道最靓丽的风景线。

游灯活动的高潮是草堆跳火。村民在地上堆起柴草，待游灯队伍到来则点燃，火焰熊熊燃烧，四人抬杠的神轿犹如显灵，在众人的呐喊欢呼中，随着一阵接一阵的紧锣密鼓声，围绕着焰火来回跑动，时而转过身来直奔火焰，临到阵脚又骤然跃起，从冲天的烈焰中穿梭而过，动作利落犹如神助。

游灯活动的最后，“龙头”返回双忠庙，道士举行仪式，众人祭拜神明，祈求保

樟脚村游灯

佑合境平安，在新的一年五谷丰登、六畜兴旺，添丁进财、科甲联登。

（四）“祭祖”创新联宗

宗族是以血缘关系为纽带，以父系家庭为脉系，是一种体现家庭、房派、宗族等亲属的社会组织结构，具有一定权力的民间社会群体。宗祠作为族权与神权交织的精神中心和神圣空间，被认为是宗族兴衰的标志。宗祠与地方经济发展，以及乡村社会文化有着密切的联系，反映了地方的经济、文化、道德、社会组织等特色，成为地方上一大独特人文景观。

随着社会经济的发展，时代的变迁，人们的思想观念不断进步，宗祠这种传统建筑形式也在发生变化。涂岭前欧村，在新时代创建了新型的联合宗祠。自 2016 年开始，为建设美丽乡村，改善居住环境，建造宜居新农村，前欧村推行自然村的改造计划，包括改造村里的石头房（危房）。2017 年下半年，由前欧村委会提议，统一规划散落于村中的各姓祖厝，建立新的联合宗祠。

这一举措，既能改善环境和优化村落景观，又能凝聚各姓宗族和村落的向心力，得到了广大村民的响应与支持。经与村民代表、村老年协会人员商议后，取得共识，决定由老协会主持，前欧村的陈、颜、萧、徐、黄、洪、吴等七姓建立一座联合宗祠，供奉各姓神主牌位。

联宗祠堂的建设资金，除了原有危旧房屋的政府拆迁款补贴外，七姓氏按丁捐款各出资 4000 元参与建设。联宗祠堂内，分设有七个姓氏的祖先祭拜格间，按照各姓的丁数多少，以及进入宗祠的时间顺序，进行格间的排列。各姓族人除了祭拜祖先，也可在祠堂决议宗族事务、办理红白喜事、修谱组织办公等。经过重新规划和改造的联合宗祠，即将成为前欧村的重要聚落公共空间，进一步增强前欧村村民凝聚力和认同感。

前欧村联宗祠堂

凉岭

卷八・宗教信仰 多元崇拜

泉州素有世界宗教博物馆之称，涂岭佛教信仰、民间信仰、基督教信仰亦盛。涂岭的佛教，历史悠久，寺庙和庵堂众多，如虎岩寺、云门寺、笔架寺等，高僧辈出，曾有不少士大夫到寺庙游览，吟诗作赋，留下了珍贵的文学作品和故事。涂岭的民间信仰，亦有妈祖、保生大帝、关帝、钟大人、双忠等多神灵的崇拜。涂岭的宗教信仰具有多元混杂的特点，带有强烈的融合性，常能见到佛教与民间信仰诸神明供奉于同一间寺院或是宫庙中的现象。随着人群的流动，这些信仰还传播到中国台湾地区、东南亚等地。直至近代，外来的基督教及天主教相继传入涂岭。涂岭是基督教百年前传播惠安的第一站，现有四座基督教堂，而涂岭天主教堂是泉港区唯一的一座，信众遍及周边。多宗教信仰、多神灵崇拜，也是涂岭地方文化的一大特色。

一、佛教乡村世俗化

佛教自传入以来，为了适应时势而逐渐世俗化，与道教、民间信仰神灵不断融合，出现了寺庙道观里佛道杂神共祀现象。随着佛教在乡村世俗化的发展，也逐步出现了皈依佛门的“菜姑”和主持乡村法事的俗家居士的群体。

（一）虎岩寺

虎岩寺坐落于涂岭镇伏虎岩的半山腰。据清嘉庆《惠安县志》记载，北宋有高僧道养隐居于山中，能驯服制伏猛虎。每日道养早出暮归，虎伏山下待之，虎岩寺因此得名。据传有一次，道养同往常一样带肉欲喂食老虎，至时却对老虎开玩笑说：“吾今无肉喂汝，愿以吾躯代之。”道养便将头伸向虎口，老虎不慎竟然口含僧亡。老虎误伤了道养性命后，不胜悲伤，于是跳崖自尽。

相传，宋代四大书法家之一、曾任泉郡太守蔡襄曾跟着舅舅卢锡于此山中读书，并在山门刻有“伏虎胜境”四字。后来蔡襄官至大学士，还建成洛阳江万安大石桥而

虎岩寺

名扬四海，功垂后世。明崇祯年间（1628—1644），因为女尼增建庭台、水阁而凿去一半摩崖刻石，另模仿其字迹刻在寺前左侧岩石上，因而蔡襄字迹犹存。地以人重，是故南吏隐为虎岩寺撰联一对，高度概括了蔡襄读书与道养伏虎两大事件，云：

忠惠当年此读书驾碧海之青龙文章经济，

养公昔日留诸偈伏苍岩之白虎佛法禅心。

清乾隆五十七年（1792）虎岩寺重修，1984年再修，2003年复修。虎岩寺依山砌石而建，面阔三间，中间是三宝殿，右边为观音殿，左边为斋厨，前为庭台，庭台两旁各有禅房一间，与观音堂、斋厨相通，皆坐东朝西。三宝殿内供奉三宝、观音、伏虎道人、蔡襄。门前的亭台与小阁乃明崇祯年间（1628—1644）增建。虎岩寺东侧的水岩洞——清泉石室，约30平方米，由一块庞然大石覆顶而成。洞内冬暖夏凉，山泉涧流淌于岩隙洞壁。洞中设有观音像，供人参拜。游人还可在洞中休憩养神。如遇霈雨，雨水自岩顶冲泻而

大雄宝殿

水岩洞

观音殿

下，犹如水帘。水岩洞后的半壁上供奉何氏九位仙祖，为信徒解梦。

虎岩寺是一座历史悠久的寺庙，不仅风景秀丽，而且文物古迹众多，在文人游记、诗词中也多见记载。元人南吏隐，泰定年间（1324—1328）曾赋诗《咏虎岩寺》三首：

其一 养师当日此山中，寝处惟同大小空。

师去洞封空亦逝，天将丘壑付贤翁。

其二 仙庐佛寺共鳞差，下有三间隐者居。

得道能令狼虎遁，笑渠驯伏费工夫。

其三 昔日方壶老应玄，谪来人世不知年。

玉皇未有催归诏，且隐昆山作地仙。

明末知县叶春及（1532—1592）过访虎岩寺，留下《过虎岩访不二上人》诗：

一龛高傍虎岩栖，为访东林到虎溪。

转后三车空贝叶，悟来双树失菩提。

云间玉麈秋相对，镫映金轮夜不迷。

天籁声中闻软语，依依凉月曲栏西。

明末进士前黄镇三朱后林人朱一龙之子朱秩（1539—1614），有《伏虎岩》诗一首：

伏虎事空几十春，洞门泉石对斜曛。

我来亦是伏虎侣，为唤山灵扫白云。

明天启七年（1627）戴震雷榜举人前黄人黄元亨，访宿虎岩寺，一睹山寺夜景，顿感恬淡幽静，十分称赞，其《宿伏虎寺》诗云：

徙倚依林末，轻风送夜熏。山开疑见月，树隐半为云。

流水人偏静，谈经虎共闻。落花兴未倦，挥麈看星文。

晚清惠安诗人杜唐的《伏虎岩》诗，对虎岩山的形胜、传说作了生动的描绘：

虎踞岩头姿觊觎，道人居后伏衔符。

风虽似啸频生谷，水亦还泅不负隅。

未拜山神经稽首，欲吞野鬼复张须。

清泉石室书声日，为问斑奴听也无。

（二）云门寺

云门寺位于泉港区涂岭镇秀溪村，位于云门山东麓，面朝天马山，依山傍水，风景秀丽，旧属泉州府惠安县十一都添奇铺小溪乡。

关于云门寺，有诸多传说，最早的传说与唐代诗人罗隐有关。罗隐为晚唐著名诗人，屡试不第，史称“十举不中”，撰有《谗书》《太平两同书》。据传，罗隐南下流浪到过云门寺，曾言“小溪不出大鱼”，小溪后来果真再未出现过四两重以上的鱼。另有，云门寺住持云游外地，罗隐受寺僧欺侮，于是诅咒云门寺“顶倒下倒，中间留一殿供三宝”，云门寺此后逐渐荒废。这些传说，至今还流传于当地。

不过，有确切的文字记载，云门寺是建于宋代。据《云门寺碑记》和清嘉庆《惠安县志》载，该寺是宋中书舍人、给事中江少明建立。其时北方沦陷，宋廷南迁，政治中心南移，泉州府成为南外宗中心，一时高官达贵云集，南北商客穿梭，泉州因之繁荣。涂岭驿道为南北必经通途，云门寺所在地小溪为闽南、莆仙交界处，车马络绎不绝。南宋大慧禅师释宗杲入闽后，曾受江少明邀请，入住云门寺。至今仍可从《大慧普觉禅师语录》中的《泉州小溪云门庵语录·答江少明给事书》窥见大慧禅师与云门寺的渊源。据闻，当时的寺宇有佛殿三重九落，呈梯状构建，颇具规模。

据传，南宋末年，元兵南侵，南宋遗臣陆秀夫拥幼主赵昺从福州南撤，义僧据寺抵抗元兵，因寡不敌众，惨遭元兵焚毁，云门寺彻底被毁。历经战乱的云门寺在明清有几度重建，但规模大不如前。清康熙二十年（1681）进行了修建，由住持如心和尚带领弟子真悭披荆斩棘，复建寺宇，初具规模。随着惠安县文风鼎盛，壬戌进士林可梁、甲戌会魁黄彦标、辛未京魁庄举祚，与其弟庄成祉等，踊跃捐资云门寺。康熙五十五年（1716），住持明迳率领徒弟真昂、真晓，及徒孙通济等人，继续募款修建各殿堂。

云门寺

云门寺牌匾

据闻，当朝文渊阁大学士李光地回乡时，经过云门寺，手书“云门禅寺”匾额，并捐资购买寺田，寺庙再度重兴。乾隆四十九年（1784），寺田遭豪绅侵占，通济法师深感力量单薄，遂将殿堂移回旧处。后经官府判决，得以保住寺田财产。乾隆六十年（1795），遇大荒年，寺田收成不好，难以维系，云门寺又衰落。至嘉庆七年（1802）冬，住持开纷法师呼吁地方乡亲捐资帮助云门寺维系香火，于是众乡绅捐田、捐款，重建宝刹。

民国至中华人民共和国成立初期，义凯法师住持云门寺，募资于大殿左侧修建两层僧舍，题有“文偃流风”匾。1953 年，云门寺被晋江地区行署批准为重点宗教活动场所。“文化大革命”期间，寺院被作为学校、加工厂、大队部等，之后荒废不堪。2002 年，泉港区民族宗教局将其登记为宗教活动场所，暂由村老协会管理。2010 年至今，振仁法师主持该寺，重新规划修建。

云门寺供奉有佛祖、伽蓝爷、观音、地藏王菩萨等。寺内主要的庆典节日：农历二月十九日观音菩萨诞辰日、农历四月初八浴佛节、农历六月十九日观音菩萨成道日、农历九月十九日观音菩萨出家日。寺内存有珍贵文物，譬如两个宋代喂马的大石槽，和一块寺僧练武石以及清嘉庆八年（1803）惠安举人、浙江绍兴府清军同知陈焕世撰写的《云门寺碑记》。碑记正文如下：

云门之寺，始于宋，毁于元，而兴于本朝。康熙辛酉春，僧如脩率徒真悜披荆棘，盖寺屋。虽未称轮奂，而规模初定矣。越数年后，螺邑人文蔚起，缙绅林立。壬戌进士林讳可梁、甲戌会魁黄讳彦标、辛未京魁庄讳承祚与其弟教谕讳承祉捐金乐助。

丙申仲春，明迳和尚始领徒真昂、真晓，率徒孙通济等募化移殿改向。适逢安溪李相国假归，写赠云门禅寺匾额，又自置多少佃银以为焚脩。

近岁，忽属吴府征租，为其管事者加秤虐剥，非一日矣。后甲辰年，通济独力拮据移殿旧处，又被证陷，蒙府文审详，仰邑父母韩公讳从王批付通济，凡寺内田园、山所及塘顶民山，一仑并地基乙片仍旧执照。

雍正八年冬，通济又于殿后再构一堂，及左还斋室以护正殿，时余叔祖诰赠修职郎讳宸公，钦赐即用通判讳文辉公兄弟捐金助建，梵宇由是可观焉。后乾隆六十年，岁荒，用度不给，寺业渐废。

嘉庆七年冬，住持僧开纷虑之，恳请宸公之孙廪膳生需倡助捐金，需爰邀同人邱观二人倡首，或捐金，或充田，以供香火之需，以维寺业之费，此义举也。继自今，尔僧徒当慎守先业，本管田园山所及赎回现充者俱不许私卖私买，庶几废者兴衰者盛。

余未仕时读书云门本未详悉，僧开纷请作记于余，因撮录其事迹，及后之振兴者，勒之于石，以垂不朽云。

倡首：港西乡邱科观捐金贰拾两正。

居仁乡廪膳生陈需捐金贰拾肆两，购田一亩，坐石头坵。

枫亭陈意观、科观捐金叁拾两，购田八分，坐官尾。

东坵乡太学生吴王□、奕明、崑甫捐金叁拾伍两、田一坵。

《云门寺碑记》

宋代石马槽

鳌头潘树观捐金叁拾贰两正、田六分。

枫亭生员陈兴腾、春芳捐金叁拾八两、田一亩二分□□□。

池椿观捐金拾伍两、□田一分，坐火坵下。

鳌头乡太学生潘大观捐金拾两、田五分，坐□八。

潘厝乡潘双眉观捐金拾伍两正。

潘厝乡潘当观捐金伍两正。

枧窑乡林瑚观捐金拾两正。

东张乡陈戍观捐金拾伍两正。

东亭乡陈训观捐金拾两正。

桥头乡黄竿观捐金叁两正。

东张乡陈桃观捐金伍两。

新厝乡林安观捐金乙两。

吟兜蔡贤观捐金乙两。

乡进士、例授奉政大夫、历任咸宁潜江等处县事、现升浙江绍兴府清军府同知、嵋园陈焕世撰。

嘉庆岁次癸亥年季春花月日立。

（三）笔架寺

笔架寺位于涂岭镇黄田村笔架山顶。笔架山海拔 752.3 米，因山形酷似古时文人搁笔的笔架而得名。笔架山亦称笔架仙公山，是因奉祀“何九仙”而出名。

何九仙，又称何氏九仙、九鲤湖仙公等，是福建民间流传时间最长和影响最广的司梦神灵。何九仙信仰在涂岭广为盛行。相传笔架山是何九仙母舅范侯公的修炼之处。范侯公一心问道，但机缘未到。大仙公应天真人有心度化范侯公，便带他到风景清幽、奇峰突兀的笔架山。大仙公将足下祥云化为巨石，以连接沟壑，宛如一座“天桥”。大仙公对范侯公说此乃通向仙界之路，问是否敢跳下去。正当范侯公犹豫之际，大仙公助力范侯公，将其推下天桥。范侯公坠落下去，身体却如羽毛般飘飘然，此时方悟出应天真人的良苦用心。自此，范侯公就在此处破岩凿壁，在“天桥”下垒石为观，笃志修持。

传说笔架寺最早建于东晋，明代重建。民间相传，笔架寺与明代知名官吏张岳颇有渊源。张岳少时家贫，常被其襟兄王良看不起。某年张岳前往王良家作客，受到王良的当众奚落嘲笑，张岳不甘羞辱，遂拂袖而去。归家时被风雨所阻，张岳夜宿笔架寺。

半夜醒来，屋外大雨滂沱，张岳仰望屋顶，透过屋缝看到天上月光。张岳心生诧异，惊觉此寺不凡，便暗暗发愿：“他日若出人头地，定修建围墙，重修三宝厅。”此后，张岳离群索居，在笔架寺内穷经苦读，终于高中进士，官至右都御史，赠太子少保。后来，张岳捐资重修了三宝殿，还了心愿。

笔架山群山绵延，山势陡峭。清咸丰三年（1853），巾帼英雄邱二娘于笔架山山脚捕杀了一名徐姓的户房书吏、两名粮差，祭旗起义抗清。

笔架寺

当时笔架山上旗帜飘飘，寺庙香烟缭绕。至今游人到笔架山游玩，仍可窥见当时邱二娘抗清遗迹烽火台。新中国成立前夕，中共领导的游击队也活跃于这一带的崇山峻岭。

笔架寺现有的寺院是1980年后黄田村民依照旧有规制重新修复的，并增建了亭阁三处。笔架寺坐北朝南，由西到东分别是护寺院、三宝殿、观音殿、仙公阁。常有信众到笔架寺问卜祈梦。农历九月初九是大仙公应天真人的诞辰，民间称“仙公生”，每到这一日，信众要准备丰盛的供品上山为仙公祝寿，山上游人如织。

石柱题刻

“笔架寺”木匾

笔架寺有丰富的明清建筑构件、摩崖石刻。寺内尚存两根明永乐年间（1403—1424）重建的花岗岩圆柱，分别刻有“惠安县知县陈永年鼎建”“医学训科官刘本吉募禄”。据记载，惠安知县陈永年曾多次到笔架寺朝拜，并主持修葺寺宇，使曾经破败的笔架寺焕然一新。另有花岗岩石龙柱一对，现保存完整，石柱透雕的青龙以磅礴的气势腾云驾雾，仿佛要摆脱羁绊飞向蓝天。此外，寺外有摩崖石刻“灵山古刹”“岩奇景胜”，以及石砌登山古道一条，若站在仙公寺前，可以欣赏石笋、一洞天、观日台、仙脚印、雄鸡报晓等景观。

（四）燕山寺

燕山寺坐落于涂岭镇小坝村洪厝坑对面的燕山。燕山又称为烟墩山、烟倒山。明初出氏担心被蓝玉党案牵连，遂以出为姓，弃职归田，举家南下，几经迁徙至洪厝坑。定居后，便把聚族之地的烟墩山改名为“燕山”，并在山上建筑寺庙“燕山寺”，暗喻其祖籍地来自北疆燕山。

燕山寺，明成化十九年（1483）依山势而建，坐北向南，奉祀“何九仙”与佛祖，

燕山寺

是一座释道合一的寺观，由主殿、偏房和圆梦厅等组成。寺上层檐间嵌以一方辉绿岩石雕，镌刻“九真观”三大字，下檐门楣悬挂着“燕山寺”匾额。大门勒石刻对联：“巨石洞天仙雅会，燕山古地客清游。”有趣的是，上层檐书“九真观”，表明其隶属道教，而下檐写的却是佛教的“燕山寺”，这是佛道两教的兼容，犹如蒙古族汉族民族的情谊，水乳交融为一体。寺洞内三弯四拐，幽然成趣。自蒙古族出氏入境建居以来，燕山被赋予怀古思乡、魂萦故里的情愫。

（五）山头寺

山头寺，又称南云寺，位于涂岭镇下炉村。山头寺始建于宋景炎二年（1277），后毁于战乱。清乾隆三十三年（1768）重建，据传香火盛极一时。乾隆朝的进士、官居翰林的出科联，与山头寺的广济大师私交甚好，出科联曾作一首《南云吟怀》：

灵岩高卧不知年，放怀沧桑几变迁。
滚滚涛声催法鼓，滔滔浪峪响梵钟。
仙泉泻玉云冉冉，古洞腾波雾濛濛。
悟得亭前菩提树，尘缘辞却结佛缘。

这首诗使山头寺名声远扬。可惜广济大师圆寂后，山头寺又沉寂下去，后毁于大火，直至清咸丰年间（1851—1861）陆俶法师在此山中结庐修缮，山头寺得以重修。

山头寺亦因陆俶法师香火再次兴旺。莆阳名士吴鸿宾曾撰写“一个茶毗僧净室传灯不灭，数声贝偈众生资福无疆”的对联。陆俶法师的好友、清末著名书法家张琴，为山头寺留下两副墨宝：“庭前菩萄香雷座，火里莲花净出尘”“千峰雷雨摇龙窟，七宝楼台耀佛灯”。

陆俶法师，俗姓陈，清道光十三年（1833）出生于惠安南庄的陈氏贫苦农家，因家中兄弟六人，他排行第六，故乡间百姓称之为六叔。他自幼吃斋茹素，信仰佛法，为人慈心好善，清咸丰八年（1858）随缘入山头寺，潜心礼佛，济世抚难。至民国初期，已年迈垂暮的陆俶法师自知功德圆满，自己设台引火坐化寺中，周围百姓跪叩于地，悲声哽咽。火化完毕，其遗体完好，仅须眉略有烧焦。乡人将法师的肉身奉祀于寺殿之上。自此，山头寺即被众生誉为“活佛圣地”，其事迹广为流传，东南亚的侨胞更慕名来朝拜。据说，1942 年弘一法师来惠安灵瑞山讲经，听闻山头寺陆俶法师一生苦修，坐化成佛的事迹，不禁肃然起敬，与县长赶往山头寺参拜活佛神像。令人惋惜的是，“文化大革命”时期活佛肉身被推倒砸毁，残骸被送往枫亭塔斗山会元寺再度焚化。直到 1986 年，由乡人、台胞及海外侨胞热心倡议捐资修葺，活佛的骨灰才被迎回寺中，同时增建了南云殿。现在由山头寺、南云殿、顺天堂三组建筑构成寺宇的主体格局，两侧回廊通道，将三殿连成一体，颇为壮观。山头寺周边有莲石岩、龟蛇马口、孝子井、

山头寺

莲花池等自然景观。寺内木石雕工精美，有莆阳名士吴鸿宾木刻门联，清末著名书法家张琴柱刻对联等，具木石雕工艺术欣赏价值。

山头寺位于惠仙交界处，信众遍及涂岭、南埔、界山、枫亭等地区，并在中国台湾地区和东南亚拥有广泛的虔诚信众，香火鼎盛。山头寺每年的重大祭典活动有正月初九天公生、农历三月十四日活佛生、农历五月十七日天帝生、农历八月八日八仙过海。顺天堂供奉送子观音为主，其信众主要是涂岭及莆仙地区的女性信众。每年农历二月十九日观音菩萨的诞辰、六月十九日成道日、九月十九日出家日，信众准备供品纷纷前来祭拜。观音堂的理事会还请来腰鼓队、大鼓队和跳舞队增添庆典氛围。

（六）硎山宫

硎山宫位于涂岭镇涂型村，始建于元代，1982 年新加坡华侨捐资重建。硎山宫坐东朝西，遥望大雾山，宫前有一条溪流穿过。该宫是硬山式屋顶土木混合结构，由木斗悬挂重叠承托梁木，屋脊弧形燕尾翅脊。大殿是三开间三进深，由主殿、宫亭小天井、回廊及门殿组成。宫门楣上镌刻“硎山古地”，门上绘着秦叔宝、尉迟恭两大将的画像，殿内两旁的壁画是十大阎王殿和二十四孝图，回廊两壁画着张龙、赵虎、王朝、马汉图像，主殿左墙上画着唐僧取经图，右墙上画着关公战长沙图。硎山宫主殿神龛中供奉盘古爷、相公爷，左边侧殿祀奉观世音菩萨，右边侧殿祀奉关帝爷。

正如大殿楹联所言：盘古开天分日月，相公镇境保平安。硎山宫最具特色是供奉

硎山宫

主殿供奉盘古爷和相公爷

着古代神话传说开天辟地的盘古爷。盘古爷神像有四只手，两肩上下各两只手。上面两手举过头顶，左手托着日，右手托着月，下面左手挥着神斧，右手握着凿子在开天辟地。地方文史工作者认为硎山宫的“盘古崇拜”与当地生态环境有关。涂岭一带古时山高林密，耕地稀缺，古人需要不断开山辟地，才能过上温饱生活，因而十分崇拜盘古的神力功绩。

每逢硎山宫境主的神诞日，如盘古爷的神诞日（农历正月十八日）、相公爷的神诞日（农历十月十三日）、关帝爷的神诞日（农历五月十三日）、观世音菩萨的神诞日（农历二月十九日、六月十九日），涂型村的善男信女都会前来祭拜，祈求安宁。每年正月十八日，硎山宫都会举行隆重的“出游”活动。出游时会抬着硎山宫境主——盘古爷、相公爷、观音菩萨、关帝爷的神像巡境，以涂型村境内为中心绕道十几公里。游神队伍声势浩大，有各种彩旗，如宫旗、龙虎旗等，其后是车鼓队、香炉队、神像大轿队。游神队伍所到之处，信众焚香鸣炮，夹道观看。信众还会将提前准备好用竹篾和五色纸扎成的一只两米长的纸船，用车鼓队送到村东面的小溪边烧掉。当天晚上硎山宫还会举行演戏活动，以示庆贺，祈求新的一年风调雨顺，平安吉祥。

（七）庵堂

涂岭佛教信仰，除了上述历史悠久的寺庙外，还有众多的庵堂，例如白潼村的一善堂，路口村的世斋堂，涂岭古街的观音堂、慈善堂，溪西村的莲溪堂。这些庵堂最主要的特点，是供奉观音菩萨、佛祖，同时也会兼祀其他神灵，佛教、道教、民间信仰共存，十分融洽。

白潼村一善堂，主祀观音、佛祖，还供奉九鲤湖仙公、陈太子、王元帅、阿姑仔、王仙花公主、仙姑姑。一善堂旧址的门联“一念慈悲绥世界，善端发见度民生”，阐述了一善堂倡导的慈悲为怀、劝人为善的信念。

一善堂四壁原有精美壁画，但因年久失修，屋顶坍塌，仅剩残垣。旧址内现存一块清末乡人刻立的碑刻：

立约抽出白水村一善堂春秋佛祖祭祀园田物件，开列示后：田敦仔头，三坵，一亩，食水井在岸头。水蛙潭，三分；埕头埕脚，三坵，三分；课田，三分；食水井其各在水蛙潭，井足用。园桥头，一亩；埕脚，二分。龙眼四株，照分应份。此田园树木物件，系是一善堂佛祖应份照顾万代香火物业，如有各色人等，不得买此田园树木物业。敢买，不有天良，则世代男盗女娼。故立此约存照。是据。天运己巳年桂月东张村主人陈培修。

此碑文主要申明一善堂拥有的田园物业情况。当时一善堂附近产业及主要香火用在春秋两季祭祀观音佛祖，立碑的目的是禁止其他人对一善堂物业的买卖。如今，一善堂的观音佛祖仍有保境平安、驱邪避凶、庇佑护卫之功能，是白潼村及附近信众祭祀和供奉的对象。

路口村世斋堂，又称庄菜堂庙，因闽南方言“菜”与“斋”谐音，故称为“世斋堂”。世斋堂建于清咸丰三年（1853），经过100多年的风雨侵蚀，世斋堂堂内破旧不堪，甚至部分倒塌。路口村吕双辉捐资人民币30万元重修世斋堂，使其重现昔日风采。堂内主要供奉观音菩萨，每月初一、十五，及每年农历二月十九日观音菩萨生日、六月十九日观音菩萨成道日，信

一善堂壁画

众会到这里来进香祭拜观音，祈求观音菩萨保佑众生平安。

涂岭古街的观音堂，也供奉观音，同时奉祀妈祖、保生大帝。邻近的慈善堂，供奉的是观音菩萨、三宝佛。溪西村的莲溪堂，建于明天启年间（1621—1627），是供奉当地的社公社妈，后来逐渐发展为供奉观音菩萨。

除了僧侣外，还有特殊的“菜姑”（也称居士）群体。菜姑是近代以来出现的女性佛家僧侣，她们虽然出家，但不落发。她们吃斋念佛、单身住寺，从事宗教活动，包括主持寺庙活动。弘一法师曾将这群带发修行的女众命名为“梵行清信女”，不过民间仍多用“菜姑”这一俗称。“菜姑”这一称呼源自“吃素”，闽南俗语称“吃素”为“吃菜”，“食素”是佛教出家人的要求之一，故称这些带发修行女众为“菜姑”。菜姑每日必须朝暮课诵，逢所供神佛的诞辰和重要节日，要举行仪式和做功课。此外，她们还会外出帮忙“做功德”和“做敬”。若当地有人过世，常常会请菜姑前往“做功德”，以度亡灵。此外，菜姑所在的寺院庵堂或兼具一项重要的社会功能，即收养弃儿，涂岭溪西村的莲溪堂热心收养多名孩童，抚养他们长大读书。

菜姑群体的出现，首先与宗教信仰的兴盛有关。佛教、道教、民间信仰盛行并相互交融，为社会奠定了良好的信仰氛围。其次，这个群体获得宗教的庇护，是传统女性自我的社会自救行为，譬如，传统女性在夫家遭受打骂和欺凌，无处可逃，一种出路便是到庵堂出家修行。这些女性包括早年丧偶不容在家或是不愿在家的寡妇，抑或受到家庭酷虐的童养媳和婢女，这是过去妇女逃避“家暴”的常用策略。她们置身于寺院庵堂之中，获得新的生活空间。

俗家居士，在涂岭指的是不剃发、不出家、有家室，专门从事乡村丧事的引魂、祭祀、超度等法事的群体。涂岭汶阳村的佛教居士，一般是做白事、庆祝佛神诞辰，用的是佛教仪式。据当地人介绍，做白事是给人诵经超度亡灵，一般叫“做七”，即从逝者断气之日

溪西莲溪堂

算起，每七日做一次祭奠，有的完整地做完七个七日，有的只做重要的几个七，有的只做头七。但如果对象是长期食素的人，那么仪式是有区别的，要隔九天做一次，做足九次，意在模仿三藏取经经过“九九八十一难”。

据当地人介绍，其常用的经忏本有《慈悲血盆宝忏》，简称“血盆宝忏”。此乃佛教之经忏，此经在寺院中无，但广泛流传于民间，经卷分为上、中、下三卷，用目连问法、世尊说法、众人忏悔的方式进行讲述。“血盆宝忏”不同于专门针对女性的经忏，血湖狱者不分男女，此经的忏悔对象不分男女，扩大了超度的对象。

二、民间信仰呈多元

涂岭民间信仰特别发达，庙宇林立，几乎每个村落都有神庙，民间信仰浸润了日常生活的各个方面。各类神灵都有一定的职能分工，诸如祈求平安、祈雨抗旱、御寇弭盗、避灾降福、求子、求财、求仕途等，这些神灵职能与百姓日常生产和生活有密切关系，百姓根据自己的需要赋予不同神灵以功能。

（一）妈祖信仰

众所周知，临水夫人陈靖姑、妈祖林默娘是福建民间信仰中最突出的两位女神，她们分别是唐宋两个不同时期产生的女神。

临水夫人陈靖姑，祖籍福建古田，唐大历二年（767）生于福州下渡，后嫁与古田刘杞为妻。陈靖姑为人好道，拜闾山许真君为师，潜心学道。为了救苍生祈雨抗旱，不顾天谴毅然施法，以致身受雷击。后来百姓感念其恩，供奉为神。陈靖姑一开始是祈福除妖降魔和祈雨，后来增加了保护妇女生育和保护儿童健康成长的职能，逐渐发展成东南沿海地区影响最大的妇幼保护神。临水夫人信仰的发展，与追封敕号的活动紧密相连。宋淳祐年间（1241—1252）朝廷赐古田临水宫“顺懿”匾，敕封陈靖姑为“崇福昭惠慈济夫人”。元明清的封号更多，有“天仙圣母”“护国太后元军”“顺天圣母”等。明清时期，临水夫人的影响遍及福建全省和浙江南部，并传入台湾。

妈祖是福建影响最大的海上保护神。传说妈祖本名林默娘，北宋建隆元年（960）出生于福建莆田湄洲岛，生长在滨海之地的林默娘通晓天文气象、熟悉水性。她常在波涛汹涌的大海中拯救遇难舟楫，还能为人治病，人称“通贤灵女”，敬而爱之。雍熙四年（987）九月初九，林默娘在湄洲湾风浪中救人时不幸遇难，时年 27 岁。后来她羽化升仙成为海神。自宋代以来，被沿海人民奉为救海难之女神，凡有出海必先往妈祖庙祭祀卜吉，妈祖信仰广泛流行。历代王朝对妈祖的尊崇和褒封，使其成为官方的航海保护神。妈祖甚至成为河流湖泊之神，“有水就有妈祖庙”。随着福建的海外移民活动，妈祖信仰传往东南亚、日本、朝鲜等地，传播广泛，影响颇大。

妈祖信仰重在海上救难和济世安民，陈靖姑信仰侧重驱邪保安及救产护婴。这两种信仰经过长时间在民间的传播，相互影响、相得益彰，这反映了沿海信众希望有妈祖的保护，还需要临水夫人的救助，以保平安。明代以来，由于郑和下西洋的多次请封，妈祖的海神地位骤然上升，尤其是受清康熙年间（1662—1722）平台战事的影响，使妈祖跃升为“天上圣母”“天妃”“天后”，闽南、闽西等地的陈靖姑影响多被其覆盖。在泉港地区，临水夫人陈靖姑则入妈祖的仙班，有“黑面妈祖”（三妈）的说法，尤以涂岭前欧村乌石宫的乌面妈祖最具代表。

1. 前欧乌石宫

乌石宫相传是泉港地区最早建立的妈祖庙，始建于宋嘉祐二年（1057）。因建宫之时从井水中浮出的一块“圣母静坐”状的乌石而得名。明洪武元年（1368）重建，明宣德元年（1426）毁于大火，后迁建于现在的宫址。后因年久失修，宫宇处于危塌。1971 年，周边众乡亲捐资出力，重建庙宇。20 世纪 90 年代重修。

乌石宫坐东向西，殿面阔五间，进深四间，抬梁式木构架，硬山顶。宫内左右木柱勒一副金字对联“案前白鹤朝圣母，殿后青狮扶乌石”。门口有一副明代的辉绿卷石雕石鼓。宫前墙壁上有八块灰色立体浮雕花岗岩方石、残存的黑色巨石一块、大石砚一方。宫大门顶屋脊中央，立着 10 座灰黑色的石雕小塔，高约 60 厘米，塔尖稍有风化。

乌石宫门楼

乌石宫主要奉祀天上圣母林默娘（大妈）和顺天圣母陈靖姑（又称为黑面妈祖、三妈、细妈），陪祀神有

乌石宫大殿

乌石宫藏青铜印章和爵杯

“应天开基”牌匾

金大人、文武相公。乌石宫以青狮、乌石活穴、蔡襄亲笔题词“应天开基”而闻名。可惜在明宣德元年（1426）的大火中，“应天开基”匾额被烧毁。

乌石宫以宫内奉祀的黑面妈祖临水夫人陈靖姑而闻名闽台两岸。因四境乡民屡得庇护，尤其以保佑孩童为多，因而香火鼎盛。每年农历九月廿四日是乌面妈祖的神诞，民众要连日演戏庆祝。

清末以来，涂岭有“白虎朝圣母”的传说。传说每年农历九月二十四日一早，有一头白虎到宫前朝拜再三而去。后经过细妈降临附身的乩童指示，此乃细妈师妹、闾山许真君之女的坐骑，奉父命前来朝拜。

20世纪90年代初，台湾同胞纷纷组团到乌石宫进香。高雄市一甲的美泰宫认为自己是从乌石宫分灵建立的，因此向乌石宫敬献“应天开基”牌匾。台湾的慈凤宫、南巡宫和南大天后宫等亦经常组团来这里进香朝拜，乌石宫由此成为海峡两岸民间文化交流的桥梁和朝圣、旅游的胜地。除了与台湾的妈祖庙有交流外，乌石宫还与福建的临水夫人庙宇有联系，如今在宫内还能见到福州塔亭陈太后祖庙赠予的“慈济夫人”匾额。

2. 圣母祖庙与分灵

除前欧乌石宫主祀妈祖外，涂岭还有芦朴、西仁、汶阳的龙济宫也是主祀妈祖，而且这三个龙济宫来源同一个圣母祖庙。据记载，圣母祖庙始建于明万历年间(1573—1620)，建在芦朴塔山东北处的马宫亭。诸宫庙以龙济宫为名，主祀三位妈祖，即湄洲妈祖林默娘（大妈）、仙游汾游夫人（二妈）、福州临水夫人陈靖姑（三妈）。虽然圣母祖庙香火鼎盛，但因年久失修，风雨侵蚀，必须加以修缮。于是，三个村决定分炉自建宫宇。据传，在圣母祖庙负责人定下分炉的日期后，由于汶阳村、西仁村距离祖庙路途较远，两村的信众就先期到祖庙，分别请走了大妈、二妈，而芦朴村虽然离祖庙近，但信众由于来迟一步，只能请走祖庙中的三妈和一只被藏在神殿底下储物间的兵桶。

芦朴龙济宫，又名“天后行宫”，在芦朴村。今日的龙济宫中仍可见一块清乾隆三十一年（1766）的重修碑记。据此碑刻记载，因年久失修庙宇崩塌，于是在乾隆三十一年（1766）分神将妈祖神像请入芦朴社，受到众多父老乡亲的敬奉。

据传，当年芦朴龙济宫为了补齐大妈、二妈两位妈祖的神像，一边建设宫宇，一边寻找合适的原料。恰逢泗洲溪发大水，溪流暴涨，一根粗大的樟木从上游冲下，在激流中漂浮打转，被阻隔在岸边的芦朴信众看到，将樟木打捞起来，用这根樟木雕刻了大妈、二妈的神像。芦朴村龙济宫工程竣工后，举行了开光典礼。按照典礼仪式要求，启封了那只兵桶，意是放出天

芦朴龙济宫

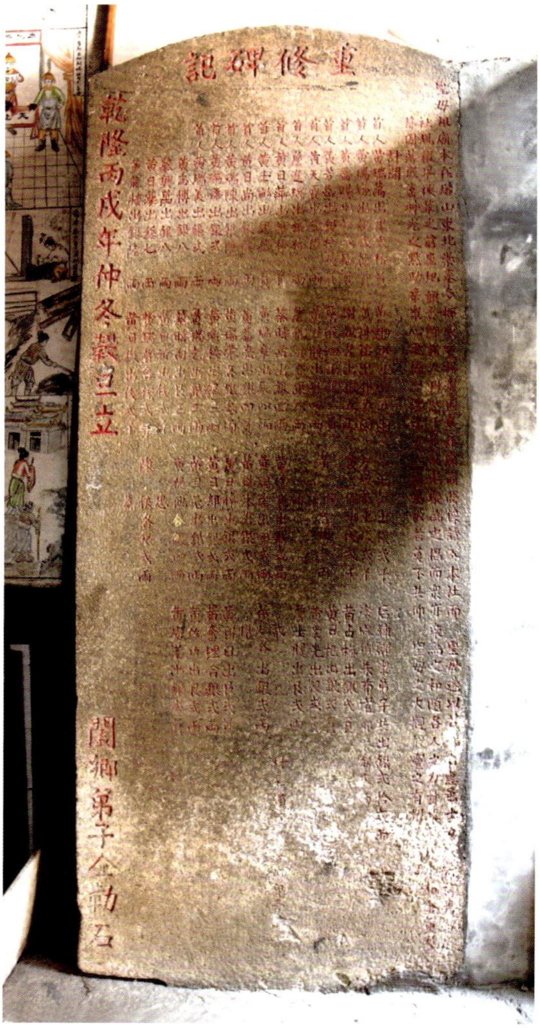

龙济宫乾隆《重修碑记》

兵天将以巡境安民。然而，未想到兵桶中竟然藏着一只“天梭正手”，即湄洲妈祖的玉手掌。正因获得“天梭正手”，芦朴龙济宫在重大节日都会组团去湄洲祖庙进香。芦朴龙济宫信众最后一次携带“天梭正手”去湄洲祖庙进香是1947年。验证方法是“天梭正手”被呈到祖庙验证大小、颜色、质地是否与湄洲妈祖金身上的正手一致。要先摘下妈祖正手手掌，再把“天梭正手”套入妈祖手腕，上下左右轻转几下，观察腕骨衔接处是否灵活。一切无异后，该宫的妈祖就被确认为湄洲祖庙的分灵。可惜的是，“天梭正手”在“文化大革命”初期被红卫兵抄走丢失。直至今日，芦朴龙济宫会作为代表，每三年一次仍到湄洲祖庙朝拜进香。

芦朴龙济宫现在主祀妈祖，右祀神是保生大帝，左祀神是文武相公。宫中保存清代木雕佛龛一座，清乾隆年间(1736—1795)石碑一方，清代“慈祥保赤”木匾一块。每年农历三月二十三日是妈祖的诞辰日，芦朴村信众都会到宫内摆“宴碗”，烧高香焚纸放鞭炮，祈求妈祖保佑。从三月二十二日开始，龙济宫会搭建戏台连演三个晚上的大戏，宫里宫外人头攒动，十分热闹。

汶阳龙济宫是在清乾隆三十一年（1766）建立，如今主要由汶阳吴姓信众供奉。宫内祀有湄洲妈祖、漳州三平祖师，另供奉有保生大帝、文武相公、哪吒太子，宫主是三平祖师。该宫供奉三平祖师爷的由来，据说是汶阳村的祖先外出经营，在途中请示祖师爷要往何处做生意会比较兴旺，祖师爷显灵，最后先民将祖师爷请到筐里，带回村中供奉。龙济宫每年的重大庆典主要是围绕妈祖、祖师展开的。每年农历三月二十三日、九月二十三日是妈祖和黑面妈祖诞辰日，汶阳信众亦会祭拜，以求平安顺遂。另外，农历正月初六、六月初六、十一月初六分别是三平祖师的诞辰、出家、圆寂之日，民间称这“三个初六”为“祖师公生”，每年这三个日子，汶阳龙济宫人声鼎沸、香烟缭绕。

汶阳龙济宫

（二）保生大帝信仰

保生大帝，又称大道公、吴真君，本名吴夲，泉州府同安县（今厦门同安）白礁乡人，是闽台地区著名的医神。据传，吴夲生于宋太宗太平兴国四年（979）三月十五日。吴夲出生时，其母恍惚重见到长素道人、南陵使者，偕北斗星君和护送童子到房门说：“此乃紫微神人也。”吴夲原是一名民间医生，因其精湛的医术和高尚的医德，赢得闽南民众的信服，逝后即被奉祀为神。民间相传保生大帝能召神兵，祛厉鬼，符咒兼施，民赖痊安。每年的三月十五为保生大帝神诞之日，信众奉祀以祈求身体健康，无病消灾。自宋迄明，吴夲获得了历代王朝的多次敕封，封号从侯爵、真人、真君，直至保生大帝。据明代何乔远《闽书》所载：“皇朝永乐十七年，文皇后患乳，百药不效，一夕梦道人献方，牵红丝缠乳上灸之，后乳顿瘥。问其居止，对云某所。明遣访之，云：有道人自言‘福建泉州白礁人，姓吴名

涂岭龙济宫

夲'，昨出试药，今未还也。既不得道人所在，遂入闽求而知之。皇后惊异，敕封'恩主昊天医灵妙惠真君、万寿无极保生大帝'，仍赐龙袍一袭。”这就是广为人知“揭榜医太后”传说的由来，“保生大帝”也成为信众对吴夲最普遍的尊称。随着闽南的移民活动开展，保生大帝信仰也传播闽台及海外。尤其是明清以来，闽南民众东渡台湾，南下南洋，保生大帝信仰也随之传播成为一个跨越闽台两地、扩及东南亚华人社会的信仰神灵。

泉港境内信奉保生大帝的地区以涂岭为最。涂岭龙济宫始建于宋绍兴年间（1131—1162），并塑保生大帝金身敬祀。此后，保生大帝成为古十三都樟柿铺（今涂岭一带）保境安民的铺主，声名远播，其香火之鼎盛，为古驿道上其他宫庙神灵所无法比拟。保生大帝的“行医济世”精神和“大道正药签”闻名于世，受附近及海外的信众所敬仰。涂岭龙济宫香火鼎盛，泽及乡里，虽然几经变故，幸而得信众出资重修，于2004年动工，至2005年竣工。如今龙济宫殿宇焕新，灵光重现。宫内主祀保生大帝，供奉妈祖、舍仁公。宫内保存有一方嘉庆年间（1796—1820）的“保惠长济”的匾额。龙济宫的重要庆典是每年农历三月十五日保生大帝的诞辰日和正月初九保生大帝的巡境活动，巡境路线包括中顶街、刘厝、西吴、下街、寨内、长箱等7个乡里。

（三）关帝信仰

关帝是三国时期蜀国大将关羽，与刘备、张飞桃园结义，为刘备的五虎上将之一。他代理荆州牧之时，东拒孙吴，北抗曹魏，不幸战死。后人感动于关羽的忠义仁勇、义薄云天，为其立庙祭祀。宋大中祥符年间（1008—1016），关羽家乡山西解州官员声称关云长显灵，于是宋真宗下令修建解州关帝庙。此后，关帝不断“显圣”屡获朝廷封号。宋徽宗时期封关公为“武安王”。元末，封关羽为“壮缪义勇武安显灵英济王”。至明初，军队信奉关羽已成为普遍习俗，关公是他们信奉的战神。明代福建沿海建卫所军队的长期驻扎，带来关帝信仰。清代，官方将关羽奉为“忠义神武仁勇威显护国保民观圣大帝”，并通令全国普建关帝庙，奉祀香火，加之民间广为流传《三国演义》，关羽忠义形象深入老百姓心中。

涂岭历史上多有寨堡，有军队长期驻守，受军队崇尚关帝信仰的影响，直至今日仍可见众多庙宇供奉关帝，譬如驿坂的关帝庙、前欧村的兴隆宫、溪西村的帝爷宫、黄田村的元真庙，香火依旧鼎盛。通常，关帝庙门口贴有一副对联，即“诡诈奸刁到宫倾诚何益，公平正直入门不拜无妨”，体现了关帝的正气凛然，公道公平。每到农历五月十三日关帝的诞辰，虔诚的信众们焚香敬拜关帝，祈求万事顺利。若有迁宫、

敬拜关帝仪式

巡境出游的重大庆典仪式，时间、巡游路线皆需请示关帝的意愿，将神位放在轿子里，由神指定四个男子将轿子抬起，由主事人与关帝对话，通过抬轿人不同的行为来体现关帝的旨意，关帝因此施展神秘的力量。

（四）王爷信仰

王爷信仰在闽台民间信仰中占有重要地位。王爷传说历来众说纷纭，其中最受众人认可的是来源于瘟神信仰，其生前均与瘟疫传说有关。王爷神系统繁杂，据称有360位。这些“王爷”本来只有姓氏，没有名字，如称“某府王爷”“某府千岁”“某大巡”“某大人”。王爷信仰遍布沿海各地，王爷有一尊、三尊、四尊、五尊等不同形式，如“三王府”“四王府”“五王府”。

除具有瘟神职能外，王爷信仰已发展成地方保护神或万能之神。王爷信仰大致可被区分为五类：取瘟药自服型、爱国将领型、勤政爱民型、进士遇害型、社会贤达型。王爷信仰在民间拥有庞大信仰群体，常带有明显的家族性、地域性，被视为一方的保护神，负有查察四方、赏善罚恶 、驱疫送瘟、消灾赐福、保境安民的职责。在涂岭，有取瘟药自服的“钟大人信仰”、爱国将领“双忠信仰”，以及三王府、

梧坑石山宫

四王府等。

1.钟大人信仰

涂岭的钟大人信仰，最出名的寺庙莫过于梧坑石山宫。石山宫建于清乾隆年间（1736—1795），宫内主祀钟大人、保生大帝、吕大人，其中最有名即是黑面钟大人。传说，钟大人原名钟云祥，浙江省苍南县人，唐朝贤臣，一生刚正不阿，为政清廉，尤其关心民众疾苦，被奉为主管断案之神。因涂岭地处闽中要道，石山宫难免战祸焚毁之灾，几易其址，直至清乾隆年间，迁徙于梧坑“螃蟹穴”侧，定址建宫。宫宇常有信徒加以修缮，“文化大革命”期间遭严重毁废，诸多珍贵文物今已佚失，现建筑为砖木石结构。

每逢钟大人的生辰农历十一月十五日与忌日六月十五日，各地信众相邀前来石山宫祭拜，人潮涌动，络绎不绝。信众准备好“五果”（通常指五种水果，可搭配柑、橘、苹果、香蕉、桃、菠萝、木瓜、葡萄、杧果等，“五果”象征着金、木、水、火、土，寓意风调雨顺、五谷丰登）、“六斋”（通常用的干货，如金针、木耳、香菇、冬粉、土豆、红枣）、荤菜碗，请法师做仪式，搭建戏台演戏。每年正月，钟大人要出巡游境。其路线是正月初十日先到西仁村祠堂，正月十一日再到虎岩村朱姓祠堂，正月十二至正月十六日又到西仁村四个角落的祖厝巡境，各一天一夜，正月十六由西仁到涂岭。

石山宫历史悠久，香火鼎盛。梧坑石山宫是钟大人祖宫，有几十个分炉，其在涂岭就有世上金山宫、驿坂古街、花园花美宫、下炉冠山宫等宫庙。石山宫在外影响更广，每年的农历六月十五日，附近山腰、南埔、界山、前黄、莆田仙游等地的信众亦会组团前来挂香。

2. 双忠信仰

所谓“双忠”，指唐代“安史之乱”时，两位以“忠义”闻名的将领张巡、许远。唐至德二年（757），叛首安庆绪派部将尹子奇率军围攻中原与江淮之间的战略重镇睢阳，以打开前往财赋重地江淮地区的通道。时任河南节度副使的张巡与睢阳太守许远，率兵死守睢阳达 10 个月之久，是为著名的“睢阳之战”。睢阳之战是中国古代战争史上最惨烈的战役之一。最后，睢阳终被叛军攻破，张巡与部将 36 人同时被害，许远被执送洛阳，不屈而死。张巡、许远的故事，从唐代开始就被赋予忠义报国的意义。自唐以来的历代王朝，都把奉祀张巡、许远“双忠”列入官方祀典。

樟脚双忠庙

在涂岭许多村落，皆有双忠信仰，樟脚村更是单独建立双忠庙，当地村民将张巡、许远的部下雷万春、南霁云祀为境主。每年正月樟脚双忠庙请道士前来做仪式，并将雷万春、南霁云的神像抬出来游神巡境，届时善信沿途虔诚敬拜，祈求合境平安。同时，在樟脚村还能见到三王府、四王府、萧太傅等王爷信仰。

三、外来宗教亦传播

在近代中国，福建因背山面海，成为中外文化的撞击点和交会点。19 世纪中叶，传教士们凭借不平等条约接踵来华，传播各自的宗教信仰。厦门作为当时的通商口岸，对周边地区起到了辐射作用，地处闽南莆仙交界的涂岭受此影响，逐渐发展了不少基督教信众和教堂。

（一）基督教的传播

基督教传入惠安，始于涂岭驿坂。清同治四年（1865）驿坂模柄村何乌黎旅居厦门海沧，闻道受洗，是近代第一个信基督教的惠安人，是他将基督教从厦门发展到惠安。何乌黎入教后，回到家乡驿坂，租屋为福音堂，以亲身经历向亲友传教，教人信主，敬拜真神。慕道者听闻凡信教者可得安宁，不远数十里前来，其中包括净峰镇山前教堂建立者陈水一家，他们每次到驿坂参加主日礼拜需往返 60 里，长途跋涉。

清同治五年（1866）驻厦门伦敦公会牧师施约翰、中国传教士许纯瑕，来惠安视察传教情况，部署发展基督教计划。他们认为模柄村地处山区，不便教会发展，决定以县城为传教中心，适当添设讲堂于农村。伦敦公会以县城为中心，致力将基督教推广至各乡镇。伦敦公会在农村招收读书人，培养他们成为传道人，再让他们回到农村传播福音。这样，基督教在惠安得到了大力发展。涂岭是惠安最早接受基督教的地方，基督教信仰也遍及涂岭各地。伦敦公会 1927 年还在涂岭建有涂岭哲化小学，提高民智。如今，涂岭主要有四大教堂，分别是驿坂堂、涂岭堂、东坑堂、蔡田堂。

驿坂基督教堂坐落于涂岭镇驿坂村。最早是清同治四年（1865）设在模柄村的，因模柄村地处偏僻，所以后来决定在驿坂街租屋修建福音堂。由于驿坂堂是惠安北部最早一所教会，被称为“母会”。方希贤牧师、周景德传道怀念母会是惠安教会的“鼻祖”，认为应当建一座规模较大的礼拜堂，于是倡导认捐。然因驿坂地处贫困山区，筹资困难，于是决定派该堂传道庄秀瑛出洋募捐，得到海外热心人士的支持。新的礼拜堂在 1915 年冬奠基，翌年 10 月 14 日举行新堂落成典礼，暨庆祝设教 50 周年。前后有数十位热心奉献的传道者来驿坂传道，如方希贤、周景德、庄秀瑛、何少原、何锦华。

“文化大革命”时期，教会暂停聚会活动，教堂被挪为他用。1982 年落实宗教政策后，驿坂堂得以正式聚会。驿坂地处涂岭、山腰、辋川三乡的交界处，每星期听道的信徒有 200 多人。由于地处山区，教会经济比较困难，于是得到了旅外会友的关注和支持。新加坡潘用宏长老、周震坤、周安庆女士，及周家内外子孙（周景德后裔）热心捐资，于 1987 年建成一座两层的景德楼，以纪念驿坂教会的周景德先贤。2000—2005 年，驿坂基督教教堂再次翻建。翻建期间，因资金匮乏，得到新加坡锡安堂的帮助，与海外热心信众的支持，得以建成。2019 年因拓宽公路，驿坂教堂拆除择址重建。

驿坂教会信徒遍及周边乡镇大大小小 20 余个自然村，信徒达 400 余户 1000 多人。

每年重要的节庆活动主要是圣诞节、复活节、降临节，信徒们会欢聚一堂共同庆祝。教会还会经常组织探访信徒，关心信徒生活与工作，主动做好济贫救灾工作，开展扶助失学儿童等义举。

驿坂基督教堂

涂岭基督教堂，位于涂岭镇涂岭村下街自然村。在该堂建之前，清美乡的潘乌盼、潘较、潘象，山尾乡林阵、路朴乡黄乌茂等虔诚信徒就积极在乡中布道，信众也逐渐增多。但他们每次都要长途跋涉去往他处礼拜，实在不便。清咸丰五年（1885），众人请准在涂岭设立聚集点以便周围信众活动。适时，传道师贺占梅与售书者萧乌一同前来主持。因基督教是外来宗教，许多人不明情况，激烈反对，使得教会难以立足。经过首任贺占梅传道师的解说，情况才逐步好转。堂会屡遭迁徙，从涂岭街尾先后迁至松涛、洗马池、庄仔埕等地。

当时的传道者吴宽生、何泡生、陈顺法、庄昌炽、陈秀璋等人亦坚持不懈地传道。信众也以自身言行感染周边民众，譬如清美乡信徒潘乌盼，虽是从事小商小贩之业，但逢人就传道，遇到讥笑辱骂之辈，也不生气，反而以柔声婉言说服。再如信徒潘潭，他每次挑豆腐出去营生，遇到强夺他筐里豆干、豆腐的人，他都不与之计较，而且还笑而告知：“这些东西都是上帝所赐，取之无妨。”旁人见之闻之，莫不对他们称奇赞叹，也逐渐相信基督教是劝人从善的宗教。

随着信众越来越多，遂遭受妒忌，涂岭堂屋再次被毁。于是，涂岭教会将堂屋迁至前乡潘干仲的住宅，以暂时维持会务。清光绪二十四年（1898），经过牧师山雅各、传道人郑祥瑞提倡，潘干仲、陈奎光、潘瓜等人赞同，于是，众教徒捐资购买涂岭下街宫口土地修筑新堂，是年秋天新堂举行落成典礼。

20 世纪 50 年代初期，教会暂停活动。“文化大革命”期间，教牧人员被遣散回家，教产亦被占。1982 年落实宗教政策，涂岭教会恢复了宗教活动。后来各级领导积极落实处理教产问题，将整座教堂归还给教会。1996 年，新的教堂落成。如今，涂岭基督

樟脚东坑基督教堂

教教堂在基督教“两会”的指导下，积极奉行“三自”精神，其信徒约有200人，遍及涂岭、世上、清美、路口、秀溪、小坝等村落。每年重要的节庆活动是圣诞节、复活节。教会关心巡访信徒，定期开展救灾助贫活动，帮助有需要的人。

此外，涂岭还有樟脚村东坑教堂、黄田村蔡田教堂。在基督教刚传到驿坂时，东坑的王涯、王燕、萧呈、陈指等乡人前往驿坂听传道，然而路途遥远，山路崎岖，妇孺不能接续礼拜，他们遂于清同治八年（1869）向施约翰牧师请准设支会于此，乡人萧呈献出其屋为福音堂。光绪七年（1881），模柄教会迁至驿坂，东坑便自成教会。光绪十一年（1885），从东坑教会，分支到蔡田，由周情、周子发创设。周子发献出一座楼为教堂，名为“天道堂”。1949年，该堂因年久失修成为危房而拆除，暂借民房聚会。1995年，重建一座可容纳200多人的礼拜堂。其信众主要在蔡田自然村范围内。

（二）天主教的进入

天主教传入惠安大约在清同治十三年（1874），比基督教伦敦教会传入惠安约迟10年。随着早期伦敦教会势力的发展，基督教徒凭借洋人的力量与地方官吏相勾结，与惠安的地方豪绅产生矛盾，天主教遂成为豪绅用来对抗、制约基督教的力量。惠安的豪绅组织文会，托钟厝村钟兰请厦门天主教神父来惠安传教。于是厦门天主教便派一位西班牙籍杨神父来传教。传到惠安的天主教是多明教会，受西班牙天主教的控制，隶属天主教厦门教区。

涂岭天主教的教务起初是由惠安总堂神父胡德乐兼顾，弥撒圣祭在教友家中举行。1946年，由岳诗亚神父主持负责，教友陈碧堂负责实施基建，在涂岭下街建立教堂。中华人民共和国成立后，教会活动停止。直至2005年，教堂归还给教会，经过翻建后，于2008年开堂。涂岭镇天主堂是泉港区唯一的天主教堂。2020年，泉港教徒有300多人，涂岭本地有100多人，分别来自涂岭街、长箱、亭脚、清美村、世上村等地。涂岭天主堂每年重要的节庆，有圣诞节、复活节、降临节、圣母升天节，信众们聚集到教堂做弥撒。

涂岭天主教堂

（三）融合与创新

伦敦公会、天主教传入涂岭已有上百年的历史，在历经不同时段的风云变幻后，这些外来宗教已经和本地的风土人情逐步融合、创新，在涂岭这块土地上和谐共生，和睦共处。

涂岭所在的基督教教区原隶属英国伦敦公会，创办初期与总教区有人员之间的往来。教会的神职人员是由上级派遣的，教会的资金基本是自行筹措的，大多靠本地信徒和海外信徒的热心支持。当地的基督徒通常在家门口刻上“以马内利”（意思是“主与我们同在”）等字样来取代传统的“某某衍派”的宗族堂号。若遇上欢庆新年春节，基督徒家庭会贴上基督教色彩的春联，如“恩光普照共沐神恩，新春蒙福新年蒙恩”“家蒙主爱福长存，人得神恩喜自多”。基督教徒定期参与教堂的团契、礼拜活动，不参加宫庙祭祀活动。另外，教会也在某些中国的传统节日组织教徒一同过节，例如当地传道人会在每年的重阳节，让教徒为自家的长辈洗脚，以宣扬尊老敬老的美德。

涂岭天主教现属于厦门教区，由惠安县天主教的神父定期到涂岭组织聚会。天主教最重要、举行最多的礼仪是弥撒，亦称感恩祭。教会举行弥撒，目的是祭献天主，向天主表示钦崇、感恩、祈求、赎罪。教会的主要信仰活动都围绕着弥撒进行。当地的天主教家庭不会有传统的“某某衍派”的宗族堂号，他们会贴有天主教色彩的春联，譬如“贺佳节主佑平安，迎新岁天赐富贵”等字样，春联的背景是圣父圣母圣子和天主教十字架的图样。涂岭天主教徒定期参与教会活动，不再参加其他民间信仰的祭祀活动。

涼岭

卷九·耕读传家　教育为本

涂岭自古便有崇文重教的文化氛围，以私塾、社学为教育场域，培养了诸多在科举考试中脱颖而出的优秀人才，并在“耕读传家”文化传统的影响下，涌现出多个以家族为单位、先后多人金榜题名的科举世家。宋元时期，涂岭地区有菱溪谢氏、陈世德家族、谢子龙家族三个赫赫有名的科举世家，一族中均有多人先后中举登第，成为地方文化精英的代表。明清时期，涂岭地区重视教育的社会传统得到继承，小坝出氏、后吴陈氏、清美潘氏皆为科举名族，重学风气在这一时期更得到人们的广泛弘扬。他们是涂岭长期以来重视教育、诗礼为本的真实写照，同时也是耕读传家社会传统培育的结果。这些科场英才进一步推动了古代涂岭教育事业的发展，形成良性循环。近现代以来取缔私塾，创办新式学堂，学制和教学体系的全面转型在涂岭得到完全体现。中华人民共和国成立后，涂岭紧跟时代发展步伐，逐步建立并完善了现代教育体系。

一、科举时代现精英

明惠安知县叶春及所著《惠安政书·学校》云：“天下之政事皆本于人才，而天下之人才，则皆养成于学校。”又云：“事有似缓而实急者，学校是也。”古代先贤早已看到设置学校、投资教育的重大意义。在古代基层官办学堂、社学出现之前，涂岭地区最普遍的教学场所乃私塾，即人们自行设立的家塾、族塾等。科举制下，出于对功名的追求，促使人们大量在家中设学以教化子弟。

自元代开始，地方官府奉旨在乡村普遍设立“教童蒙始学”的启蒙学校“社学”。元世祖至元二十三年（1286），元政府下令各县设立社学，“择通晓经书者为师，农隙使子弟入学。如学文有成者，申复官司照验。”明洪武八年（1375），诏令推行社学制度，延师教民间子弟，“兼读《御制大诰》及本朝律令”。正统初，“复令提学官及府州县于各处社学严督勤课，不许废弛”，并许补儒学生员。弘治十七年（1504），又令各府州县设立社学，选择明师，民间蒙童15岁以下者送入社学就读，使蒙童“正其心术，端其志行，异日入国学而为国之用”。清雍正二年（1724），诏令各县再设立社学。

社学属官倡民办性质，规模比私塾大，覆盖面广，且较为正规。其招收乡间15岁以下无过犯的蒙童就学，并规定乡间适龄蒙童均须造册上报，有不使蒙童就学者，责罚其父母。社学教师由县提学官选拔地方上学问品行较好的耆老儒士充任。社学的教学内容也有统一规定，各朝主要以《百家姓》《千字文》等启蒙读本为教材，同时学习《孝经》、四书等经史读物，以及对偶、对仗、时文等基本文法、文章。

史书上并未明确记载涂岭地区的社学从何时开始设置。据《惠安政书》载，万历元年（1573），涂岭有社学1所，名为辂朴社学，位于庐朴村（今芦朴村）。清代，政府虽继续倡办社学，但因经费困难，各地社学难以为继，渐趋没落。嘉庆《惠安县志》记载此时惠安全县建社学13所，涂岭地区有社学两所，分别为驿坂社学（位于今驿坂村）、樟柿社学（位于今涂岭村魁星楼）。社学的兴办，对平民教育起着重要推动作用，促使更多适龄儿童有机会进入学校获取知识，对形成涂岭地区的重学风气显然具有重要意义。在以社学、私塾、惠安县书院相互配合的教育系统下，元明清时期涂岭地区走出多位科举人才和文化名人。

涂岭历代科举名人表

表4

朝代	姓名	籍贯	中式	官职、著述
北宋	谢　履	菱溪谢庄岭	嘉祐二年（1057）章衡榜进士	婺州知州。《双峰诗集》
北宋	谢文龙	菱溪谢庄岭	嘉祐二年（1057）乡举	分教郡庠。《谢文龙诗文集》
北宋	谢惟新	菱溪谢庄岭	乡举	—
北宋	陈大猷	菱溪	崇宁二年（1103）霍端友榜进士	—
南宋	谢汝为	菱溪谢庄岭	乾道八年（1172）黄定榜进士	山阴教谕
南宋	陈世德	菱溪	乾道八年（1172）黄定榜特奏进士	惠州录事。《殖轩集》
南宋	陈元忠	菱溪	淳熙元年（1174）乡举	—
南宋	谢齐石	菱溪谢庄岭	淳熙八年（1181）黄由榜进士	通直郎
南宋	谢宜中	菱溪谢庄岭	庆元二年（1196）邹应龙榜进士	太学录
南宋	谢次鲁	菱溪谢庄岭	宝祐四年（1256）文天祥榜进士	分教南剑州

续表 4

朝代	姓名	籍贯	中式	官职、著述
元	谢子龙	溪西	至正年间（1341—1368）以明经辟举	泉州府学教谕、教授
元	谢　原	溪西	洪武间（1368—1398）以明经荐辟	任襄（一作湘）府纪善
明	陈元燮	涂岭	崇祯三年（1630）贡元	—
清	出一駉	前欧	顺治十四年（1657）吴孟榜举人	浙江乐清知县
清	出希尧	前欧	康熙五十二年（1713）恩科江日升榜举人	河南孟津知县，浙江海澄教谕
清	出梦鲤	小坝洪厝坑	雍正十三年（1735）黄元宽榜举人	四川南部知县
清	陈　轼	驿坂后吴	乾隆元年（1736）恩科蔡云从榜举人	宁德教谕
清	出科联	小坝洪厝坑	乾隆三年（1738）乡试解元，四年庄有恭榜进士	翰林院检讨。《淑渠诗文集》
清	出调元	小坝洪厝坑	乾隆十五年（1750）蓝彩琳榜举人	—
清	潘联芳	清美	乾隆二十一年（1756）傅传名榜武举人	—
清	潘仝时	清美	乾隆二十四年（1759）唐达先榜武举人	—
清	陈中复	驿坂后吴	嘉庆五年（1800）恩科张光浩榜举人	—
清	陈思忠	驿坂后吴	嘉庆十三年（1808）恩科姚大椿榜举人	—

（一）宋元名族

1. 菱溪谢氏

以谢履为代表的谢氏一族，祖居涂岭菱溪谢庄岭，两宋时期，谢庄岭先后走出多位进士、举人、文坛巨擘，成为名副其实的书香门第。

谢履，字履道，乃唐朝侍御史谢逊的后裔。北宋嘉祐二年（1057）高中章衡榜进士，被任命为南安县主簿，不久升任县令，随后又改任清溪（今安溪）县令。任职期间，“视泉州为本地籍贯，检防尤严”，非常注意维护人口流动频繁、经济繁荣的泉州府地方安宁和稳定，“动徇礼法，人无闲言”。在仕途开端即展现了良好的政治才能。

宋神宗熙宁年间（1068—1077），谢履因政绩被提升为都水监，不久又升任都水丞，主管全国水利设施、防汛抗灾等事务。自古以来，黄河因时常泛滥决口而成为历代统治者的心头大患，故担任此职务的压力可想而知，而谢履刚上任即“幸运”地碰到了此种棘手问题。在升任都水丞后，恰逢山东曹州府灵平县黄河故道河堤决口，河水泛滥，百姓流离失所。危急关头，谢履沉着应对，亲赴决口的河段带领当地百姓奋力修补大堤，最终成功堵住决口，拯救沿岸万千百姓。按惯例，这种率众成功平息黄河大水患的官员，只要向朝廷奏报即可获得升迁机会，但谢履却不愿看到百姓受此危难，而自己去报功请赏，其仁慈之心赢得人们的一片赞誉。

宋元丰二年（1079），谢履以秘书丞（一说校书丞）出知兴化军州事。五年（1082），转任承议郎。宋元祐五年（1090），以左朝议郎再知兴化军。同年十一月，因母亲去世归家守制。服丧期满后，转任浙江婺州知州，不久即因年老而致仕还乡。史载，在谢履莅任婺州太守前，当地只能用五谷布匹等实物缴纳赋税，给收缴入库营运带来极大不便。谢履到任后，大胆改革，将物品折成钱币收缴入库，既方便百姓纳税，也便利了官府的运输，于是收缴的赋税得以快速北运国库。

除了杰出的政治才干外，谢履在文化上的造诣也非常高。他擅长书法，是当时闻名天下的书法家之一，尤其擅长行书和隶书，其作品被时人奉为珍宝而纷纷收藏。他还擅长写诗，著有《双峰诗集》流传于世，其中有多篇吟诵泉州风物的佳作，如《泉南歌》等，成为后世学者研究宋代泉州对外航运与文化交流的重要参考史料。

谢履一生宦海浮沉，始终保持清正廉洁，“治所如他人，世著其清”，成为涂岭地区史书有明确记载的第一位走向全国政治舞台的杰出政治家，堪称后世读书入仕学子的典范。其在文化上的巨大成就，也为后世所瞻仰传颂。此外，他还在族内培育出多位杰出的子弟，使菱溪谢氏一族成为当时惠安及泉州显赫的科第世家。谢履去世后入祀乡贤祠，春秋致祭。

谢履之后，菱溪谢家涌现出多位科举入仕者及文化名人，声名远播。谢履堂弟谢文龙，字德翔，宋嘉祐二年（1057）中举人。嘉靖《惠安县志》记载，谢文龙博览经史，文思敏捷，可惜三次被举荐参加礼部会试均不得志，但出众的才华依然使他名震京师。北宋名臣、历史学家范祖禹和惠安庄公岳都对他深为器重，以国士的标准来期望他，只可惜他还未及第就英年早逝，著有《谢文龙诗文集》传世。宋崇宁年间（1102—1106），谢文龙在国子监为上舍生时，还为家乡人民在驿坂溪上修建了跃津桥，造福一方百姓。

谢文龙和弟弟谢惟新，都以辞章闻名天下。当时右文殿修撰陈觉民非常看重他们，称赞说：“二谢，真右江人物！”谢惟新年轻时参加浙江的乡闱考试并名列前茅，可惜同哥哥一样，天妒英才，还没来得及考取进士便英年早逝，但多年后其孙谢宜中考中进士，官拜太学录。

谢文龙侄谢起宗，善评经史，常常有独到见解，自成一家。谢起宗著述《野议》10篇，时任丞相赵鼎称赞他学识高远，希望他日后能大展宏图，但他不附权贵，得罪奸臣，多次参加礼部进士考试都遗憾落榜，怀才不遇，后郁郁而终。永春名士、理学家陈知柔为他撰写墓志铭，称他为“菱溪先生”。

南宋一朝，谢履的孙辈、曾孙辈、玄孙辈，在良好的家学熏陶下，先后4人高中进士。谢履曾孙谢汝为，宋乾道八年（1172）高中黄定榜进士，曾任山阴教谕。谢汝为兄谢齐石，宋淳熙十一年（1184）卫泾榜进士，任通直郎。谢履侄孙、谢惟新孙谢宜中，宋庆元二年（1196）邹应龙榜进士，官至太学录。谢履玄孙谢次鲁，宋宝祐四年（1256）与民族英雄文天祥同榜进士。

菱溪谢氏家族，是今泉港科举史上一串璀璨明珠，其深厚的家学渊源、延续几百年的文脉传承，对古代惠安乃至泉州的读书治学都产生重大影响。

2. 菱溪陈氏

与谢氏家族同处两宋时代，并且也居住菱溪的陈世德家族，是当时另外一门著名的科举世家，祖孙四代先后有三人中式。

陈世德，字景申，南宋惠北忠恕乡待贤里十一都菱溪（清为樟柿铺，今属涂岭镇）人。世德年幼时即聪明过人，端庄少言，并且读书勤奋刻苦。他领悟能力很强，分析问题透彻，在人情世故方面也十分圆通。文章文辞质朴，饱含真情实感，与当时文坛浮华的辞风形成对比。陈世德以他高水平的文章辞赋，被推举为乡贡第二名。

宋乾道八年（1172），陈世德以其文章才能，被推荐为黄定榜特奏进士。当时郡守林黄中非常欣赏他的才能，让他担任莆田主簿，将当地事务都交给他处理。陈世德不负其托，在任上兢兢业业，处理政务时干练老成，轻重得体，令林黄中非常满意，因而前后两次向全县发布公告，宣布由陈世德主理县政。陈世德以其优秀的政治才干和人品赢得当地百姓的爱戴，人们都因他公允仁慈，体恤民情，扶危济困而称呼其为“佛子”。数年后，陈世德升调出任广东惠州录事。

陈世德在文学上的造诣也很高，还是一位诗人，著有《殖轩集》留存于世。陈世德以其文学、政治才能及高超的处世哲学而赢得乡里认可，名声在外，逝世后入祀乡贤祠。

除了陈世德以外，其家族还先后走出两位科场精英。陈世德祖父陈大猷，于北宋崇宁二年（1103）赴京参加“春闱”（会试），高中霍端友榜进士。但不幸的是，其还未能踏入官场一展政治抱负，便在京城病逝。陈世德之子陈元忠于南宋淳熙元年（1174）中举人。陈世德一家在短短 70 多年时间内，祖孙四代中先后出现二位进士和一位举人，这充分说明其家族重视教育程度之深，是真正的诗礼之家。据统计，宋元两代今泉港籍登第入仕者共有 20 人，而涂岭菱溪谢氏和陈氏家族就有 12 人，占据其中的一半有余。

3. 溪西谢氏

谢子龙，字云从，涂岭溪西人，生活于元末明初。谢子龙从小刻苦学习，博览群书，诸子百家经典，无所不窥。广博的学识，使他的文章典实而富有意趣，诗词温润如玉。他还擅长书法，尤其工于隶书。学术上的造诣，使他与当时的名士卢琦、郭浮休齐名。元至正年间（1341—1368），谢子龙以明经辟举，随后被举荐任教于泉州府学，泉州太守偰玉立十分敬重他。当时泉州府的碑文铭刻以及其他著述，大多出自谢子龙之手，元末知名的闽中文学家卢琦的墓志铭《元故承务郎福建盐课卢君墓志铭》即其手笔。人称谢子龙为“西溪先生”（《螺阳文献》卷一荐绅），著有《云从先生诗文集》传世。

谢子龙之后，他的儿子谢原，也于明洪武年间（1368—1398）以明经辟举，后担任襄（一作湘）府纪善。

（二）明清世家

1. 小坝出氏

清代，樟柿铺洪厝坑（今涂岭小坝村洪厝坑）出氏家族，先后走出以出科联（乡试解元、进士）为代表的 3 位科举人才，成为涂岭地区诗礼传家的代表。

出科联，字乾甫，号淑渠，生于清康熙四十八年（1709），卒于乾隆十八年（1753），蒙古族。出氏祖先乃元朝开国功臣、元太祖成吉思汗的义弟木华黎，其家族世代为元朝的肱股之臣，至第八代纳哈出，因元朝灭亡而归顺大明，后其子因受蓝玉案牵连而去“纳哈”，以“出”为姓隐居山林，在不断迁徙中最后定居洪厝坑。出科联乃出氏第十二世祖，现存《惠安县志》等书均对其生平事迹有准确的记载。他 18 岁中秀才，乾隆二年（1737）中解元，次年登进士第，钦点翰林院庶吉士，特授检讨。出科联学识非常渊博，他的八股文被时人称赞为“制义纯熟，气味甚深”，乾隆皇帝也对其诗文十分赞赏。族谱记载，乾隆帝曾询问出科联姓氏的由来，得知是元太尉纳哈出的后裔后，不禁称赞其为“好个奇姓”。

出科联一家还先后走出两位举人，弟弟出梦鲤，清雍正十三年（1735）黄元宽榜举人，乾隆十九年（1754）出任德化教谕，乾隆二十五年（1760）至二十七年（1762），

出科联诞辰祭

署四川保宁府南部知县。出科联侄儿出调元，乾隆十五年（1750）蓝彩琳榜举人。

出氏家庙、翰林第，在小坝洪厝坑自然村。至今依然保存着一座三开间的古建筑，门匾上书“出氏家庙”四个大字，大门有对联一副：“燕南无二族，惠北自一宗。”家庙内悬挂有多方“进士”“文魁”“解元”等鎏金匾额，彰显出氏一族以出科联为代表在清代科举中的辉煌。出科联在高中进士入职翰林院后，荣归故里，修建了一座三进五开间的“翰林第”，至今仍矗立在洪厝坑村，虽历经几百年沧桑，依然隐约可见昔日的豪华与气派。

出一騆、出希尧生于前欧村，乃由洪厝坑迁此。出一騆，字北源，于清顺治十四年（1657）吴孟榜举人，浙江乐清知县。光绪《乐清县志》载，出一騆在乐清任内励精图治，于康熙十年（1671）主持修复因清初迁界及战争而被毁坏的水利设施埭、陡门多处，民赖以生。同年在县门内增修了常平仓六间，用来储存更多的备荒粮食。康熙十二年（1673），主持重修了坍圮多年的县明伦堂，颇有政绩。

出希尧，字迷甫，出一騆的孙子，清康熙五十二年（1713）恩科江日升榜举人，初任河南孟津知县，后于雍正八年（1730）担任浙江海澄教谕。

2. 后吴陈氏、清美潘氏

后吴陈氏，是明代名宦贵州参政陈睿支脉。陈濂，字道源，参政睿之孙，明万历十四年（1586）进士，历任广东按察使、陕西贵州布政使。子陈兆棠，崇祯庚午（崇祯三年，1630）举人，户部贵州清吏司员外郎。陈濂父子之墓，均在涂岭碣石桥。陈兆棠子志坚，择地“侯吾”安居，侯吴即今后吴，是为后吴陈氏的开基祖，陈轼、陈思忠、陈中复皆其子孙。

陈轼，字次瞻，陈志坚长子。清乾隆元年（1736）恩科蔡云从榜举人，后出任宁德教谕。陈思忠，字仕伯，陈轼次子，嘉庆十三年（1808）恩科姚大椿榜举人。陈中复，字以从，嘉庆五年（1800）恩科张光浩榜举人，也是驿坂后吴人。

潘联芳、潘仝时兄弟，涂岭清美人。潘联芳，清乾隆二十一年（1756）傅传名榜武举人。潘仝时，潘联芳的兄长，乾隆二十四年（1759）唐达先榜武举人。一门兄弟俩人先后得中武举人。

科举成就，是一个地区文化教育水平的直观展示、社会发展的突出标志、社会价值观的集中体现。古代涂岭在科举史上人才辈出，达到了令人瞩目的高度，堪称人文渊薮，这正是千百年来耕读传家的优秀文化传统造就的结果。

二、革故鼎新兴教育

清末以来，随着地方自治的推行，涂岭设立自治学校。特殊的时代背景下，近代中国的学校教育与社会变动之间呈现出千丝万缕的联系。民国时期涂岭地区先后设立的多所小学，无论是在学校的设立背景，还是具体的教学内容方面，均与当时的社会背景紧密相连，学校一度成为革命思想传播和革命组织建立壮大的重要场域。

（一）宣统自治学校

宣统自治学校是涂岭地区在特殊时代、在政府政策引导下教育转型的一次尝试。清末，清廷实施预备立宪，实行地方自治，令各县建立自治学校。清宣统三年（1911）秋，涂岭自治学校成立，当时称为“涂阳自治讲习所”。学校借涂岭亭脚村关帝庙为教学场所，学制六个月，所长由廪生曾国萁出任，秀才、全闽政法学堂法学士许应崧担任教官。开校前统一招考学员，考试内容和方式完全按照科举考试的形式进行。考试时，所长、教官、监考员都统一穿戴清朝礼服，先祭拜关公，在点名后着装整齐的报考者依次入场。坐定后，锁门出题进行考试。按照文章的水平进行录取，共招收学员40余人。学校开学后，上课至10月份，辛亥革命爆发，清廷被推翻，自治学校也被迫停办。

民国成立后的1912年3月，政府下令各地自治学校继续开办，涂岭自治学校也宣布复课。但因民国刚刚建立，百废待兴，地方上文教事业不受重视，有学员半途退学，人数不足，再招插班生20多人，学员水平参差不齐。涂岭商人捐纳监生者，乘机报名混入。至六个月期满，举行毕业考试，试题是“己所不欲，勿施于人”，由县长薛维昌包封专人送来，但一般监生学员的文章都是雇人代写的。当时聘请前清优贡李慕韩（李荆瞻）为阅卷官，考试结果全班都顺利毕业。由于学校管理松懈，教学秩序混乱，教学水平低下，所以毕业的学生徒有虚名，毫无用处，而涂岭自治学校也仅开办此一班而已。

处在这种社会急剧转型期，涂岭自治学校尚不能摆脱封建教育模式的束缚，加之国家局势动荡，前后政策不一，最终导致这种近代化教育的尝试宣告失败。

（二）开创小学教育

民国时期，涂岭地区的学校教育主要体现在小学教育方面。民国初期，依托于教会、地方政府、民间士绅的支持，涂岭的小学教育逐渐兴起，先后创办了鼎新小学、哲化小学等学校，当地适龄儿童开始接受新式的基础教育。民国后期，在政府的政策引导实施下，涂岭又先后创立了多所国民小学，近代小学教育逐渐走向兴盛。学校教育的承载空间即小学教学场所，先后经历了从宫庙、祠堂直到官办校舍的变化。教学场所的变迁也深刻折射出民国时期涂岭地区教育的发展轨迹。国民政府先后于1919年、1927年、1936年数次明令禁办、取缔私塾，开办小学。惠安地区先后有多所私塾被改造成国民小学。但受限于财政困难，政府仅在几个主要城镇设立公立小学，更多的则是教会、华侨、地方人士依托于教堂、宫庙、祠堂创办的私立小学。

1914年，涂岭街义绅张逊兰在原私塾的基础上，出资创办鼎新小学，校址设于涂岭村亭铺关帝庙内，是今涂岭地区最早兴办的小学。学校主要招收涂岭乡的适龄儿童，在校董张逊兰的财力支持下，学校不收学费，学生只要交书本费即可入学就读。初办时仅开一个班，学生年龄参差不齐，大的有十四五岁，小的才七八岁，都在一个班级就读，其中涂岭、驿坂、黄田、樟脚共四所学校。1927年涂岭设立哲化小学，系英国基督教伦敦公会创办的，因其存留时间短暂，具体开办情况已无从知晓。

1930年后，惠安各地的小学教育逐步发展，学校数量也不断增加。1934年，据杜唐《惠安乡土志·学校》记载：“自邑而东则有守钦、涂寨、崇武；西则有霞西、田船；南则有梅山、洛阳、道南；北则有锦山、坝头、涂岭诸小学。”是年（1934），蒙古族人聚居地洪厝坑自然村创建了燕山小学。抗战时期，国民政府推行战时国民教育，惠安县所辖的区、乡均创办中心国民学校，各保开办国民学校，称之为某某乡中心学校、某某保国民学校。1940年，涂岭（隶属惠安三区，包括涂平乡、添大乡）共设有公立小学八所。

1940年涂岭公立小学一览表

表5

下辖乡	学校名称	校长
涂平乡	涂平乡中心学校	曾金章
	陈田保国民学校	许谦元
	东寨保国民学校	蔡瑞庭
	松园保国民学校	陈明秋
添大乡	添大乡中心学校	吴彭龄
	柯寨保国民学校	王友玉
	大骆保国民学校	黄殷麟
昆山乡	驿坂保国民学校	温友忠

民国后期涂岭小学统计表

表6

校名	前身	所在地址		创办时间	何时并入或改称何校	
		村落	地址		时间	校名
涂岭中心国民学校	鼎新学校	涂岭	魁星楼	1914年	1950年	涂岭中心小学
燕山小学	—	洪厝坑	—	1930年	1955年	洪厝坑小学
三坪国民学校	东寨中心小学	樟脚	岭头尾	1937年	新中国成立后	樟脚小学
高山小学	—	路口	祠堂	1930年	1950年	路口小学
黄田初级小学	双田乡第二小学	黄田	下厅大宫	1935年	1950年	黄田小学
驿坂国民学校	—	驿坂	观音宫	1940年	1950年	驿坂小学
小坝国民学校	—	小坝	—	1943年	新中国成立后	小坝小学
大同国民小学	九川小学	下炉	—	1931年	新中国成立后	汶阳小学

民国时期的小学，在国民政府取缔私塾的禁令下，大都是在原有私塾的基础上改造而成，规模小，大都每校只有一两个班级，学生数量也比较少，无论是在学校管理、教学设施，还是学校的教学内容上，均处于起步阶段。民国早期的校舍，大都借用当地的祠堂、宫庙、教堂，或大户人家多余的房屋，校址也经常搬迁。学校设备较为简陋，很多学校都需要学生自带课桌椅。学校的任课教师，早期大都聘请旧塾师或有文化的士绅耆老担任，直到抗战时期，在政府的重视下，一些师范生或中学生被聘为教师，且地方政府加大对公立小学的资金投入力度，小学的整体条件才有所改善，教学场所也普遍从宫庙、祠堂搬进了由政府或地方人士筹集资金专门兴建的学校教室。这种教

育空间的变化，直观体现了近代涂岭教育整体条件的逐步完善。

（三）革命党人创办的学校

作为革命老区，在土地革命、抗日战争时期，涂岭革命党人中诸多有志之士都曾清楚地看到学校教育对地方社会发展的巨大推动作用，因而竭尽全力创办学校以促进涂岭当地文化教育的发展，同时以学校为据点，掩护身份，广泛发动人民群众，壮大组织队伍，领导人民开展革命斗争。他们先后在涂岭地区创办了多所形式各异的学校，诸如小学、夜校、民校、识字班等，作为革命据点，进行革命宣传。这种性质的学校虽然主要是为革命斗争服务，但由于它们的设立初衷也包含了一定的普及教育的成分，且其创立者大都属于受过正规高等教育的知识分子，所以在客观上也促进了涂岭地区人民文化水平的提高。

位于今洪厝坑村的燕山小学，和位于路口村的路口小学，便是这类学校的典型代表。燕山小学于 1930 年由闽中地下党派曾炉、曾木生、出福元等人在惠北山区中的洪厝坑创办。学校设立在“出氏家庙”里，是闽中地下党的一个秘密交通站。新中国成立后，燕山小学作为小坝小学的一所分校即洪厝坑分校，仍旧在出氏家庙里办学。1966 年，由于生源增加，才由当地群众自发集资建校，从出氏家庙中搬进新校舍。

路口小学，源于高山小学，始创于 1932 年，由苏法泉烈士胞弟苏龙泉和陈兴桂，以及几位革命人士创办，校址设在路口村顶小宗（祠堂）。他们以教师身份为掩护，进行革命斗争，在村中发动群众，成立农会；发动妇女参加革命工作，培养了几个地下女交通员。当时农会大门贴的对联写着“恶霸坏人滚出去，革命群众请进来”。抗日战争开始后，革命党人先后离开学校，奔赴各地开展革命工作，学校则由热心教育的乡贤共同聘请教师。1950 年更名为路口小学。1953 年，路口村属菱溪乡管辖，因此路口小学、埕尾埔小学合并，校址设在谢庄岭顶的一间宫庙即谢庄岭宫（现在菱溪水库溢洪道处），更名为菱溪乡私立育兴小学。1956 年菱溪水库兴建，学校迁回路口村，恢复校名为路口小学。

燕山小学、路口小学的创立背景，是涂岭作为红色革命老区的一个缩影，它们的建立，不仅促进了地处大山深处的洪厝坑村、路口村的教育、文化发展，也有力推动了当地革命火种的传播和革命发展的进程。1914 年创办的鼎新小学，也与后来的涂岭革命斗争紧密相连。涂岭革命领导人吴敦仁于 1913 年秋进入鼎新小学学习。1927—1930 年，中共惠安临时县委涂岭特支领导人王德彰、吴敦仁、吴国珍、陈平山等人在该小学任教，利用教师身份为掩护，以鼎新小学（魁星楼）为据点，组织和领导涂岭农民协会、农民自卫军，开展轰轰烈烈的农民武装斗争。

1930 年，惠安暴动举行前，为了广泛发动群众，陈平山、吴敦仁、陈兴桂等以涂岭为中心，发展农会组织，广泛开办夜校、农民识字班等。1932 年，在惠安暴动失利、吴敦仁、陈平山先后遭到暗杀、革命陷入低潮的情况下，陈兴桂自上海返回路口村，与党组织取得联系，在路口村兴办免费的高山小学、儿童夜校、成年民校，开办流动培训班等，既提高群众的知识文化，又宣传革命思想。1938 年，中共惠安特别支部决定：共产党员可以个人身份通过朋友关系兴办学校，公开或半公开地开展抗日救亡活动。当年 3 月，共产党员何适水、曾木生分别在路口、大路村办学，开展抗日宣传活动。解放战争时期的 1949 年，革命女领导人施云鹤、朱碧英、陈淑梅在世上村开办妇女夜校，何文英、刘淑明等在涂岭创办妇女夜校，各村在革命领导人的带领下，先后创办了夜校、识字班、免费小学等，教成年人、儿童文化知识和革命道理。

这种特殊时期创办的性质特殊的学校，虽然都未能长久留存，但在一定程度上对于推进涂岭地区的教育发展，提高人民的学习意识和知识水平，塑造重学风气，仍起到了积极的推动作用。

三、教学体系趋完备

涂岭现代教育的发展史，既是涂岭人民耕读传家、诗礼为本优良传统的延续和发扬，又是涂岭人民艰苦奋斗、自力更生，以百折不挠的精神努力改变自身发展困境的真实写照。中华人民共和国成立后，面对偏居惠北、经济落后、近代教育发展滞后的困难局面，涂岭人民依靠自身力量，克服重重困难，逐步建立起完善的幼儿教育、小学教育、中学教育体系，极大地改善了当地的教育发展条件，提升了教育发展水平，为涂岭的发展培养出一批又一批优秀人才。

（一）幼儿教育的建立

幼儿教育是近代新式教育的一个类型。它根据幼儿身心特点和一定的培养目标，对学龄前幼儿实施保育和教育工作。由于条件限制，涂岭地区的幼儿教育机构于中华人民共和国成立后才相继出现。

1958 年人民公社化运动中，党中央提出解放妇女劳动力的口号，各地大办幼儿园，惠安全县农村几乎每个生产大队均有民办（队办）的幼儿园、托儿所，其形式有常年的幼儿园，也有农忙季节设立的临时性托儿所；有寄宿的，也有寄午的，如涂岭村、驿坂村、清美村等均设有临时性质的托儿所。

“文化大革命”期间，各地公办幼儿园停办，一些队办幼儿园或停办或转为临时性托儿所。1978 年各地公办幼儿园陆续复办或创办，1981 年涂岭公社依托中心小学创办了涂岭中心幼儿园，成为涂岭地区第一所公立资质的幼儿园。1988 年，国家教委颁布《幼儿园管理条例》《幼儿园工作规程》，惠安全县各个幼儿园逐步推行统一的条例和规程，建立健全县、乡（镇）、村三级行政管理、教研、培训网络，涂岭学区设幼教辅导员，涂岭中心幼儿园在此时逐步建立起统一的管理制度，所聘教师在政府统一组织下定期培训，办学水平得到不断提高。

涂岭地处惠北山区，交通不便，人居分散，一所公办幼儿园远远不能满足各村对学前教育的需求，于是民办幼儿园的发展迫在眉睫。1995 年为“惠安教育年”，包括涂岭在内的惠安各地先后出现了多所民办（私立）幼儿园。但因为属于民办性质，缺乏有效管理，整体办学条件较差，加之生源有限，经营不善，存在时间都比较短暂。2000 年以后，随着经济的快速发展，涂岭公办、民办幼儿园在办学的硬件条件、师资力量上都不断得到进步改善：对教室进行精心改造装修，实现“绿化、美化、儿童化”；购置完备的教学设施、游戏设备；定期对幼教老师进行培训，从而使整体办学水准逐步提高。在校园管理上，2007 年以后，由涂岭中心幼儿园对民办幼儿园负责管理和业务指导，中心幼儿园园长兼任镇幼教业务辅导员，对辖区内民办幼儿园的保育员进行

涂岭中心幼儿园

辅导和培训。在以上多种措施并举之下，涂岭地区的幼儿教育走上规范化、正规化道路，并得到全面发展。2010年，涂岭中心幼儿园和童心幼儿园被确认为“泉港区示范幼儿园”。

除此以外，涂岭镇多个小学也普遍设立学前班，是升入小学一年级的过渡学习阶段，如樟脚小学、五社小学、寨后小学、黄田小学、秀溪小学等，均在校内兼办学前班，成为学前教育的重要途径。

（二）小学教育的普及

涂岭地区的现代小学教育，是在继承和发展民国小学教育的基础上，逐步建立起来的。在国家政策的引导和涂岭地方政府的支持下，中华人民共和国成立后涂岭在小学教育的学校数量、办学规模、发展速度、管理体制、办学条件、普及程度、教育质量等，均稳步向前发展，取得显著成效。小学教育在涂岭得到完全普及，成为教育体系中规模最大的教育层次。

中华人民共和国成立之初，根据“维持现状，逐步改造”的方针，惠安县共设立完全小学（中心小学）22所，涂岭镇在民国时期鼎新小学的基础上，依托原来的校址对其进行改造，于1949年成立了县立涂岭完全小学，1950年更名为惠安县涂岭中心小学。涂岭中心小学乃百年老校，其前身是位于涂岭街魁星楼的涂岭鼎新小学，1914年由当时涂岭义绅张逊兰于出资兴办。1925年，鼎新小学更名为“国立涂岭学校”。1940年，学校改名为惠安县涂平乡中心学校，校长曾金章。1948年，学校改名惠安

涂岭中心小学

县涂岭中心国民学校，校长王朝梅。中华人民共和国成立后，1950 年学校改称涂岭中心小学。与此同时，涂岭下辖的多个村落也把民国所设小学改造为新式小学，例如驿坂村的驿坂国民学校，1950 年将其改建为驿坂中心小学，黄田初级小学和陈田初级小学四、五、六年级集中在东寨中心小学上课。

1958 年，在“大跃进”和人民公社化运动的浪潮下，惠安地区增办多所小学。涂岭地区新设立了秀溪小学、溪西小学、清美小学等，并开办夜校，设立农民识字班。20 世纪 60 年代初期，涂岭又有一些生产大队陆续兴办了小学，例如五社小学、前欧小学、寨后小学等。此后全县进行农村小学调整，一些小而简陋的初小被精简，小学数量相对减少。

1979 年，政府贯彻“调整、改革、整顿、提高”的方针，调整学校布局，恢复“文化大革命”中被打乱的教学秩序，教育质量不断提高。1980 年，惠安全县各乡镇恢复了学区建制，各学区办一所中心小学，涂岭镇办涂岭中心小学。1983 年起，按照福建省政府部署开始全面实施普及初等义务教育，县、乡镇分别成立领导小组，学区备齐普教员，每年进行两次义务教育下乡宣传周活动，严抓小学的入学率、巩固率、毕业率、普及率（简称“四率”）。1987 年，全县顺利通过“四率”验收。涂岭镇当时共有学龄儿童 4002 人，入学儿童达到 3833 人，入学率达 95.78%，巩固率 97.03%，毕业率 73.7%，普及率达 94.9%。在惠安全县所有统计的 18 个乡镇中，涂岭的普及率名列第五。

1991 年 9 月，涂岭镇宣布实施初等义务教育，1993 年 7 月宣布实施初级中等义务教育，即九年义务教育。1995 年，惠安县政府确定当年为“惠安教育年”，加强普及九年义务教育。在此政策指导下，涂岭乡将实施“普九”作为教育工作的重点，学生入学率在此时期得到提高。2000 年以后，由于“计划生育”政策的贯彻落实效果显著，人口出生率大幅下降，一些规模较小的小学生源大量减少。为了提高办学效益，整合有限的教育资源，实现资源的最优化配置，教育主管部门先后对一些生源严重不足的小学撤并整合，涂岭地区小学和中学出现了较大幅度的变动，其中小学方面变化最大。

2007 年，汶阳、下炉、世上、芦朴、清美五所小学合并建立涂岭第二中心小学，燕山、小坝两所小学撤并到前欧小学，合并后把前欧小学校名变更为“泉港区燕山蒙古族小学”。2008 年，撤白潼、秀溪、松园三所小学并入涂岭中心小学，采用寄宿制，撤涂型小学，高年级并入蒙古族小学，保留涂型小学教学点；高年级并入驿坂小学，保留邱后小学教学点。2009 年，撤寨后、黄田小学，高年级并入涂岭中心小学，实行寄宿制，保留两个小学的教学点。经过一系列的撤并整合后，涂岭在 2016 年最终形成了九个完全小学、七个教学点的小学教育配套格局，小学教育体系得到优化升级，保证每个村落的每个适龄儿童都能到师资和教学设施条件最好、最近的小学接受教育。

2016 年涂岭镇小学教育基本情况统计表

表 7

学校名称	地址	班级数(个)	在校生数(人)	教职工人数(人)
涂岭中心小学	涂岭村	26	1374	84
涂岭第二中心小学	汶阳村	11	400	31
北大培文外国语学校	前欧村	6	81	53
蒙古族小学（前欧小学）	前欧村	7	278	22
路口小学	路口村	6	90	13
驿坂小学	驿坂村	6	179	17
溪西小学	溪西村	6	138	17
五社小学	五社村	6	68	13
邱后小学	邱后村	6	94	14
樟脚小学	樟脚村	6	58	11
寨后小学教学点	寨后村	6	29	8
黄田小学教学点	黄田村	2	3	4
涂型小学教学点	涂型村	2	7	3
涂岭中心小学秀溪教学点	秀溪村	2	16	3
涂岭中心小学小坝教学点	小坝村	2	5	4
涂岭中心小学燕山教学点	燕山村	2	3	3

2005 年 2 月，涂岭中心小学开展《争当“五星”小公民》活动荣获全国二等奖（福建省仅两个获奖，泉州市唯一）。人民日报社记者到学校采访，以“乡村小学‘追星族’”为题在《人民日报》作深度报道。4 月，泉港区学校德育工作现场会在涂岭中心小学召开，在全区推广中心小学的经验。2010 年以后，在泉港区政府、涂岭镇政府的大力支持下，涂岭镇小学教育获得长期而良好的发展，各个学校教学设施不断完善，师资队伍显著增强，常规管理不断强化，课程改革稳步推进。良好的办学条件，再加上政府对义务教育的关注和大力投入，使得整个涂岭镇区内小学长期保持较高的入学率和较好的教学效果。

（三）中学教育的完备

为了提高本地学子的学习条件，推动中学教育的发展，涂岭地区先后设立了惠安六中、惠安六中朝阳分校、驿坂中学、清美中学等多所初级中学、完全中学。这些学校的设立，很大程度改变了近代以来教育发展较为落后的状况，促进了人们知识文化水平的提高。

中华人民共和国成立后，惠安县人民政府于1953年在惠北山腰创办了惠安二中，是一所完全中学，但校区规模还远不能解决涂岭山区以及周边地区子女上学难问题。惠安六中创办之前的1956年9月，为改变山区教育落后面貌，惠安县教育局创建涂岭中心小学初中班，初名为“涂岭附中”，校址为原涂岭乡政府在土改期间没收地主的两层楼。学校招收初中一年级新生40多人。面临着极其艰难的办学条件，政府一方面勉励全校师生艰苦创业，以延安精神开办学校，另一方面将涂岭大官埔东面的旧教堂进行简单修葺，使之拥有一间教室、一间办公室，并着手适当添置部分校产。出仲法为首任校长，有教职工五人。由国家拨款办学，师资由全县统一调配，招收生源大部分为原涂岭、山腰、南埔、后龙等惠安北部乡村农家子弟。

为了从根本上缓解他们长途跋涉到泉州或惠安县城就读初中之苦，惠安县人民政府经过统筹规划，决定在惠北涂岭乡范围内再建一所初级中学。本着交通便利、地点适中、不拆民房的原则，县人民政府派专人负责，会同涂岭乡政府，经过多方勘察和研究，于1957年春选中了离福厦公路仅100米左右的松园村赤土埔的一片荒山坡作为校址，命名为惠安县第六中学。1969年9月高中部招生，始为完全中学。这是涂岭地区第一所完全中学，极大地方便了当地学子的中学学习。泉港区成立后，原“惠安六中”改称为“泉港六中”。

1969年12月，涂岭公社为响应党中央“备战备荒为人民”的号召，于惠晋仙交界处设立朝阳农场。1971年，农场设立学校，名为朝阳农业中学，主要招收涂岭寨后村、樟脚村、黄田村以及仙游县园庄公社东坪村第三学村的小学毕业生。虽名农业中学，但学校使用初中教材，设置与普通初中相同的课程，农业生产知识只是点缀，其办学实质相当于普通初中。1972年春，学校正式开办，只有一个班。1974年学校更名为朝阳中学。同年7月，第一届学生毕业。学校规模最大时共有三个年段，五个班级。1988年7月，因招生困难，学校停办，被撤

泉港第六中学

并至惠安六中。

“文化大革命”期间，因中学连续停课三年，至1969年已有四届小学毕业生无法继续进入中学读书，惠安出现小学毕业生升学高峰，为了适应社会对中学教育的需求，县政府不切实际地提出了“初中不出大队，高中不出公社”的口号，各地小学纷纷附设初中班（时称初中班为“戴帽”，也称附中），初中办学一时泛滥。除了依托小学建立起来的“戴帽”附中，政府还相继设立了一些相对独立的附中，例如涂岭地区有芦朴村的向阳附中、朝阳农场的惠安六中朝阳分校等。其时，整个涂岭公社共有10个附中（见表）。但由于师资力量不足且分散，学校规模太小，管理混乱，造成教学质量普遍不高的状况，不久许多附设初中班便陆续撤并，一些规模小设施简陋的初中班并至规模较大的附中，如路口小学、五社小学的“戴帽”附中并至驿坂附中。之后，一些附中又撤并或升格为初级中学，如驿坂附中于1993年镇政府征地建设新校成立驿坂中学。

20世纪90年代初期，随着小学毕业生的持续增长，以及普及九年义务教育的需要，涂岭镇以政府投资、社会集资两者结合，于1993年兴建驿坂中学，1995年开办清美中学。驿坂中学于1993年开始独立招生，校园面积29242平方米，政府每年均投入资金改善办学条件。1995年建设运动场，1996年建学生宿舍楼，1998年建设教师公寓楼，1999年建设科技楼，校舍面积达5864平方米。清美中学占地15500平方米，校舍建筑面积5600平方米。1995年借清美小学校舍招生，1996年借涂岭中心小学校舍招生，1997年教学楼落成，学校迁入新址。政府高度重视学校基础设施建设，1998年建设食堂，1999年建设运动场、添置电脑实验仪器及图书。2000年建设三层40间教师宿舍楼，2001年建置多媒体教室、语音室、电子备课室等，校园实现绿化硬化。

2011年，学校生源缩减，清美中学、驿坂中学两校并入泉港六中，结束了两校的办学历史。两校的并入，优化了六中初中部教师队伍，整合教育教学资源。

涂岭地区小学附设初中班统计表

表8

小学名称	办学时间		并入何校
	起	止	
涂岭中心小学	1978年	1981年	六中
黄田学校	1970年	1972年	朝阳中学
驿坂学校	1969年	1993年	驿坂中学
路口小学	1976年	1978年	驿坂学校

续表 8

小学名称	办学时间		并入何校
	起	止	
五社学校	1969 年	1975 年	驿坂学校
朝阳中学	1971 年	1988 年	六中
小坝小学	1976 年	1978 年	六中
清美学校	1969 年	1982 年	向阳学校
向阳学校	1970 年	2002 年	清美中学

近年来，涂岭镇把教育作为经济社会发展的基础性工程，全力支持教育事业发展，不断加大对教育的投入力度，并大力整合社会资源，促进奖教奖学助学工作的推进。2017 年 7 月，涂岭镇党委、政府发动社会力量，设立了泉港区涂岭镇朝阳公益促进会（包括涂岭镇教育基金、新辉大教育基金、深圳国顺兴教育基金、清泉创新基金），针对每年度小学、初中、高中优秀毕业生，家庭困难大学生，学生竞赛获奖对象，教师竞赛中获奖的本镇中小学教师等，分别给予奖励和资助，以帮助学生更好地完成学业，并大大地激励了师生努力学习与工作的热情。

2014 年 11 月，北大培文教育文化产业集团，与泉州恒昂工贸公司签订合作办学

北大培文外国语学校

协议，在涂岭前欧村红星生态园合作创办北大培文外国语学校，共同建设一所覆盖学前到高中教育的一贯制民办学校，总投资 3.5 亿元，规划占地约 16.67 万平方米。2016 年 9 月，学校正式开始招生，当年小学部共招生 6 个班级 81 人。依靠先进的教育理念、优秀的师资力量、优美的教学环境、完善的教学设施、科学化的管理模式，北大培文外国语学校成为泉港区教育系统一颗冉冉升起的新星，为涂岭乃至泉港的中小学教育注入了新的活力。

（四）职业教育的短暂

中华人民共和国成立以后，涂岭地区除了建立完善的幼儿教育、小学教育、中学教育体系外，还曾依托于独特的山水环境以及特殊的时代发展需要，短暂地举办过“菱溪水利学校”等职业教育学校。

1958 年 4 月，中共惠安县委为了适应生产形势发展的需要，号召各系统各部门创办各类职业学校，以培养各自急需的人才。为此，惠安县水电局组成县水利学校筹备组。鉴于涂岭地区水利建设较多，水利事业发达，具有良好的现场教学实践基地，筹备组决定将学校设立于涂岭。由于条件所限，校址设在涂岭菱溪水库坝区原建设水库民工居住的草房里。同年 5 月，筹备工作就绪，学校发出招生通告，规定学生的入学条件是：初中毕业或同等学力者，年龄在 25 周岁以下，部队复员军人、农村干部，或参加过水利建设的技术人员。报名时，学生必须提交公社介绍信、学历证明书，不举行文化考试。9 月 1 日，学校正式开学，实际到校注册的男女学生共 90 多人，分成高中和初中两个班。

初创时，学校条件极为艰苦，教室和宿舍设在草房里，课桌椅是用长木板钉成的。学校直接归县水电局领导，校长由钟盛兴兼任。学校属半工半读性质，学生一边学习，一边参加实践劳动。学习的课程主要包括政治、语文、数学、物理、水利工程、测量、制图等。全校有固定的教职员工 13 人，技术专业课老师由县水利局技术员担任，文化课聘请社会上未就业的大学生或高中毕业生担任，期间也有水利系统的技术骨干到校担任客座老师，临时授课。学生除学习文化技术课外，还耕种后吴水库底（1956 年被冲垮为废库）50 多亩土地，兼营养猪喂鸡等副业。学习一年后，县水电局根据工作需要，从第一届学员中挑选部分成绩较为优秀、表现较为突出的学生充实到全县水利建设单位和管理单位工作，其中不少人在以后的工作历程中得到转干、提拔，成为乡镇、科级领导干部，为当时的水利建设和干部队伍培养了许多人才。

1959 年春，惠安县委为了提高各类学校的办学质量，决定把农校（原校址南庄）、林校（原校址水窟）并入县水利学校，更名为“惠安县农林水学校”。因校址仍在菱溪水库原县水利学校旧址，故行业内部和社会群众皆统称之“菱溪农林水学校”。全校分为10个班级（水利高中2班，初一年级1班；林业初一年级2班，初二年级2班；农业初一年级1班，初二年级2班），学生共500多人，教职工30多人。

三校合并后，学校仍然实行半工半读制度，文化课严格按照原设置的科目讲授，学习氛围十分浓厚，在当年全县举行的统一考试中成绩突出。在学习之外，学校的勤工俭学活动也办得十分出色：全校师生开荒种地、养猪养鸡，还开办起生产炸药、氯化钾的工厂。硬件设施建设方面，在省、地、县有关部门的关心和资助下，学校自建新教室六间，宿舍10间，厨房和膳厅各一座（后作为惠安县林业局苗圃场）。1959年秋，该校被评为晋江地区半工半读先进单位，并被选为赴省座谈先进单位。1960年春，学校被评为省半工半读先进学校，获得省级表彰奖。

1961年，县委根据中央“精简机构、压缩人员”的精神，决定停办惠安县农林水校。学校内部编制人员回归原单位，外部人员解聘，校址归林业局用作苗圃基地，苗圃基地前的低洼地归菱溪水库建设为养鱼场，原垦荒耕种土地归农业局开办良种场，学校大部分未毕业学生被迫辍学回家，少数专业学生留在林业苗圃基地、农业良种场当临时工。

此外，1960年初，鉴于惠北一带盐业发展以及下炉造纸厂建设，因工农业生产发展对专业人才的需要，惠安县工业局在涂岭西青场（水曲村）创办“惠安县化工学校”。县化工学校办至1963年底迁至山腰化工厂附近的海滨村继续办学。工业局从化工学校挑选优秀毕业生到化工厂、造纸厂担任技术员，清美村的潘继东后来担任山腰化工厂的厂长。

1964年，为了培养人民公社各生产大队急需的农业技术、卫生、财务管理等基础性的应用型人才，经惠安县政府同意，涂岭人民公社择址在西青场（水曲村）创办“惠安县涂岭农业中学”。涂岭农中的校长由原公社党委秘书王锋谋兼任，陈金玉负责学校管理。招生对象为当年没有考入二中和六中初中的学生，随着学校的发展，1965年农中迁至西青新场址。时办有普通农技班二班，卫生班一班，会计班一班。为了帮助涂岭内山片区解决农村人才短缺，当时还在樟脚村“岭头尾”办涂岭农中分班，涂岭农中1967年停办。

凉岭

卷十·革命老区 红色记忆

涂岭山区面积广阔，地形崎岖，古驿道、福州至厦门交通要道贯穿全境，独特的人文与地理环境促使涂岭在近代福建、惠安革命斗争中发展为重要的革命根据地。

大革命时期，马克思主义即在涂岭广泛传播，一批身在外地求学和谋生的有志青年积极投身革命活动，并把马克思主义传播到家乡。1927 年“四一二”反革命政变发生后，中共闽南部委决定在涂岭建立根据地，组建涂岭农民协会、农民自卫军。土地革命时期，在涂岭成立了由王德彰任书记的中共惠安县特别支部委员会（亦称“中共涂岭区委”），建立了一支 500 多人的惠安工农革命军，开展抗捐拒匪斗争。1930 年 9 月，在陈平山、吴敦仁的指挥下，惠安工农革命军改编为福建红军独立第一师第一团，举行了震动八闽的惠安暴动，随即开辟了地处惠安、仙游、晋江交界的三坪游击区。抗日战争时期，中共惠安特支书记曾炉，在东坪三台垅林兜家中，建立中共闽中工委交通站，领导群众开展抗日救亡运动。解放战争时期，中共惠安县工委书记朱汉膺宣布恢复涂岭区工委，并成立了 60 多人的涂岭游击分队，广泛开展反“三征”工作和军事斗争，直至涂岭解放。

为了表彰和纪念涂岭在革命斗争中的重要地位，1987 年福建省政府批准涂岭为二战时期革命老区乡，泉港区人民政府立碑以铭记：

涂岭革命老区乡纪念碑

涂岭是大革命至解放战争时期，中共惠安县委和闽中工委的革命根据地。1987 年福建省政府批准为二战时期革命老区乡。

大革命时期，吴国珍、吴敦仁把马克思主义传播到家乡。1927 年，中共闽南部委决定在涂岭建立根据地，组建涂岭农民协会和农民自卫军。土地革命时期，涂岭成立中共惠安县特别支部委员会，领导工农革命军，取得了抗捐拒匪斗争的重大胜利。翌年，中共福建省委指出，惠安农运应以涂岭为中心。1930 年 7 月，成立福建红军惠安总指挥部和独立师涂岭第一团。总指挥陈平山等同志，领导惠安暴动。省委决定陈平山和吴敦仁，坚持开辟惠北三坪游击区。抗日战争时期，中共惠安特支在东坪三台垅，建立中共闽中工委交通站，开展抗日救亡活动。解放战争时期，中共惠安县工委宣布恢复涂岭区工委，开展反“三征”和军事斗争，直至解放。

泉州市泉港区人民政府

2005 年 2 月立

漫长的革命斗争岁月里，在涂岭这块红色热土上，诸多共产党人矢志不渝，英勇奋斗，甚至不惜献出自己的宝贵生命；更有成千上万的涂岭群众，积极支持，参加革命斗争，在党的领导下不屈不挠、前仆后继，为国家前途、民族未来做出了巨大贡献。

一、烽火岁月谱新篇

从大革命时期至解放战争时期，涂岭始终是中共惠安县委和闽中工委的革命根据地。在长达 20 多年的革命岁月里，涂岭根据地在惠安乃至福建的革命斗争中一直起着举足轻重的作用。广大涂岭人民在党的领导下，积极投身革命洪流，英勇奋斗，谱写了不朽的历史篇章。

（一）革命思想的传播

涂岭偏居惠北山区，村落稀疏，交通不便，旧时代经常有小股土匪、军阀占据山村，抢劫农民财物，或抓鲎仔（人质）勒索钱财，时聚时散，人民苦不堪言。

1919 年 5 月，五四运动爆发后，进步思想在全国各地迅速传播。1921 年 7 月，中国共产党成立。此时，一批在惠安县城、厦门、广州等地求学和谋生的涂岭籍青年，深受马克思主义教育和五四运动的影响，纷纷投身革命，传播新思想。1921 年秋，15 岁的吴敦仁（林角村人）考入集美学校师范部。在革命浪潮的推动下，他经常阅读《新青年》《前锋》《中国青年》等革命书刊，受到马克思主义思想的熏陶和启迪，毅然投身革命，从此将个人命运与国家前途紧密相连。1923 年 11 月，北京燕京大学法律系学生庄竹秋接受李大钊的指派，回家乡山腰、郭厝、峰尾等地，发动农民、盐工、渔工联合武装抗捐。1924 年 1 月 11 日，抗缴“鸦片捐”的惠北农民一举消灭王永彝部驻惠安杨增福团官兵 90 多人。1 月 24 日，王永彝部由汪连带队进犯坝头、山腰等乡，疯狂报复，烧毁房屋 300 多座，杀害群众 140 多人，制造了震惊海内外的“山腰惨案”。

当时在惠安时化学校读书的陈平山（樟脚村人），耳闻目睹这场斗争，对惠安当地军阀土匪的暴行极为愤恨。在这期间，《新青年》《共产党宣言》等革命书刊已流传到惠安各地，陈平山如饥似渴地阅读革命书籍，深受进步思想的熏陶。1925 年秋，为声援上海五卅运动，他联络城区学生罢课游行，愤怒声讨军阀买办和帝国主义者的罪行。面对中国当时的形势，陈平山认为只有进行彻底革命，才能挽救当前的困境。随后他下定决心投笔从戎，到广州于 1926 年考入黄埔军校第五期步科。在军校他先后加入共产主义青年团和中国共产党。1925 年冬，集美学校师范部惠安籍学生王德彰、柯联定、吴国珍（涂岭泗洲村人），参加中国共产主义青年团，成为共青团集美支部早期团员。1926 年 2 月，王德彰加入中国共产党。

此间，涂岭、路口、五社等村许多人到厦门谋生。受到反帝反封建革命浪潮的影响，有 30 多人参加了“赤色工会”和工人纠察队，走上革命道路。先后加入中国共产党的有苏法全、陈兴桂、陈木、陈维生、周田生等。马克思主义的革命火种逐渐被这些进步青年带回惠安，带到涂岭，扩散传播。

1926 年 2 月，王德彰、吴国珍、吴敦仁等带领由 10 多人组成的“集美同学回乡宣传队”回到惠安，以惠安公学为据点，吸收本县学生 40 多人，分成 10 个小队开展革命宣传活动，并设立书摊，向学生和社会各界介绍《向导》《新青年》《革命军》等进步书刊。11 月，北伐军攻占惠安。王德彰等共产党员和革命知识青年举行“祝捷军民联欢大会”，欢迎北伐军，并游行、演讲，印发告学生书、告农民书、告工人书等，推动革命运动的发展。12 月，王德彰在惠安城关发展吴敦仁等加入中国共产党，同时，在惠安公学成立了泉州地区第一个中国共产党的基层组织惠安支部，王德彰任书记。1927 年 1 月，中共惠安支部改为惠安县临委，负责人王德彰，隶属于闽南部委，并接受泉州特支的指导，下辖两个支部，党员八人，吴敦仁为学生支部负责人。

1927 年，蒋介石在上海发动“四一二”反革命政变，开始在东南各地实行“清党”，屠杀共产党员和革命群众，制造白色恐怖。政治局势突变，中共惠安县临委迅速转移到惠北涂岭农村坚持革命斗争。王德彰前往厦门，向闽南部委汇报请示工作，决定今后的工作方向要以惠北涂岭为根据地，武装农民群众。吴国珍、吴敦仁撤回涂岭，继续发展农民群众，开展农运工作，宣传革命思想。1927 年 4 月下旬，闽南部委决定将王德彰留在厦门，派共产党员施岑侬（化名张一峰）、许彩英前来惠安，由施岑侬暂时负责惠安县临委工作。施岑侬与涂岭地方绅士、鼎新小学校董张逊兰拉上宗族关系，在小学里任教，以教师身份为掩护，领导惠安的革命工作。

在以施岑侬、吴敦仁、吴国珍为代表的共产党员的广泛动员和积极宣传下，马克思主义思想在涂岭迅速得以传播，并得到广大劳苦人民群众的热烈拥护，革命的星星之火在惠安呈现出旺盛的燎原之势。1927 年 5 月、6 月，施岑侬、许彩英、吴敦仁在涂岭组织“互助团”（初名父母会），会员有陈冬水、陈春法、陈冬法、许树山以及农民群众 60 人，团址设在“魁星楼”，负责人施岑侬。在施岑侬的带领下，以“互助团”为骨干，革命党人积极举办农民训练班、农民夜校，筹建农民协会和农民武装——涂岭农民自卫军。

7 月 14 日，涂岭农民协会、农民自卫军正式成立。施岑侬在林角村主持召开有 1000 多名会员参加的成立大会，并举行游行，游行队伍取道长箱、亭脚、赤土埔、弄尾、东吴、新桥、西人、新街、埔上，然后由旧官路进入涂岭街，直奔农民协会的会址“魁星楼”广场。农民协会成立以后，抗捐抗匪，惩治赌棍，抓烟贩，缴烟枪，革命运动如急风暴雨般轰轰烈烈地展开。

（二）惠安暴动的高潮

1930 年 9 月，以涂岭为中心发动的惠安暴动是涂岭革命运动史上的高潮。惠安暴动是当时中共惠安支部对中共中央八七会议武装夺取政权政策的坚定回应，它将惠安的革命运动从单纯的抗捐、抗租、抗税等反抗国民党黑暗统治的初级目标，转向以暴力方式夺取地方政权的更高目标，将革命的指导思想推向一个新的高度。

1. 武装割据局面的形成

1927 年，第一次国内革命战争失败以后，在关系党和革命事业前途与命运的关键时刻，中共中央于 8 月 7 日在汉口召开紧急会议，确定了土地革命和武装起义的方针。中共中央致信闽南、闽北临时特委，要求根据中央紧急会议精神确立自己的工作方向，组织武装农民，用暴力的方式夺取政权。惠安县临委响应“八七”会议的号召，加速发展涂岭农民自卫军，准备抗击敌人。

8 月 12 日，根据闽南临时特委的指示，王德彰从厦门返回涂岭，建立了惠安县特别支部委员会（也称中共涂岭区委），驻地设在“魁星楼”。王德彰任特支书记兼涂岭支部书记，吴敦仁和吴国珍分任林角、泗洲支部书记。在特别支部的领导下，农民运动蓬勃展开，农民协会发展到晋（江）、惠（安）、仙（游）三县交界的13个村，会员1200余人，农民自卫军500多人，常备队21人，协会和自卫军都由施岑侬领导。涂岭成为惠安全县农民运动的中心。

惠安特别支部领导农民大力开展了反“烟苗捐”和减租减息斗争。8—10月，先后进行了三次武装抗捐战斗，并取得巨大胜利，涂岭农民由此在一个相当长的时间内不再缴纳捐税。10月14日，施岑侬率领涂岭农民自卫军200多人，进剿陈田村著匪颜选（王朝英部，乃当时为害最烈的股匪），捣毁其匪穴，迫使匪徒逃窜。

11月，闽南临时特委调施岑侬、许彩英回厦门，指派军事干部黄埔军校学生林泽民、林树勋到涂岭加强农运和武装斗争。12月1日，涂岭农民自卫军近千人改编为两个营13个连队，更名为惠安工农革命军。由林泽民、林树勋负责军事训练，王德彰负责政治学习。至此，惠安特支领导农民协会和工农革命军，建立了以涂岭为中心的武装割据政权，革命形势蓬勃发展。

国民党反动派妄图扑灭革命烈火，调集军队围剿根据地。1928年1月11日午夜，林寿国海军陆战队林炳洲补充团，包围惠安特别支部驻地涂岭“魁星楼”，王德彰等四人被捕。工农革命军立即组织队伍追击，至县城北郊双龟牌村，因敌紧闭城门，抢救未果。1月16日，海军陆战队杨献秋营300多人，从仙游园庄插进涂岭西部山区，妄图摧毁工农革命军。吴敦仁、吴国珍、陈冬水等人得悉后，立即召开军事会议，决定主动布伏，在泗洲一带围歼敌军。随即涂岭各自然村的战士，在吴敦仁、陈冬水等带领下，在泗洲村溪谷间将敌军三面合围，经过两个多小时激战，大获全胜，毙敌30多人，俘敌70多人，缴获各种枪械200多支，粉碎了敌人的围剿。王德彰也于同年4月，由地下党员杜复华出面，以“集美同学会惠安分会”的名义将其保释出狱，后化名王时光，到南安莲塘小学任教，继续从事地下革命。

2.暴动的思想发动和组织准备

1928年1月10日，吴敦仁、吴国珍代表惠安地下党组织出席了中共福建临时省委紧急扩大会议，会议决定加紧领导农民由抗捐抗税转向武装暴动，并指出：“惠安农运应以涂岭为中心，逐步向惠安县城发展，扩大土地革命、夺取政权的宣传，从武装斗争游击战术发展到夺取政权的暴动。”

1928年春，上级党组织指派陈平山回福建工作。陈平山在漳州与福建省临委接上关系后，奉命于漳（州）、厦（门）一带开展革命活动。6月，因叛徒出卖，在漳州遭军阀逮捕入狱，后经组织营救越狱而出。随后，省委指派其参与领导晋江、南安、惠安等县的革命斗争。

6月底，福建省委派朱思到惠安工作。9月7日，中共惠安县委员会成立，朱思任书记，陈平山等任委员。12月，朱思等六人在领导学运和“五抗”（抗捐、抗租、抗债、抗税、抗粮）斗争时，被反动当局调派的海军陆战队包围，不幸被捕。当月下旬，陈平山接任县委书记。

1930年2月，中共福建省第二次代表大会指出，泉州、莆田历来是军阀混战、土匪扰乱、群众受祸最烈的区域，应加紧发动和领导群众组织兵运工作，进行武装暴动。在上级精神指导下，6月，泉州县委蓝飞凤和惠安县委陈平山、林权民、陈冬水、吴敦仁、陈兴桂等，深入惠北地区，以涂岭为中心，开展暴动的准备工作。他们先后在涂寨、弄村、涂岭大埔园寺召开党员以及积极分子会议，传达省委2月党代会精神，在原有工农革命军的基础上，整顿加强武装力量，并且在路口等村设“青年俱乐部”，发展农会组织，开办夜校，组织妇女会。7月间，由蓝飞凤、陈平山介绍，朱汉膺加入中国共产党，并在山腰三朱后宅村建立三朱支部。

1930年7月下旬，福建省委书记罗明到泉州、惠安检查工作，决定成立泉州特委加强对惠安暴动的领导，书记许依华，军委书记陈平山，组织负责人蓝飞鹤，宣传负责人蓝飞凤。同时，成立了福建红军惠安总指挥部、福建红军独立第一师，陈平山任总指挥，蓝飞凤任政委。下辖两个团，涂岭为第一团，团长兼政委陈平山，秘书长吴国珍；惠东为第二团，团长蓝飞鹤，政委陈琨。惠安暴动的军事准备工作日渐完善。

为保证指挥联络，陈平山、林权民等人深入惠东、惠北建立了三条秘密交通线：一是惠（安）枫（亭）公路的正常交通线；二是“辋川走廊”交通线，即从辋川西山、十三乡以及山腰、古县进入涂岭的战时联络路线；三是海上交通线，供特殊情况下使用。各条交通线都设有多个交通站、秘密农会点。至此，惠安暴动前的思想准备和组织工作已得到充分开展，革命形势风起云涌，暴动的枪声即将打响。

3. 暴动的举行及后续战斗

8月，负责领导暴动的泉州特委、惠安县委领导人在五陈山尾村召开会议，对暴动的具体方案作出部署，决定于9月15日凌晨在惠东、惠北两地同时举行暴动，然后合攻县城，再挺进惠北三坪山区，建立游击根据地。地方武装以工农革命军、赤卫队为骨干，归福建红军惠安总指挥部统一指挥。惠北的第一团下辖三个营，拥有500

多人枪，主要任务是围攻涂岭地主恶霸陈速生，同时负责在陈潼关伏兵，阻击来自莆田方面的援敌。旗帜为红旗贴上白布剪裁的锤子镰刀图案，参战的战士一律戴上红军袖章。暴动队伍书写标语、传单、布告供随军使用，编写、教唱《暴动歌》数首。

9 月 14 日晚，红一团 500 多人按预定时间在涂岭长箱村西面的恒德寺集结。陈平山作暴动动员后，便率队出发。15 日凌晨，红一团主力迅速包围恶霸陈速生的老巢涂岭惠枫车站，因敌早有戒备，一时难以攻克。当时涂岭东南面的汶阳洋内、后宫等村群众闻到枪声，以为是土匪抢劫，便集中百余人冲杀过来。当发现标语，方知是红军，即自动退回。时近天亮，红一团为了避免损失，主力队伍撤退到泗洲、洪厝坑、甘蔗园一带，其余队伍仍回原地。受到震慑的恶霸地主于 18 日仓皇外逃。

9 月 16 日凌晨，蓝飞鹤率领红二团 200 多人从后洋村出发，向山柄村民团发起攻击，击毙反动民团总以及恶霸，宣告成立泉属地区第一个乡级红色政权——五陈乡苏维埃政府，接着迫使前黄村民团投降，逮捕了山腰村民团总。17 日，镇压前林村民团总。19 日，国民党海军林寿国部、惠安县民团常务队，以及涂寨等地民团 1000 多人，分三路包围红二团驻地屿头山。政委陈琨等在激烈的战斗中牺牲，团长蓝飞鹤于转移途中被捕，26 日在惠安县城东门英勇就义。至此，惠安暴动在敌人的疯狂镇压下最终陷于失败。

暴动失利后，蓝飞凤、林权民等于 9 月 29 日从惠东前来涂岭，与陈平山、吴敦仁、吴国珍、陈兴桂等会合于林角村，随后在泗洲开会，总结经验教训，研究安排善后工作。与此同时，福建省委指示陈平山、吴敦仁留在涂岭开辟三坪游击区，惠安的党组织划归莆田特委领导。接到指示后，陈平山、吴敦仁、陈冬水、吴国珍等立即部署，随即在大路、南埔、路口、菱溪、赤土埔、陈田、樟脚等地建立党支部，发展农会组织，开辟了自涂岭至三坪山区的游击活动区，使北起枫亭、园庄，南至驿坂纵横 30 里的地带，出现了一个“赤色区”。

三坪游击区的建立，震惊了国民党反动派，他们千方百计妄图扑灭革命烈火。继林权民在惠东被捕并惨遭杀害后，12 月 26 日晚，被逃亡恶霸地主收买的匪徒，乘夜潜伏在吴敦仁住处的窗下打黑枪，杀害了吴敦仁同志。1931 年 1 月 7 日，陈平山从仙游园庄赶回涂岭，准备迎接莆田特委和红军教导队进驻三坪山区，途经寨后村苦鸟笼湾时，遭土匪颜选的爪牙伏击，身中数弹壮烈牺牲。为了给死难烈士报仇，涂岭区委负责人吴国珍率王顺水、王尚任、陈俊臣、出福元等 20 多人，直捣匪巢陈谷寨，击毙四名凶手，夺回陈平山生前使用的驳壳枪。

虽然多次遭遇挫折，但是革命的地下烈火仍在燃烧。在新任惠安县委书记沈玉泉的带领下，惠安县委迅速恢复涂岭等地的党、团、群众组织。1932 年春，陈兴桂在上海病愈后返回路口村，积极与党组织取得联系，在家乡兴办免费的高山小学、儿童夜校、成年民校，开办流动培训班，成立妇女会，同时重建“青年俱乐部”，利用这些阵地进行革命思想的宣传和地下活动。党的许多领导人来路口隐蔽，受到很好的接待，如蓝飞凤患疟疾，在妇女主任朱水莲家隐蔽一个多月。

11 月，厦门中心市委决定撤销惠安县委建制，改设惠安特别支部（简称“惠安特支”）。1934 年三四月间，曹海担任惠安特支书记。曹海在甘蔗园出福元家中建立隐蔽点和联络站，开荒种地，发展生产，解决部分同志长期隐蔽的伙食问题。12 月，曹海在路口花园村收编地方民军时，突遇“保安团”，不幸被捕，翌年牺牲于惠安县城狱中。

1935 年 7 月，厦门中心市委指派曾炉任惠安特支书记。曾炉、何邦基在东坪三台垅林兜家中建立联络隐蔽点。1936 年 8 月，曾炉被敌通缉、追捕，转移到三朱等村，后又到涂岭后头村谢神水家、甘蔗园村出福元家、南埔西龙等地隐蔽活动，不久与闽中工委接上组织关系，继续向前推进革命工作。

（三）抗日救亡

1937 年 7 月 7 日，日本发动卢沟桥事变，中国从此开始了全面抗战。涂岭地区在闽中工委、惠安特支的领导下，展开了轰轰烈烈的抗日救亡运动。

1. 发动群众抗日救亡

7 月下旬，惠安特支书记曾炉按照闽中工委推动抗日救亡运动的指示，在晋（江）惠（安）仙（游）交界三坪山区的黄田、陈田、东坪、寨后、甘蔗园等地发动群众，组织农民协会、学生会、互助会，同时成立“抗日救亡工作组”，曾炉任组长，成员有林兜、陈渥水、林晏明、廖承居、欧元清等。同月，惠安特支在晋南工委书记李刚的指导下，以学校为阵地，从沿海到三坪山区，发动知识青年组织“民族抗日先锋队”。

1938 年 2 月，惠安特支决定：共产党员可以个人身份通过朋友关系兴办学校，公开或半公开地开展抗日救亡活动。3 月，共产党员何适水、曾木生分别在路口、大路村办学，开展抗日宣传活动。9 月，曾炉又深入惠北三坪山区，指导各地农运工作，鼓励农民积极增加生产，支援抗日前线。

1939 年 1 月，惠安特支召开扩大会议，决定特支主要领导实行分区责任制，惠北、惠西北地区（包括坝头、涂坑、岭头、东坪、寨后、东坑、陈田、黄田、义路、岭北，仙游的园庄、杜云等），由曾炉负责。2 月，曾炉在惠西北一带，以学校为阵地，同革命骨干陈渥水、林晏明、林兜、廖承居，以及进步青年师生等，发起组织“惠仙抗日工作委员会”，开展抗日宣传活动，壮大抗日力量。同时发动穷苦农民参加农会组织，在惠北、惠西北等地募捐慰劳抗日军队。

2. 建立交通站和基点村

为了保障联络和隐蔽革命同志，1937 年 7 月，惠安特支书记曾炉在东坪三台垅林兜家中，建立了晋江、南安、惠安、莆田、仙游五县地下交通站（闽中工委交通站），负责人林兜。1942 年 6 月，中共惠安特派员朱伦炎在三朱后宅村建立闽南（闽中）特委、泉州临时工委联系的交通站，负责地下党组织的信息传递，接待来往人员，并提供膳宿、资金，以及掩护疗伤治病的同志。

1944 年 4 月，闽中特委根据省委打通路线和筹款的两大任务要求，指派刘祖丕负责打通仙游至惠安的路线。此后，刘祖丕同朱汉膺、曾炉等在涂岭、三坪、三台垅等地活动，打通三朱至三台垅、山顶彭、磨头的通道。七八月间，从港墘到前林、型厝、西山、峰崎、峰尾、三川、三朱、三台垅的闽中特委机关的交通站、点相继恢复，一些革命基点村也恢复起来。三台垅交通站负责人仍为林兜。

1945 年 4 月，受泉州中心县委的指派，陈纯元接管惠北工作。在他的带领下，惠北地区进一步巩固了基层组织，发展武装自卫，打通三朱、涂岭、三坪、义路、岭北的点、线，配合湄洲岛、南日岛的党组织开展武装斗争。

3. 接应海上游击队撤离

1945 年 5 月下旬，福建省委派粘文华前往湄洲岛传达省委指示，要求闽中海上游击队尽快撤回陆地，到惠安登陆后由朱汉膺带到与仙游交界的三台垅，再转移上山，若情况危急可丢弃枪支，确保人员转移，万不得已时武装干部要争取突围出来。省委还派闽中特委副书记蔡文焕率一个基干班到三台垅开展接应海上隐蔽武装撤离工作。随后，粘文华到惠安，通过朱汉膺和陈纯元准备了一艘交通船，以接应闽中海上游击队隐蔽人员撤入仙游山区。

由于莆田发生“东吴事件”，整个撤离计划被打乱。海上游击队指导员刘祖丕接到游击队员康国强父亲的报告，在知悉康国强被害、游击队已经暴露的情况下，立即回队与第三分队队长林得利等一同烧毁文件。莆田县委杨杞松获悉后，布置交通站掩护刘祖丕、林得利等安全转移。

1945 年 8 月 15 日，日本天皇宣布无条件投降，中国的抗日战争就此胜利结束。涂岭、惠北人民在整个抗战中，在中共的领导下全民皆兵，为抗日战争胜利做出巨大贡献。

（四）反抗国民党统治的斗争

解放战争时期，涂岭人民在党的带领下，开展了反抗国民党反动统治的斗争，并通过提供粮食等物资有力配合了解放军在前线的战斗。1949 年 8 月，在涂岭区工委带领下，涂岭游击队顺利解放涂岭、天马两个乡，国民党政权在此地的统治从此宣告结束。

1. 成立涂岭区工委

1946 年 6 月，闽中地委决定正式成立惠安县工委，朱汉膺协助工作，在惠北、惠东等地加紧恢复原有的关系，开辟新区域，发展党组织，建立武装队伍。1948 年 2 月，朱汉膺被选举为惠安县工委书记，负责惠北片区工作。10 月，在惠安县工委的所在地三朱，成立中共三朱区工委。涂岭地区的革命斗争在党的领导下，进一步发展党的组织，巩固武装队伍，开展游击战争，并且把武装斗争和群众运动结合起来，发动群众进行反“三征”（征兵、征税、征粮）斗争。

1949 年 3 月，惠安县工委决定恢复、成立涂岭、北海等区工委。当月下旬，朱汉膺召集陈金源、林兜、出福元在三台垅林兜家中开会，宣布恢复涂岭区工委，书记陈金源（兼宣传委员），组织委员林兜，武装委员出福元。从此，涂岭区的解放斗争有了自己的领导组织。

至 1949 年 8 月，涂岭区工委先后发展建立了八个党支部，有党员 54 人。八个支部包括世上支部、龙田支部、松洲支部、双田支部、义岭支部、路打（芦朴）支部、涂岭支部、火花支部。

2. 加强群众工作

涂岭区工委建立以后，在涂岭、天马等地，深入贯彻党的工作方针，组织各方力量，向国民党反动派展开斗争。

（1）开展宣传活动。党组织刻印大量传单、标语和理论资料，传播马列主义，大造革命声势。火花支部翻印了许多小册子和革命传单，路打支部先后翻印中共泉州中心县委和惠安县工委传来的资料，包括毛泽东《中国革命和中国共产党》《新民主主义论》《论人民民主专政》，以及“解放军宣言”“三大纪律八项注意”等宣传品。路打、世上、火花等支部，利用夜间到涂岭、南埔、天马等地散发、张贴宣传品。

（2）组织反“三征”斗争。党员和群众骨干带头抵制“三征”，并且发动亲友抵制，进而带动其他群众。他们大量张贴、散发反“三征”的标语、传单，营造斗争声势，还直接警告保甲人员不得继续搞“三征”，一发现立即组织群众展开针锋相对的斗争。比如世上村雇农陈细发被乡公所抓丁，党支部组织群众追到汶阳村境内把他抢救回来。

（3）创办学校、识字班。各地先后创办夜校、识字班、免费小学，教成年人和孩子识字，讲革命道理，教唱革命歌曲，引导青年学习进步书籍，启发他们走向革命道路。各党支部还把教学与妇女运动相结合，推进妇女解放。共产党员施云鹤、朱碧英、陈淑梅在世上村办妇女夜校班，先后培养了10多名积极分子。原在钟厝小学任教的何文英、刘淑明等，在涂岭办妇女夜校班，培养了陈秀珠、章聪娘等一批妇女骨干。

3. 开展军事斗争

涂岭区工委按照上级指示，以筹集枪械建立党的游击武装作为工作重点，于1949年2月建立了涂岭游击队，共60多人枪，同时在五社、驿坂、路口等村设立三个武装游击队集中活动点。其职责除了保境内安全之外，主要任务是护卫县工委驻地三朱村的安全。

（1）五社三次对敌斗争。1948年5月，惠安县反动当局派出军警数十人包围八担基点村，企图消灭我革命武装力量。陈秋桂率领十多名游击队员反击突围，击毙了警察潘瑞奎，迫使二人投降，缴获三支驳壳枪，其余军警狼狈撤回县城。次日下午，反动军警又纠集100多人，进村抢尸，搜捕武工队员，终无所获。1949年4月28日晚，反动军警200多人又袭击园内、八担基点村。县工委得悉，即派朱元、朱春水等四人前往报信。朱元在园内村外与敌遭遇，为了通知村里同志，主动开枪与敌人周旋，村里同志闻知后立即转移群众。黎明前敌人进村扑了个空，只好砸毁群众财物泄愤。1949年五六月间，反动军警再次围剿游击武装据点，但终被打退。

（2）参加击杀江一枝的战斗。辋川乡长江一枝疯狂进行“三征”，勒索百姓钱财。惠安县工委决定击杀江一枝，为民除害。1949年6月28日上午，涂岭区工委派出游击队10多人枪，直达辋川乡公所，与县游击队一起配合，击毙了江一枝、潘奄勇，打伤户籍员，活捉警察一人，缴获了步枪10支、短枪3支。

（3）配合三朱反“围剿”斗争。1949年7月1 日，国民党惠安县县长覃斌、警察局长陈寿松，纠集325师975团和保安团2个营以及武装警察600多人枪，猖狂“围剿”三朱基点村。涂岭区工委组织武装队伍200多人，在陈金源的指挥下，分三路集结，配合县游击大队反“围剿”。数日后，县游击大队粉碎了敌人的“围剿”，撤入三坪山区，继续军事训练和发动群众进行“三抗”斗争。

4. 加紧统战策反

涂岭区工委在开展军事进攻的同时，加紧统战和策反工作，瓦解敌人，化阻力为助力，壮大革命力量，加快反动政权的覆灭。

一方面，指派革命同志利用关系打进敌人内部，控制政权或军警中的一些要害职位，为我所用。1948 年 10 月，朱汉膺指示驿坂街尾陈世庭竞选当上保长，以“白皮红心”形式组织武装游击队，建立驿坂北墓庵交通站（由林木成和程玉夫妇负责），打通菱溪到东坑、寨后、东坪三台垅的通道。1949 年初，组织上派世上村共产党员陈仁才进入涂岭乡警队，并且发展陈贻芳为内线，为游击队谋取到长短枪四支和大量子弹，事后又把陈仁才输送到闽中游击队工作。

另一方面，加紧分化瓦解反动堡垒内部人员，对他们施加压力，促其投诚、起义。陈金源直接同双田保长、保民代表谈话，他们都表示要改邪归正，有的还提供枪械、弹药、粮食等。这给我党推动革命斗争，解放城乡减少了许多压力。

5. 解放县城和涂岭

1949 年 6 月，中国人民解放军三野入闽，即将解放闽中南一带。为响应闽中地委决定，筹粮借款迎接大军南下和准备县城解放后的军需民用，涂岭区工委召开会议进行布置。会议决定：对地主恶霸强行摊派粮 1000 ～ 2000 担 ，对富裕户暂借 50 ～ 100 担，革命群众自觉借粮，数量不限。各支部经过努力，截至 9 月上旬，共筹到粮食 100 余万公斤。涂岭、驿坂两个供应站不分昼夜为部队提供军粮和马料，有力地支援了人民解放事业。

1949 年 8 月 21 日，惠安县工委召开会议，决定于 8 月 23 日解放惠安县城，要求涂岭区工委派人配合，并向涂岭区工委下达接管涂岭、天马这两个乡乡政权的任务。8 月 22 日，涂岭区工委在长箱村恒德寺召开扩大会议，研究具体方案，陈金源、出福元和各支部书记、部分党员出席会议。会议决定兵分两路，由路打、松洲抽调 20 余人枪参加解放县城的战斗，由世上、龙田、路打（芦林）三个支部组成队伍接管天马乡，其余村参加接管涂岭乡政权。当晚，陈金源向集结的 200 多名战斗人员作动员，宣布区工委的决定。

8 月 23 日上午，区工委游击队一行 30 多人，由陈金源等带领，到达南埔岭头天马乡。在操场上，陈金源宣读《闽浙赣游击纵队闽中支队惠安大队命令》，责令管理人员交出枪支、弹药、钱粮清册、文书档案。当天下午，陈金源、出福元等带领 100 多人到达菜堂，接管涂岭乡公所，办理移交手续。至此，涂岭、天马两个乡政权全部掌握在涂岭区工委手中，国民党在涂岭地区的统治宣告覆灭。

同日，惠安县城获得解放，随后惠安县人民办事处成立，朱汉膺担任主任。9 月 6 日，解放军、南下干部与地方干部、游击队胜利会师。中共惠安县委、惠安县人民政府成立，尚书翰任县委书记，朱汉膺任县长。自此，惠安新政权正式建立。

在地方匪盗横行、兵祸连连，国家动荡不安，百姓生死存亡的动乱年代，英勇的涂岭人民在党的领导下，众志成城，积极投身革命洪流，抱着舍生取义的崇高信念，为了地区安宁、国家前途而不懈战斗。

1927—1949 年在涂岭建立的政权、军事组织

表 9

时 间	组织名称	驻 地	负责人
1927 年 7 月	涂岭农民协会　农民自卫军	魁星楼	施岑依
1927 年 8 月	惠安县特别支部委员会（中共涂岭区委）	魁星楼	王德彰
1927 年 12 月	惠安工农革命军	魁星楼	王德彰
1930 年 7 月	福建红军独立第一师第一团	涂岭	陈平山
1937 年 7 月	闽中工委交通站	东坪三台垅	林　兜
1949 年 3 月	中共惠安县涂岭区工委	涂岭	陈金源

二、英雄人物显本色

20 多年艰苦卓绝的革命岁月，在涂岭广袤的红色大地上，涌现出了林兜、吴国珍、陈桂兴、苏法全、陈平山、吴敦仁、出福元、郑汉生、陈冬水、陈金元等无数为了国家前途、人民幸福而舍生忘死的仁人志士。他们在动荡的岁月中，毅然将个人前途与国家安危紧密相连，甘愿为国家和民族的未来奋斗终生，甚至不惜献出自己宝贵的生命。他们的伟大人生、英勇事迹，值得我们世代铭记、缅怀、传颂。

（一）林兜

林兜（1896—1984），又名鸿民，原惠安县涂岭区东坪村人，20 世纪 30 年代中期参加革命，任三台垅闽中工委秘密交通站负责人、抗日救亡工作组成员。1947 年 10 月，闽中地委确定重新吸收其入党。1947 年 11 月 13 日不幸被捕，1948 年 11 月 19 日经营救出狱。新中国成立后先后在惠安、莆田政府工作，担任多个职务。

林兜

林兜居住于晋（江）、惠（安）、仙（游）边界的山村三台垅。1937 年 7 月下旬，中共惠安特支书记曾炉在三坪山区开展秘密革命活动，并在三台垅林兜家中建立中共闽中工委交通站，林兜为负责人。该交通站是泉州中心县委经晋江北部，通往闽中工委和闽浙赣省委重要的秘密交通站，泉州、闽中领导人往返都在这里住宿过。林兜勇挑交通站的重担，积极做好通信联络工作，热情接待各方来往的同志，仅靠自家的辛勤劳动，节衣缩食，无偿地提供膳宿。这种举家革命、无私奉献的精神是难能可贵的。1941 年 1 月，惠安县特支书记曾炉被捕获释后，曾来此隐蔽、养伤。1944 年，晋、南等地的张尚楚、陈佑时、林拱辰等要前往新四军处，由王经贤带领来此居住了一段时间，后因故未能成行。1944 年 5 月，中共惠安特派员刘祖丕、朱汉膺、曾炉、庄昌文也在此隐蔽活动。1945—1946 年，惠安东岭前林地下党支部书记庄昌文被敌通缉，也来到三台垅隐蔽斗争。

1947 年 11 月，由于曾经到过三台垅的谢弓（又名扶西）被捕叛变，国民党驻惠部队派出一个中队兵力，“围剿”了三台垅交通站，林兜被捕入狱。面对穷凶极恶的国民党反动派，林兜沉着应对，拒绝回答其种种责问。尽管历经各种酷刑的逼供，但林兜始终以自己“为山区农民，时有人过往借宿，并不知道有共产党”为借口回应。在他的坚持下，敌人终无所获，在更换了多个监狱关押又找不到任何把柄后，于 1948 年 9 月将他押送惠安县看守所。在惠安看守所，他最终与组织取得联系。10 月，中共惠安县工委领导组织营救，与敌人进行了机智的周旋，得悉需经保甲人员具结担保，方可开释，11 月 19 日，王裕、林善生、林升鸿冒充保甲人员，前往惠安县城监狱具保开释，林兜终于获释脱险返乡。出狱后林兜继续在党的领导下组织人们开展反“三征”的斗争。在担任区工委组织委员期间，他与何邦基、陈金源一起积极发展党的组织，于 1949 年 6 月建立了双田、义岭两个党支部，共有党员 10 人。7 月下旬，林兜与朱汉膺等组织筹粮借款，迎接大军南下，最终解放了涂岭，接管基层政权。

新中国成立后，林兜先后担任涂岭区农会主席，惠安县农会副主席、林业科科长、监委会副主任等职，1955 年 5 月任莆田县监察组组长，1958 年初退休返回家乡。

吴国珍

（二）吴国珍

吴国珍（1901—1974），涂岭镇泗洲村人。年轻时考入集美学校师范部学习，1925 年 12 月在学校秘密加入中国共产主义青年团，成为共青团集美支部早期团员之一。1926 年 4 月，参加中国共产党，自此开始革命生涯。

1926 年 10 月，吴国珍受中共厦门特支指派，与王德彰、柯联定等集美同学回惠安开展革命活动，参与建立中共惠安县临时委员会、涂岭区委等工作，先后担任区委委员，泗洲党支部书记等职。1928 年 1 月 16 日，与吴敦仁、陈冬水、王尚任等，领导指挥工农革命军与国民党海军陆战队杨献秋营 300 多个入侵敌人的战斗，激战于泗洲溪谷，大获全胜。1930 年 9 月，“惠安暴动”时，任福建红军惠安独立第一师一团秘书长，参与攻打反动豪绅陈速生的惠枫车站老巢。1931 年 1 月上旬，以王顺水、王尚任、陈俊臣、出福元等人，趁夜晚直捣匪巢陈谷寨，击毙暗杀陈平山的凶手，为陈平山讨还血债。

1949 年初，积极参加涂岭区工委的游击队活动和反“三征”斗争，以及接管涂岭乡公所的工作。中华人民共和国成立后，在涂岭中心小学任教，1957 年被错划为右派回乡务农，曾向惠安县人民政府捐献历史档案 50 件。1958 年，因建设泗洲水库搬迁需要，吴国珍与家人自愿报名迁至漳州长泰十里农场落户。1974 年 1 月 3 日因病去世，时年 74 岁。

（三）陈兴桂

陈兴桂（1902—1964），1902 年出生于涂岭路口村。1917 年前往厦门谋求生计，起初为杂货工人，1925 年在厦门大学当员工。其时，厦门的革命运动已蓬勃展开，马克思主义在此广泛传播。陈兴桂受到革命进步书刊的熏陶和周围不断高涨的工人运动的影响，决心加入革命队伍。1926 年，于厦门加入共青团，1927 年，党组织派其前往鼓浪屿闽南职业学校学习，后加入赤色工会，积极参加工人运动。1929 年 10 月加入中国共产党，负责鼓浪屿省委秘密印刷所工作。

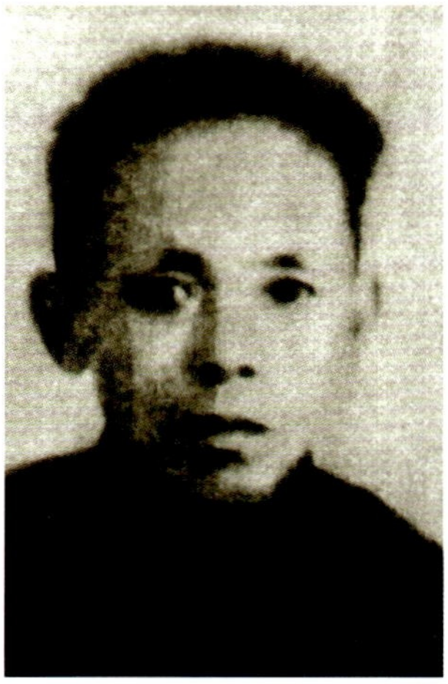

陈兴桂

1930 年春，省委印刷所遭敌破坏，陈兴桂被迫转移回乡继续从事地下革命活动，被组织选为中共路口支部书记。6 月，陈兴桂与陈平山、蓝飞凤、吴敦仁等，以涂岭为中心进行惠安暴动的准备工作，在原有工农革命军的基础上，整顿加强武装力量，并在路口等村设“青年俱乐部”，发展农会组织，开办夜校，组织妇女会。7 月，陈兴桂同蓝飞鹤、吴敦仁、吴国珍，发动路口、菱溪、涂岭以及“十八乡”的三朱、前烧等村近千名农民，开展了“抗捐拒匪”斗争，除掉当时惠北臭名昭著的土匪汪汉民。7 月下旬，福建省委书记罗明到泉州、惠安指导惠安暴动，陈兴桂被委任为惠安县苏维埃政府筹备委员会主席。9 月，惠安暴动失利后，陈兴桂同陈平山、吴敦仁等人坚持在惠北开辟三坪游击区。

1930年底至1931年初，惠北革命领导人吴敦仁、陈平山先后遭到匪徒暗杀，革命事业遭受重大挫折，陈兴桂在路口村继续发动群众，组织农民运动，1931年，因生病前往上海治疗。1932年病愈后返回路口村，即与党组织取得联系，在路口兴办免费的高山小学、儿童夜校、成年民校，开办流动培训班，重建“青年俱乐部”，积极利用这些阵地，进行革命思想的宣传。陈兴桂还到五里松、花园、菱溪等村宣传，发展秘密农会，建立路口、菱溪妇女会，接待隐蔽过往的同志。1964年去世，享年62岁。

（四）苏法全

苏法全（1902—1930），又名苏文英，涂岭路口人，是我省大革命时期的中国共产党党员，学生运动、工人运动的领导人。苏法全少年时代随祖父母迁居厦门，就读于集美师范。当时，中国民主革命正蓬勃发展，在革命浪潮的推动下他勤奋读书，经常阅读革命书刊，受到马克思主义的影响，走上了革命救国的道路。

苏法全

1927年，苏法全加入中国共产党，在罗明、陶铸等领导的中共福建省委工作，任工运部部长。同年4月12日，蒋介石在上海发动反革命政变，疯狂屠杀共产党人和革命群众。在白色恐怖最严重的时期，苏法全奔波于漳州、集美、厦门等地，组建“共励社”（后更名为“同励社”），经常到码头、工厂向工人宣传革命道理，传播革命火种，发动工人投身革命。在他的带动和影响下，工人们纷纷加入“同励社”，斗争队伍迅速壮大。他先后组织会员攻打国民党反革命势力控制的台湾公馆、“会审公堂”，发动工人罢工游行示威，沿街高呼口号，散发传单，张贴标语。工人们的革命行动，令厦门反动当局十分震惊。1930年5月4日，苏法全在鼓浪屿被国民党特务逮捕。在狱中，他受尽严刑拷打，但他毫不屈服，严守党的秘密，始终保持坚贞的革命气节。同年7月，苏法全被敌人秘密杀害，时年28岁。1957年，厦门市人民政府追认苏法全同志为革命烈士。

（五）陈平山

陈平山（1903—1931），学名震寰，清光绪二十九年（1903）出生于涂岭樟脚村犁壁岭一户穷苦的基督教徒家庭。因家境困窘，平山童年起就上山放牧、砍柴、拾草或做其他的家务劳动，直到10多岁才到哲化学校读书。在学校里，他勤学好问，成

陈平山

绩优异，深得业师的器重。同时，他秉性刚直，爱憎分明，对仗势欺人、以富压穷的现象极其痛恨。

1923 年底，惠安北部农、盐民因反对苛捐暴敛，掀起了武装抗捐的斗争。陈平山耳闻目睹这场斗争的经过，对罪恶累累的军阀、官僚极为愤恨。在这期间，《新青年》《向导》《星火周报》等革命书刊已流传惠安各地。他如饥似渴地阅读了不少革命理论书刊，深受革命思想的熏陶。1925 年，上海发生“五卅”惨案的消息传到惠安，平山怒不可遏，带领一批进步同学走出校门，联络其他学校的学生举行罢课、罢考，组织宣传队前往几个集镇和英办的“仁世医院”，愤怒揭露军阀、买办、帝国主义的罪行，声援上海工人的正义斗争。自此，平山深知不投笔从戎便无法救国。是年秋，他经人介绍前往广州投考黄埔军校，先进入中央军委宪兵学校学习，后参加广东革命政府组织的第二次东征讨伐陈炯明。1 月 9 日，被录取黄埔军校第五期步科。5 月 1 日参加叶挺独立团北伐先遣队，从广东出发，进军湖南，历经几次重要战役，如奇袭汀泗桥、攻打贺胜桥。在参加攻打武昌城战役中，多处负伤后返回广州养伤，恢复后转入黄埔军校第五期第一学员大队第四中队第十四区队军官区继续学习。入校后，他学习马列主义的基本理论和俄国十月革命的经验，思想觉悟有了很大的提高，不久他加入了中国共产主义青年团，翌年春转为中国共产党党员。1928 年党组织将其派回福建漳、厦一带工作，同年夏派往晋、南、惠组织领导革命斗争。历任中共惠安县委书记、中共泉州特委军委书记、福建红军惠安总指挥部总指挥等职务。1931 年 1 月 7 日，在开辟惠、仙交界的三坪山区游击根据地的活动中，遭敌伏击不幸牺牲。

1927 年 4 月 12 日，蒋介石在上海发动反革命政变。15 日，国民党右派在广州进行大屠杀。26 日，黄埔军校开始“清党”，陈平山和 200 多名左派学生被捕入狱。同年 12 月 11 日，广州起义打响。在党组织的带领下，陈平山与同学们一道破狱而出，加入暴动行列。战斗中，他不顾头部负伤，仍然冲锋在前，英勇作战。1928 年 1 月，党派陈平山回福建工作。省委指派他到厦门、漳州一带进行地下革命活动。同年 6 月，在漳州他通过同学关系打入驻漳张贞部 49 师。因叛徒出卖，他再度被捕入狱，在狱中被严刑拷打，因刑重而罹患重病，但毫不屈服。他的坚强深得狱中一个看管人员的敬佩，遂请同乡人陈培基入狱为他治病。后来，他与陈培基认亲，通过陈培基的帮助与组织上取得联系。党组织派人潜入狱中，锯断屋顶上的木桷将他救出来。

出狱后，福建省委派平山参与领导晋（江）、南（安）、惠（安）一带工作。他深入到贫苦民众中，宣传党的纲领、政策，发展党的组织，开展农运、兵运工作。1929 年 4 月间，陈平山来到故乡涂岭山区，设法恢复于 1928 年 1 月被敌破坏的农民协会。在短短的两个月里，他走遍了涂岭山区各个村落。6 月 10 日，陈平山在大埔园寺召开有 30 多人参加的骨干分子会议，研究发展农民运动的具体措施。此后，涂岭的农民协会如雨后春笋般蓬勃发展起来，农民协会会员达 2000 多人。陈平山每到一地，总是大力发展党的组织。从 1928 年冬至 1930 年 7 月，他亲自发展的党员有 10 余人，蓝飞鹤、林权民、蓝飞凤、朱汉膺等都是在这个时期由他先后介绍加入中国共产党的。

1929 年 12 月，党组织调陈平山任中共惠安县委书记。1930 年 4—5 月，福建省委委派他为泉州特委军委书记。5 月间，惠安县委在涂寨和弄村召开党员及积极分子会议，平山主持了这次会议，决定惠北以涂岭为活动中心，着重抓紧整顿和扩大革命武装队伍。会后，陈平山和吴敦仁、陈兴桂等在涂岭路口村办起了“青年俱乐部”，以俱乐部为核心，在周邻几个乡村办夜校，建立妇女会、少先队等组织，进一步把群

众组织起来。进而，陈平山又到后楼村召开党员大会，宣布恢复、重建后楼、陈田、长箱、路口、赤土埔等五个党支部。这时全县有12个党支部，党员60名，成为当时全省发展党员最多的地区之一。

1930年5月，带领涂岭籍农民骨干王好发、陈木、陈山德、周田生、吕好成参加著名的“5·25”厦门破狱。1930年6月，中共福建省委指示泉州等地党组织应加紧组织武装暴动，建立苏维埃政权，同时同意惠安举行武装暴动。7月初，陈平山和蓝飞鹤回惠安，抓紧武装暴动的准备工作。不久，省委书记罗明来泉州、惠安检查工作，召开会议决定成立中共泉州特委，以领导惠安暴动，陈平山被任命为军委书记，同时成立“福建红军惠安总指挥部”“福建红军独立第一师”，陈平山为总指挥。会后，陈平山和特委、县委其他领导人分头深入到各地，加紧暴动前的准备工作。7月底，特委、县委为建立沟通惠东、惠北两地交通联络的“辋川走廊”，由陈平山、蓝飞鹤偕省委苏阿德组成突击组，在辋川、西山、大前黄等18个乡，夜以继日地突击发展秘密农会点，以及鸢山小学、醒民小学两个交通站。由于陈平山有着丰富的群众工作经验，不久即打通了“辋川走廊”。8月，领导暴动的特委和县委负责人，在五陈山尾村陈琨家中召开会议，全面研究暴动计划。具体行动方案是惠东突破、惠北打援、合攻县城、进军三坪。惠安暴动武装组织编为团、营、连、排，归福建红军惠安总指挥部领导。总指挥部下设两个团建制，惠北为第一团，由陈平山任团长兼政委。第一团的任务是主攻地主豪绅陈速生的老巢涂岭街惠枫汽车站，并伏兵陈潼关，阻击来自莆田的援敌海军陆战队林寿国部。9月14日夜，红军第一团战士佩挂“红军”臂章，集结于恒德寺。15日凌晨，陈平山等领导人带领暴动的红军队伍分头出发，迅速包围地霸老巢涂岭街惠枫汽车站，由营长陈木和陈山德等去砸门。因铁门坚固，久砸不开。此时已近天亮，邻村群众不明情况，以为是土匪打劫，鸣锣聚众向涂岭街冲来。陈平山为避免暴动武装与群众发生误会，下令撤出阵地，退驻于泗洲、洪厝坑一带。

暴动失败后，9月29日，陈平山、吴敦仁在泗洲与蓝飞凤、林权民等会合，召开会议，总结暴动的失败教训，研究善后和部署下一步的工作。10月下旬，根据省委指示，陈平山领导涂岭区委，以南部的菱溪、泗洲，西北部的樟脚、寨后、洪厝坑、后头为据点，大力开辟涂岭至三坪山区的游击活动区，使北起枫亭，南至驿坂纵贯30华里地带，一度出现武装游击“赤色区”的局面，当地国民党的党、政机关逃散一空。

陈平山杰出的革命活动能力，引起反动派万分恐慌和仇恨。在国民党悬赏1000银圆到处通缉他的同时，反动豪绅策划的暗杀阴谋也在加紧进行。1931年1月7日，陈平山为迎接莆田特委和红军教导队进驻三坪山区，于当日由仙游园庄赶回涂岭，途经寨后村的苦鸟笼湾处，突遇埋伏袭击，身负数弹，壮烈牺牲，时年27岁。陈平山短暂的一生是革命的一生。他忠于党，忠于人民，富有为革命事业献身的精神和革命乐观主义精神。他历尽艰辛，出生入死，百折不挠，英勇奋斗，为组织农运、兵运，发展党的组织和开辟游击区，做出了重要贡献，不愧是一位优秀的共产主义战士。

（六）吴敦仁

吴敦仁

吴敦仁（1906—1930），原名有土，1906年2月出生于涂岭林角村，7岁时入涂岭街的鼎新小学读书。少年时代他就富有正义感，乐于为穷苦人说话、办事，深受乡亲们喜爱。吴敦仁是惠安县早期的共产党员，学生运动和农民运动的领导人，先后担任学生党支部负责人、林角村党支部书记、涂岭区委书记、惠安县委委员。1930年9月惠安暴动失利后，遭敌暗杀，为党的革命事业献出了年轻的生命。

1921年秋，吴敦仁考上集美学校师范部。课余时间，他经常阅读革命书刊，如《星火周报》《向导》《新青年》等，受到马克思主义的熏陶和启迪，决心走拯救中国的革命道路。他积极参加地下党组织领导的校内外学生运动，曾于1923年参加集美同学反对校长压迫、摧残学生的学潮。1926年秋，吴敦仁毕业于集美师范，后参加集美同学回乡宣传队回到惠安，参与在城关、山腰、涂岭等区开展的反帝反封建宣传活动，组织农民互助会，进行减租减息斗争。吴敦仁在宣传队里，既是领导者，也是个出色的宣传员，善于运用口头演讲和撰写文章来激发青年的革命热情，使得宣传活动极其成功。12月中旬，他由王德彰、吴国珍介绍加入中国共产党。1927年1月，中共惠安县临委成立，他担任学生党支部负责人，成为惠安县党组织早期的8名党员之一。此时正值国共合作大革命时期，吴敦仁积极支持国民党左派，担任了由共产党协助成立的国民党惠安县临时党部的组织干事，接着又担任县联合会执委，负责宣传工作。由于吴敦仁擅长做学生的思想政治工作，因此把许多渴求进步的青年学生团结在党组织的周围，使之成为革命的后备军和生力军。1927年1月，吴敦仁、苏克明等8人以县学联名义在县政府机关内组成钱粮监督委员会，对当时征收农民钱粮实行监督，杜绝附加陋规，受到广大农民的衷心拥护。3月间，惠安县临委发动并领导打倒土豪劣绅、取缔奴化统治的反封建斗争。吴敦仁起草《为打倒土豪劣绅告惠安民众书》，信中列举了土豪劣行，号召民众起来反抗，在社会上引起强烈的反响，推动了反封建斗争的顺利开展 。

“4·12”反革命政变后，国民党反动派在惠安进行“清党”活动。吴敦仁和吴国珍奉命转回涂岭农村坚持斗争。他在母校鼎新小学担任教员，以职业为掩护开展农民运动。5月中旬，吴敦仁同闽南特委派来的施岑侬、许彩英一起组织农民互助团，时有成员60人。他们以互助团成员为骨干，创办农民政治训练班、农民夜校；向农民宣传革命思想，把穷苦的农民群众团结起来。7月，涂岭农民协会和农民自卫军在林角村相继成立，吴敦仁被推选为农民协会副主席。吴敦仁和施岑侬等尽最大努力，发展壮大并训练农民自卫军队伍。吴敦仁将自己平时当教员领到的薪金，大部分用于革命活动和资助同志。他还拿出爱人的嫁妆三四丈红布，缝制成红旗和袖章，并想方设法筹得款项购买了一些枪支，武装农民自卫军。

1927年8月，王德彰接受中共闽南临委的指示，从厦门返回涂岭，建立中共惠安县特别支部委员会（亦称涂岭区委），同时成立三个党支部，吴敦仁任林角党支部书记。农民自卫军在涂岭区委的领导下开展了轰轰烈烈的减租减息和抗捐斗争。7—8月，吴敦仁和施岑侬等带领农民自卫军，先后三次击退惠安、泉州“田亩捐”局长带领的征税军队，以及林寿国海军陆战队催捐军队300多人的进攻，缴获10多支枪以及其他战利品。1928年1月10日，中共福建临时省委召开紧急扩大会议，吴敦仁和吴国珍作为惠安党组织的代表出席了会议。省委支持惠安农民抗捐斗争，并指出了惠安今后应转为游击战争。吴敦仁受到很大鼓舞，决心把革命进行到底。1月11日，涂岭农民协会遭到国民党反动军队的袭击，王德彰、林泽民等被捕。但涂岭农民武装斗争并未停止。1月16日，吴敦仁和吴国珍率领农民武装队伍在泗洲全歼来犯的林寿国部杨燕秋营，俘、杀其官兵70余人，缴获枪械200余支。

由于隐蔽斗争的需要，吴敦仁于1928年11月暂时离开祖国前往越南，在华侨经营的商店当店员。翌年10月，他返回故乡，依然坚持地下斗争。1930年6月，吴敦仁同蓝飞鹤、陈兴桂等先后在路口村，以及泗洲、长箱、刘厝、松园等村，组织“青年俱乐部”，发展农会组织，开办夜校，发展农民武装，广泛开展“抗捐拒匪”斗争。7月，福建省委决定在惠安武装暴动。7月下旬，省委书记罗明到泉州、惠安检查工作，决定成立中共泉州特委，领导惠安暴动。随后福建红军独立第一师、福建红军惠安总指挥部成立，陈平山任总指挥兼任红军第一团团长、政委，计划惠东、惠北两地同时举事，合攻县城后挺进惠北三坪山区建立游击根据地。吴敦仁被增补为惠安县委委员，负责惠北区委的工作，并分工负责在暴动时率领一支红军队伍埋伏在陈潼关一带，阻击来自莆田的敌援部队。9 月 15 日凌晨，吴敦仁同红一团按计划分头出击涂岭地主恶霸陈速生的武装据点涂岭惠枫车站，并控制其老家。在攻打过程中，为避免与误以为是土匪打劫的附近村庄“联防”群众冲突，红一团撤回泗洲一带隐蔽。

惠安暴动失败后，国民党反动派派出大批军警民团，疯狂地“围剿”革命势力，残酷杀害共产党员、红军战士及其家属，惠东、惠北笼罩着白色恐怖。有人告诉吴敦仁，当地恶势力正收买匪徒要暗杀他，同志们也劝他暂时隐蔽以防万一，他却泰然回答：“人，迟早总有一死，为革命而死，有何可惧！”将个人生死置之度外，仍坚持党的工作。10 月中旬，省委领导人王德前来涂岭传达省委指示，决定留下陈平山、吴敦仁、吴国珍等在惠北坚持斗争，开辟惠安、仙游、晋江交界三坪山区游击区。吴敦仁和陈平山、吴国珍、陈冬水等对涂岭区委进行了整顿，并迅速在涂岭、驿坂、樟脚、陈田等地建立党支部和农会组织，大力开辟涂岭至三坪山区的游击活动区，坚持开展反抗国民党反动政府征捐派税的斗争，使北起枫亭、园庄，南至驿坂，西至三坪地带一度成为武装游击“赤化区”。11 月，吴敦仁和涂岭区委利用地方绅士黄逸谋出面组织涂岭“团防”，并派出干部在驿坂等处以村“联防”为名，组织武装力量，从中培训游击队骨干，掌握地方武装，表面防御匪盗，实是对抗国民党军警、民团的进犯。

1930 年 12 月 26 日，吴敦仁外出活动后于傍晚回到家里。8 时许，他正躺在楼下卧室里的床上看书，突然受到潜伏在窗外、被地霸收买的匪徒的枪击，胸部和肩胛多处中弹，为革命献出了年轻的生命，年仅 24 岁。吴敦仁的一生虽然短暂，但为革命事业鞠躬尽瘁，做出了不可磨灭的贡献。

（七）出福元

出福元（1910—1994），涂岭镇小坝村甘蔗园自然村人。土地革命战争时期、出福原参加涂岭工农革命军。1928 年 1 月 16 日，参与阻击国民党海军陆战队杨献秋营入侵涂岭的泗洲战斗。1929 年冬，加入中共泗洲支部。1931 年 1 月 7 日。与吴国珍、陈俊臣等 20 位勇士，连夜奔袭陈谷寨匪巢，击毙暗杀陈平山的匪徒凶手。此后，在家乡甘蔗园村自己的家中及后头村建立的惠安特支隐蔽点和联络点开展活动。

出福元

1949 年 3 月，出福元任涂岭区工委武装委员。8 月 23 日下午，与陈金源等带领 100 多人枪，接管涂岭乡公所。10 月，任涂岭区武装委员，带领民兵进山围剿。1958 年任黄塘公社副社长，后因精通中草药治病医术，调任黄塘卫生院院长、书记，1974 年以后调任涂岭卫生院院长、书记。1979 年离休，1994 年 1 月 5 日，因病去世，终年 84 岁。

（八）陈金源

陈金源

陈金源（1926—1991），乳名金元，曾用名纯洁，涂岭镇世上村人。1945 年秋考入泉州国立海疆专科学校。读书期间，在朱汉膺、朱联法等共产党员的教育影响下，开始参加革命活动。1948 年 6 月，经朱联法介绍加入中国共产党。同年秋返回家乡，在涂岭和天马地区传播马列主义，组织武装队伍，开展游击斗争，发动群众反“三征”。1948 年 12 月，世上党支部成立任书记，1949 年 3 月，中共涂岭区工委恢复成立任区工委书记，兼任宣传委员，培养了一大批革命积极分子，先后建立 8 个党支部，发展党员 54 名。

从解放战争到中华人民共和国成立，陈金源积极参与组织三朱反“围剿”、晋仙边界的军事斗争，开展统战策反、支前等筹粮、迎接解放大军南下，参与解放惠安县城，接管涂岭、天马两乡政权等工作。1949 年 8 月，惠安解放后，先后担任涂岭、洛阳、辋川区区长，中共惠安县委宣传部部长、县委常委、副书记等职，1955 年 6 月任菱溪水库工程指挥部副指挥，1958 年 7 月先后任泉州大学副校长、泉州师专校长、泉州师院院长和党委副书记，1960 年 5 月起先后任华侨大学教务处主任、处长和党委委员等职。1970 年 3 月调任晋江地区围垦与山美水库工程指挥核心组组长和移民领导小组副组长，1973 年 11 月任中共泉州市委常委、革命委员会副主任，1982 年 11 月任中共泉州市委常委、市政府副市长，1983 年 11 月任泉州市人大常委会副主任，1990 年 2 月离休，1991 年 6 月 29 日因病去世，终年 65 岁。

三、记忆先烈重传承

20 多年烽火岁月，涂岭人民用热血铸就了涂岭在惠安乃至福建省革命斗争史上的地位。战火与硝烟，也成就了陈平山、吴敦仁等一大批涂岭仁人志士永载史册，千秋传颂。涂岭这片荣耀的红色沃土，孕育出矢志不渝、坚贞不屈、众志成城、英勇献身、不胜不休的革命老区精神。这种精神，是先辈们留给后人最宝贵的精神财富。

只有正确地认识过去，才能更好地创造未来。我们要牢记历史，继承先辈遗志，发扬爱国主义革命传统，将革命老区精神作为我们为涂岭建设不懈奋斗的精神动力，不忘初心，砥砺前行。

（一）修建烈士陵园

中华人民共和国成立后，涂岭地方政府以及惠安、泉港、泉州、福建省政府都十分重视对革命老区的保护、宣传以及政策扶持，力图将红色文化发扬光大。鉴于涂岭革命根据地在大革命时期至解放战争时期的重要地位，1983 年经福建省人民政府审查评定，授予涂岭镇下辖的 21 个行政村（涂岭、松园、前欧、清美、涂型、芦朴、汶阳、世上、白潼、驿坂、五社、路口、溪西、丘后、樟脚、寨后、黄田、小坝、秀溪、溪头、下炉）为革命老区基点村；1987 年又经省政府评定，批准涂岭为二次革命战争时期革命老区乡。两个极具分量的荣誉称号，是对涂岭在革命战争年代突出贡献的充分肯定。多年来，涂岭人民政府也多措并举，先后修建了陈平山烈士纪念碑、吴敦仁烈士纪念碑等，弘扬红色革命传统。

1. 陈平山烈士陵园

陈平山于 1926 年参加革命，是从黄埔军校走出来的惠安红军总指挥。在白色恐

陈平山烈士陵园

怖的战争时期，他为革命事业打游击，从事地下斗争，浴血奋战，带领一批又一批仁人志士为民族解放而前赴后继、不懈奋斗，为革命队伍培养了一大批骨干，最终为民族解放、人民自由献出宝贵生命。陈平山是我党早期的卓越革命活动家和伟大的共产主义战士。1952 年，陈平山被中华人民共和国中央人民政府内务部授予“二次革命时期革命烈士”荣誉称号。

陈平山烈士纪念碑

为了纪念陈平山烈士，弘扬爱国主义精神，1950 年福建省晋江专员公署、惠安县人民政府在陈平山烈士生前生活和战斗过的涂岭樟脚村陈国寨山麓修建了陈平山烈士墓。20 世纪 60—80 年代，蓝飞凤、潘境高、蔡彬、廖安仁、刘锡英、王少辉、肖晚等人纷纷对陈平山同志的事迹进行追忆，留下文字记载。

1986 年春，经泉州市老区办、惠安县民政局拨款以及涂岭乡村集资，惠安县人民政府于樟脚村岭头尾大榕树旁，将原来的陈平山烈士陵墓迁此重建，并修建纪念碑。重建后，墓丘呈龟壳状，墓埕分两层，总占地面积 150 平方米。纪念碑为宝塔式石结构，后因台风，榕树折断，碑身被压倒，2004 年泉港区人民政府按原貌予以修复。2008 年涂岭镇及樟脚村筹措资金修缮纪念碑并对周边进行了扩建，整个纪念碑占地面积约 700 平方米。碑座方形石构，正面镌刻陈平山烈士传略；碑身汉白玉石砌成，通高 6.6 米，阴刻描金罗明（1930 年任中共福建省委书记，中华人民共和国成立后曾任广东省人大常委会主任）题写的“陈平山烈士永垂不朽”九个大字；磨光辉绿岩出檐碑盖，顶托汉白玉圆雕火炬；花岗岩底座，四周环以石栏。纪念碑坐北朝南，下方为陵墓及墓前广场。纪念碑的右侧有一株树龄 300 多年的古榕树，枝繁叶茂，绿意盎然，为整个烈士陵园增添了勃勃生机。

多年来，涂岭镇政府及惠安县政府、泉港区人民政府通过举办丰富多彩的纪念活动来缅怀陈平山烈士，将陈平山烈士陵园打造成地区红色革命教育基地和泉港区重要的爱国主义教育基地，在当地的主流价值观教育中发挥了巨大作用。这里不仅有场地，有兼职的教员，而且还有以陈平山烈士生平事迹为主题的教材。这个基地主要由“陈平山烈士墓”“陈平山烈士纪念碑”“陈平山烈士纪念室”“陈平山烈士故居”等组成。每逢重要节假日，前来瞻仰纪念的人群络绎不绝，有机关党员、干部，有企事业单位人员，还有中小学校的学生，以及其他各种团体等。他们利用烈士墓、纪念碑、纪念室等相关教育场所，开展形式多样的教育活动，或实地聆听烈士生平事迹；或在纪念碑前举行入党、入团、入队的宣誓仪式。每年清明节，各中、小学学生和全区各界人士，以及人民群众纷纷前往纪念碑前瞻仰，敬献花圈，祭扫悼念，参观纪念室。

陈平山烈士陵园于 1997 年被确认为泉港区爱国主义教育基地，2009 年成为市级爱国主义教育基地。2001 年 12 月，泉港区人民政府公布陈平山烈士纪念碑为泉港区文物保护单位。

2. 吴敦仁烈士陵园

吴敦仁是惠安早期共产党员，惠安民主革命思想的主要传播者，学生运动和农民运动的领导人，惠安县地下党主要负责人之一，三坪游击区的主要创建者，曾任中共涂岭区委书记、惠安县委委员、惠安暴动的组织者。他先后培养了一大批革命志士和领导人，如陈冬水（曾任惠安县苏维埃筹备委员会副主席）、王顺水（曾任工农红军营长）、林宝兴（曾任工农红军营长）等。为了纪念吴敦仁烈士，弘扬其为革命事业大无畏的献身精神，1988 年惠安县人民政府在吴敦仁家乡涂岭镇涂岭村林角自然村，修建了吴敦仁烈士纪念碑。

吴敦仁烈士纪念碑

2005 年泉港区人民政府对其进行了重建。纪念碑为宝塔式砖石结构，占地面积约 200 平方米。纪念碑四周由白色花岗岩环以护栏，碑的正面镶嵌着 1 块白色方形花岗岩，铭刻着原中共晋江地委副书记朱义斌敬题的“吴敦仁烈士纪念碑”8 个大字。纪念碑下方镌刻着 1988 年惠安县政府发布的“吴敦仁烈士传略”。纪念碑前是吴敦仁烈士夫妻合葬墓。2001 年 12 月，吴敦仁烈士纪念碑被泉港区人民政府公布为泉港区文物保护单位，成为泉港区爱国主义教育基地。

（二）扶持革命老区发展

在土地革命、抗日战争、解放战争时期，涂岭人民积极投身革命队伍，扎根乡土，为地方革命事业做出了重大贡献。为表彰他们在革命年代做出的贡献和牺牲，中华人民共和国成立后，惠安地方政府在经济上对这些革命战士及亲属，乃至整个革命老区进行优待和扶持。1982 年，惠安县首次在全县评定登记革命“五老”人员，即在战争年代为革命做出过贡献的老地下党员、老游击队员（包括参加红军后因伤残回乡的同志）、老接头户、老交通员、老苏区区乡干部（包括老赤卫队员），并对“五老”人员进行经济上的补助。1999 年涂岭镇共有革命“五老”人员 39 人，2010 年为 23 人，2018 年 7 月最新统计为 8 人。自 2016 年 10 月 1 日开始，涂岭“五老”人员每月可享受国家固定的生活补贴 970 元，在以往的基础上增加 100 元。国家政策上的优待，是对他们曾经为地方革命所做贡献的有力回馈，在一定程度上保证了他们晚年生活的稳定。作为革命历史的亲身经历者和创造人，他们是地方文化发展的“瑰宝”，是红色文化活着的“名片”和象征，对地方文化建设起着重要作用。随着时间流逝，这些“五老”人员因年岁渐高而相继离世，存世人员越来越少。涂岭镇政府不断加大对“五老”的关心和保护工作，建立了村“两委”成员挂钩“五老”人员制度，由专人定期关心他们的健康和生活问题，落实他们的各项福利待遇。

1952 年，惠安县委、县政府遵照中共中央《关于加强革命根据地工作的指示》精神，抽调一批干部组成工作组到革命老区进行调查、慰问，帮助老区解决实际问题。1955 年 10 月，惠安县召开第一次老区群众代表座谈会，会后县人民政府发出《关于加强老区工作的指示》，有力地促进了老区工作的开展。“文化大革命”期间，老区工作受到很大挫折。1983 年，福建省委、省政府和福州部队组成老区慰问总团，带领医疗队、电影队前往涂岭、三朱等基点村慰问，登门拜访 30 多位“五老”人员，向陈平山、蓝飞鹤等革命先烈陵墓、纪念碑敬献花圈。1987 年中国人民解放军建军 60 周年，惠安县对辖区内有困难的烈属和“五老”人员发放慰问金、棉被、衣物等。自此以后，每年春节组织慰问“五老”人员，这在泉港区尤其是涂岭镇已成为一项长期进行的传统活动。

一些革命老区由于所处的自然环境以及历史原因，相对而言经济和文化发展较为落后，新中国成立后人民生活依然贫困。加强对老区的经济扶持，恢复与促进其生产发展，成为地方政府经济工作的重要目标。自1950年开始，惠安县政府即划拨专款资金，并组织人力前往老区修建水闸、小水库、桥梁、公路，挖水井、池塘等，帮助住房困难的“五老”修缮房屋，解决老区最基本的生活需求。改革开放后，惠安县人民政府将老区扶贫工作纳入全县扶贫工作重点。1982年，县老区办根据惠安县的县情，提出山区搞种植、沿海搞养殖、平原办工厂的总体思路，对老区开展“脱贫致富”工作，先后在涂岭镇扶持樟脚村种植茶叶、五社村种植余甘、黄田村种植龙眼、邱后村种植荔枝等。在政府的资金扶持和技术指导下，这些革命老区基点村逐渐形成自己的产业，农民收入得到显著提高。

除了扶持老区开发培育自己的产业外，惠安县人民政府和涂岭镇人民政府还加大对各个基点村基础设施建设的投入力度，帮助他们改善生活。20世纪90年代，政府部门先后在涂岭地区投入大量资金用于公路建设、水利建设、电力普及、学校维修、引水工程等，仅1995年，惠安县政府投入涂岭寨后村的水、电、路、学校等基础设施建设达30多万元。涂岭各个村在20世纪90年代即已基本实现“五通”（通公路、通电、通电话、通广播电视、通水），例如地处内山区的小坝村完成了输电线路、公路建设，黄田村水电配套工程顺利竣工等。

进入21世纪后，在经济快速发展的形势下，泉港区人民政府继续加大对涂岭各个老区村的扶持力度，把实现各村“致富奔小康”作为工作目标。在持续的努力下，老区面貌相继得到显著改善：经济实力增强，各个村基本拥有自己的可持续性产业；人民生活质量显著提高，住房条件大为改善，绝大多数群众翻建新房，住上宽敞、明亮的新居，电视机等家用电器得到普及；建设和发展环境极大改善，各村的水、电、路等基础设施建设日趋完善。

（三）多措并举弘扬革命文化

革命先烈们为了国家前途、民族未来而舍生忘死的大无畏精神和豪迈气概，始终让每一位涂岭人深受感染并为之无比自豪。为了缅怀革命前辈的英雄事迹，发扬优良的革命传统，激励广大涂岭人民以强烈的爱国热忱，积极投身地方经济、文化建设，同时吸引更多的外地人走进涂岭缅怀先烈、感受涂岭光荣的历史传统，多年来，在以“追寻红色记忆、拓展红色基地、培育红色激情、开辟红色之旅”为政策背景下，惠安县、泉港区、涂岭镇人民政府立足于丰富的革命文化资源，因地制宜，多措并举，将涂岭革命文化成功打造成地方文化的“金名片”，作为优秀的红色旅游品牌，使涂岭峥嵘的革命岁月为更多人熟知，也使涂岭镇的地域文化形象得到良好的升华。

在各方面的重视下，涂岭镇长期保持干部群众缅怀陈平山、吴敦仁等革命烈士的良好氛围。为切实贯彻执行党中央和福建省委关于落实地下党历史遗留问题的决定，恢复地下党的光辉历史，弘扬革命的优良传统，新中国成立后，中共惠安县党史办公室先后于 1961—1962 年和 1982—1983 年两次大规模采访和征集惠安县革命烈士生平事迹资料，包括陈平山、吴敦仁、林权民、蓝飞鹤等革命人员的事迹。采访的对象包括这些烈士生前的战友、同学、朋友、亲属等，例如出福元、蓝飞凤等，从而在社会上普遍掀起了一股全民缅怀革命烈士的风潮。收集到的资料包括陈平山、吴敦仁等烈士传略、生平事迹、被杀害的经过等，表现出了他们一生爱憎分明、英勇无畏、百折不挠的革命精神。通过对这些回忆材料的整理，惠安县党史办在其刊物《党史资料简讯》1983 年第 7 期发表了《陈平山烈士传略》一文，对陈平山的一生做了认真细致的梳理。1986 年春，陈平山烈士纪念碑得以重建。出于对烈士的敬仰和怀念，在纪念碑修建时，涂岭当地革命“五老”人员和干部、群众积极主动参加了义务修建劳动。1987 年 1 月 16 日上午，在泉州市委市政府、市民政局、市老区办以及惠安县政府、涂岭乡政府的组织筹备下，于陈平山烈士陵园举行了盛大的烈士纪念碑落成典礼，陈平山生前战友和不少老红军、老党员、抗战和解放战争时期惠安地下党老干部、周边群众等前来参加了典礼。通过追忆烈士生平，举办各种纪念活动，革命文化在涂岭、惠安得到不断的传承和弘扬。

在宣传和缅怀先烈中，打造陈平山革命文化圈。近年来，涂岭镇人民政府为了更好地弘扬以陈平山烈士为主体的红色文化，将其打造成地方文化代表，在陈平山烈士陵墓和纪念碑的基础上，不断加强对相关历史遗迹、旧址的保护开发，建设陈列室、纪念馆等。1989 年，政府将收集到的陈平山生前所用物品、文献资料等整合集中，于樟脚小学内设立了“陈平山烈士生平陈列室”。1999 年，

平山广场文化活动中心

重新设置了“陈平山烈士纪念室”。2017 年，涂岭镇政府又划拨专项资金，主持修缮了位于涂岭镇樟脚村黎岭组的陈平山烈士故居。此外，政府还投入大量资金，用于建设修缮陈平山烈士陵园，将原来的土路扩建成水泥路，在陵园内增建了公厕、公共座椅、石桌，以及绿化植物等基础设施，将其改造成“平山广场文化活动中心”。依托陈平山烈士墓、烈士纪念碑、陈平山故居、陈平山纪念室等，涂岭成功打造了陈平山革命文化圈，使其成为当地首屈一指的爱国主义教育场所。

重修魁星楼，建设“涂岭老区革命史展览馆”。魁星楼位于涂岭村的顶街，始建于清康熙年间（1662—1722），曾是樟柿社学所在地，嗣后改称鼎新小学、涂岭小学，也是革命先烈吴敦仁早年学习、工作和从事革命活动的地方。1927—1930 年，魁星楼是大革命时期和土地革命时期涂岭农民协会的办公场所，也是涂岭农民自卫军、惠安工农革命军的指挥中心，以及中共惠安特别支部（亦称“涂岭区委”）的驻地。中共惠安党组织在这里领导惠北人民，开展了轰轰烈烈的农民运动和武装斗争。1992 年 7 月，魁星楼因建设涂岭中心小学文昌教学楼而被拆除。为了弘扬革命精神，泉港区委、区政府和涂岭镇人民政府决定在涂岭小学原址附近，复建具有重要历史意义的革命旧址魁星楼。在泉州市老区建设促进会关心支持下，2006 年年底，由社会贤达慷慨捐资修建的新魁星楼竣工。新楼改用水泥构造，基本保留原有外观，建筑面积 162 平方米。原福建省政协副主席、省老年促进会会长许集美亲自题写“涂岭老区革命史展览馆”馆名，涂岭镇党委、政府在馆内陈列涂岭革命年代的历史遗物和图文资料，再现艰苦卓绝的革命斗争历史。

魁星楼已成为泉港区重要的中共党史教育基地和爱国主义教育基地。镇政府专门组建了由 7 名老干部、老教师、老战士、“五老”人员组成的“涂岭老区革命斗争史”宣讲团，定期在魁星楼为中小学生、入党积极分子等讲解，还经常深入到机关、农村、学校等各个单位宣讲。宣讲团自 2008 年成立以来，已开展了近百场活动，并参与编印乡土教材《涂岭老区革命斗争史》，使越来

魁星楼

恒德寺内恒德堂

越多的人了解并熟悉涂岭地下革命斗争史，收到良好的社会效果。

恒德寺作为当年的红色据点，也得到了维修和保护。其位于涂岭村长箱自然村，原是一座佛教禅寺。1927 年，中共惠安特支在涂岭开展地下农民运动，组织农民协会，建立农民自卫军，恒德寺为党的秘密活动据点之一，许多会议在此召开。1930 年，陈平山组织领导惠安暴动，成立福建红军独立第一师。9 月 14 日晚，惠安暴动展开，陈平山亲自率领的第一师第一团在恒德寺集结，率先吹响了起义暴动的号角。恒德寺作为涂岭革命历史上重要旧址，在“文化大革命”中不幸被破坏。近年来涂岭镇政府逐步加强对恒德寺革命遗址的保护、维修、申报工作，在政府出资和当地热心群众的捐资下，恒德寺按原貌进行了修复，现已成为涂岭重要的革命历史遗迹和爱国主义教育基地。

为了宣传老区革命精神，推动老区的经济建设，更好地促进老区各方面工作的开展，1999 年 12 月，成立“涂岭镇老区建设促进会”，在涂岭镇政府的领导下，老促会积极为老区奔走呼吁，为老区发展出谋献策，尤其是在宣传老区人民对革命的重大贡献，动员社会各界关心和支持老区建设，千方百计筹集资金，从社会保障、教育事业、道路交通等方面为老区做了许多实实在在的工作，为老区建设做出了巨大的贡献。在老促会的积极宣传与推动下，有力地促进了革命文化的传播和爱国主义教育的开展。

2001 年 6 月，涂岭镇党委、政府采纳老同志的建议，召开座谈会讨论研究编写一部记录涂岭革命斗争史的书籍。会后成立编写小组，展开资料搜集和整理工作。在 10 多位老同志和政府领导的不懈努力下，历时五年，三易其稿，于 2005 年 7 月出版了《涂岭革命老区史略》。这本书的编纂完成，是对涂岭革命历史记忆的一次全面、完整的梳理与记录，她的出版发行，对于红色文化的宣传普及、革命传统文化教育的弘扬，以及社会主义精神文明建设，都有着深刻的历史价值和重要的现实意义。

涂岭镇党委、政府十分重视加强红色文化宣传工作。近年来，针对涂岭革命历史文化采取了形式多样的宣传，努力将其打造成重要的红色旅游资源，以促进老区的经济发展。

社会各界瞻仰烈士纪念碑，举行各种隆重的纪念活动

在政府组织下，组建了由镇离退休干部组成的宣讲团，时常深入村、学校、企业、镇机关举办各种培训班，宣讲“涂岭老区革命斗争史”。各中小学将“涂岭老区革命斗争史”作为乡土教材，时刻对学生进行革命历史和光荣传统教育。每年清明节，组织各个中小学和企事业单位前往陈平山烈士陵园、吴敦仁烈士陵园进行扫墓、敬献花圈等。

红色文化承载着革命老区精神，是推动地方社会发展的宝贵动力。多年来涂岭镇坚持弘扬革命传统，建设红色教育基地，充分展示其所蕴含的政治性、经济性、文化性，打造属于自己的文化品牌。红色文化成为涂岭文化的重要代表，为促进社会主义精神文明建设和地方社会经济的发展，发挥了积极的作用。

2020 年 9 月 16 日，泉州市在陈平山爱国主义教育基地举行纪念“惠安暴动”90 周年暨泉州市红色文化、廉洁家风经典旅游路线启动仪式活动，纪念活动上，省、市、区、镇各级领导、红色后代代表及相关人员分别致辞讲话，并举行了市、区两级党史教育基地授牌，泉港区党史和国防教育宣讲队授旗，赠送党史教育书籍，泉港、洛江、仙游乡村振兴“三区联创”签字、《陈平山事迹》影像资料片开机等仪式。陈平山烈士故居和纪念碑被列入泉州市红色文化旅游经典线路。

涂岭镇党委书记柳铅玉致辞

“三区联创”签字仪式

教育基地授牌仪式

红色后代代表讲话

《陈平山传略》授书仪式

凉岭

卷十一·掌故轶事 拾英撷萃

涂岭处在南北交通要地，官道车马尘嚣，深山隐居名士，官员儒士或登高山吟诗唱酬，或临溪水品酒问渔，留下了许多文人骚客掌故。涂岭是革命老区，涂岭人积极支持革命斗争，英勇奋起剿匪抗暴，传颂着不少革命故事。名山藏古寺，驿道存胜迹，代有故事，口耳相传，源远流长。

一、名人轶事永流芳

（一）谢履诗作及交谊

谢履不仅是一位名留青史的杰出政治家，还擅长书法，精通诗作，是名闻于时的著名书法家和诗人，有《双峰诗集》流传于世。谢履在任职清溪（今安溪）县令时，先后撰写了多篇吟诵泉州的佳作，其代表性的如《泉南歌》：

泉州人稠山谷瘠，虽欲就耕无地辟。

州南有海浩无穷，每岁造舟通异域。

诗文生动描述了宋时泉州地方人多地瘠、无地可耕的社会穷困状态，以及人们因地制宜，依靠大海这一自然条件，广造舟楫通商海外的盛况。后世多以其“每岁造舟通异域”之句为北宋时期泉州造船技术及海外贸易发展的重要历史依据。谢履还有《上丁守》一首：

闽岭天南表，清源第一州。朝廷推重镇，师帅得贤侯。

诗中的“朝廷推重镇”，说明当年泉州港在与异域通商，增进海内外交流中所占有的重要地位。“贤侯”一词，代指当时泉州太守和建成洛阳桥的名臣蔡襄。此外，谢履吟咏泉州的诗句还有：

蛇冈蹑龟背，虾屿据龙头。岸隔诸番国，江通百粤舟。

其中“蛇冈龟背”“虾屿”“龙头”“石笋”等，描写的都是其家乡惠北（今泉港区）的景物，诸遗迹至今尚存。这些具有纪实性的诗文，是宋代泉州港海上交通兴盛，对外贸易繁荣的真实写照，成为后世学者研究论证宋代泉州作为对外贸易和文化交流的国际都会而不断被引用的原始史料。

《四库全书》之宋代沈辽撰《云巢编》卷三，记载了与谢履有关的一首诗《谢履道天麻》：

仙客饵赤箭，其根乃天麻。延年不复老，飞身混烟霞。
文斤蚤得道，山下多灵芽。世士所购求，金玉如泥沙。
吾昔负羸疾，衰龄畏风邪。筋骨困连卷，跳偏竟何嗟。
履道知我欲，囊封寄山家。呼奴为煮食，惜已鬓毛华。

沈辽（1032—1085），字睿达，杭州人，也是著名书法家，与沈括、沈遘合称沈氏三先生。从诗中可知谢履与他交情深厚，还曾经送天麻给沈辽治病。

（二）蔡襄与虎岩寺

北宋一代名臣、著名政治家、书法家蔡襄（1012—1067），字君谟，谥忠惠，仙游枫亭镇东宅村人。因其官至端明殿学士，泉港民间尊称他为“蔡端”。蔡襄虽非涂岭人，但他与涂岭有着深厚的血缘、文缘。仙游枫亭和泉港涂岭毗邻，两地民情风俗相融，语言互通，素有联婚结亲的风俗。蔡襄的母亲卢节，原是惠安县德音里八都（今泉港峰尾诚平村卢厝）卢仁之女。蔡襄在 19 岁那年高中进士，这和课子孙“不令稍懈”的外祖父卢仁有关。卢仁以教书为生，在其严格的督促和言传身教下，内孙卢瞻、外孙蔡襄和蔡高先后登进士。

虎岩寺，位于涂岭昆仑山麓，满山岩石磊磊，繁花锦簇。寺中有一清泉石室，面积约 30 平方米，宽敞幽静，一块庞然大石覆顶，洞内冬暖夏凉，内有石桌石凳，在此案牍劳形全消，神清气爽，相传此清泉石室乃是蔡襄当年读书的地方。元代南吏隐曾撰文记录蔡襄在虎岩寺读书：“忠惠当年此读书，驾碧海之青龙文章经世。”见诸史载者还有惠安县德音里圭峰《卢氏族谱》：“锡公，仁公子，五十八世，祥符中与蔡忠惠读书伏虎岩，以处士终，生平好义，济人利物。……蔡公作洛阳桥，以公职其事”；清光绪年间陈澍编的《螺阳文献·寓贤》：“……襄尝读书虎岩寺。公母卢太夫人，惠产也。舍宦贤而录于此，示其有别也”；《泉州府志·山川》：“伏虎岩，在昆仑山南，上有清泉，石室。宋僧道养隐此，能伏虎……其下蔡忠惠襄母卢氏家焉，襄尝读书于此。”蔡襄曾在涂岭虎岩寺读书，遗址尚存。

（三）卢琦与乌石陈氏

卢琦，字希韩，号立斋，惠安峰尾人（今泉港峰尾镇卢厝），是元代闽中名儒，有《圭峰集》传世。谈起卢琦与涂岭，不免让人想到的是他的《游菱溪记》，菱溪风景之胜也因此文而广为人知，文中的菱溪是卢琦频频驻足流连之处，不过卢琦与涂岭的渊源远不止于此。如今，我们仍然可以从《游菱溪记》开始，去追寻这段不为人知的隐秘历史。

游菱溪记

惠安之北乡，其泉石林麓之美，独菱溪为最胜。溪之上两峰对峙，苍翠可爱，崔嵬嵂嵲，状若相敌而不相让者。一水出两峰间，或渊潴黝黑，莫测其底，或浅仅没膝，莹彻净幽，鱼之往来可数也。溪多石，水触之则滂湃有声。其最巨者，离列水中，相距咫尺，水东而过，过则帖然，凡几屈折，出而抵于驿道之冲。宋治平中，桥之以渡，即所谓永济桥者。水由桥下径注，有山横截其流，水复曲行疾逝，自此以往，予亦未暇究其所穷也。曩余来访亲旧，爱溪之胜，而屡游之，然信宿则去，不能留也。至元己亥初夏，予与莆阳人方君同寓乌石精舍，溪出乌石山之背，每日未晡，主人辄相命出，出则之菱溪，至则沿流上下以钓，得鱼以归，归则月出东山矣。故夕率一至焉，虽风雨亦往，然犹以为未极其趣也。五月末浣，不雨不旸，主人与客，野服芒屦，客亦如之，一僮钓竿以从，一僮肩酒，杂以肴蔌，始由永济桥侧披榛取道以达溪，主人把钓，立于翠蔓青树之外，倦则与客列坐石上，命酒少酌，酌罢则钓。如故顷之，步且前，石愈奇，水愈清，地愈奥，意愈适，而鱼之嗜饵者亦数数获之。于是爽气凭凌，烦襟潇洒，虽屡酌不醉也。已而复得石桥数间，盘桓久之。溯此而上，计当犹有佳处，而日入矣。噫！主人生于斯，且将老于斯，余与方君皆客也，山色水光，不可夺而取分而去也，虽欲常赏，诸胜其可得乎！昔柳仪曹以事谪南州，久且不复，其最胜者若黄溪、钴鉧潭诸处，无所不游，游辄为之记，所谓雄深雅健之文，皆以是得之。今余才不见用于时，文不足示于后，姑书此以志岁月云耳。

卢琦不仅描写了菱溪流水潺潺，清澈幽静，鱼翔浅底的美景，还着重记述了他在夏日与莆阳方氏，随“乌石精舍主人”来到永济桥，垂钓菱溪，并在岩石上对酌之野趣。卢琦在《游菱溪记》中提到屡赴菱溪游览，访乌石精舍主人，原来他与这位“主人”有着密切的姻亲关系。《圭峰集》中《元故真士陈公墓志铭》一文，有如下记载：

至正十三年癸巳二月二十三日，有元真士惠安陈公，卒于乌石之正寝，得年五十有八。卒之十日，其侄女婿卢琦，在永春闻而哭之。又十日，其从子从仁走书于琦……琦得书泣曰：“呜呼！生我者父母，知我者真士！今我恋兹升斗不可去，真士病不及问，敛不及视，葬不及会，吾负真士多矣，呜呼，尚忍铭之哉！”真士讳士麟，字子信，元真丙申二月二十日生。……性嗜学，诸史百子靡不遍阅，手未尝一日释卷。凡古今人物、事变，往往能道其详，虽老师宿傅弗逮也。治家有法，教子有方，待姻戚旧故有礼，恤下有恩。动辄取则古人，每诵诸葛武侯“吾心如秤，不能为人作轻重”之言以自儆，视习俗奸伪戚然若有所不堪者。所居山水明秀，即居之东偏为亭，有池台华卉之玩，命酒酌客，殆无虚日。或适意渔猎，放浪薮泽间，与势利邈不相接，盖有所悟矣！……琦往来外馆今三十年，真士念之如一日。去载繇永春，入仙游捕寇，取道惠安返邑，真士语留信宿，别时无他，祝惟曰：“若先人教，若廉谨守道，事载家乘，幸念之勿废。”呜呼！真士已矣，宁复闻斯言哉！

卢琦此墓志铭讲述的是墓主陈士麟生平，卢琦与之大有交情，因而墓志内容详尽，娓娓道来。陈士麟，居住于“乌石”，并且所居之处山明水秀。从内容来看，卢琦是陈士麟的侄女婿，文中又别有“待姻戚旧故有礼”一句，可见卢琦与乌石陈氏是姻亲关系。其人又甚爱渔猎与酒酌，种种内容似乎与《游菱溪记》中的“来访亲旧”、溪山垂钓对酌的情形契合。福建多有“乌石”之地名，但当我们阅读《祭乌石陈贞士文》，便知卢琦文集中的乌石陈氏即涂岭乌石陈氏无疑：

维至正十有三年，岁次癸巳四月戊戌朔，越二十又二日己未，侄女婿卢琦，谨以牲酒祭于故妻叔贞士陈公之灵，告以文曰：“呜呼！茫茫宇内，孰不有生？贞淳伊邈，巧伪相乘。公有至性，百虑一诚。人生百岁，孰不有死？悉崇佛老，以毕丧事。公有遗命，爰却二氏。其生也顺，其死也安，生死罔愧，今人所难。乌石之阳，菱溪之北，不事奔竞，以游以息。胸中万卷，古今历历，挥尘清谈，听者无斁。种稻盈郊，树桑环宅，市书课儿，酿酒延客。杖屦往来，东阡西陌，或渔或猎，随意所适。我陈氏婿，数登公门，公其念我，情义孔敦。留或旬余，语或夜分，论经讲史，闻所未闻。及我出仕，屡辱诲言，惧其惰荒，戒以廉勤。尚期暮年，保厥贞固，岂料一疾，而毙之遽！佳城伊迩，辆车载举，愿言执绋，道修且阻，瞻望弗及，双泪如雨！”

卢琦在文中称“侄女婿卢琦，谨以牲酒祭于故妻叔贞士陈公之灵”，说明此祭文也是卢琦为陈士麟所作。陈士麟好古、慕古，卢琦因而仿照了《诗经》的体式作此文祭奠，尽显其对陈士麟的缅怀与追念。记“乌石之阳，菱溪之北”之句，说明此“乌石”距菱溪不远。乌石陈氏确实聚居于菱溪附近，叶春及《惠安政书》所绘制地图中可见乌石之地名，从其地理位置来看，昔日之乌石与前欧为分立驿道两侧的村庄，由此可知此陈氏或为今日居住于乌面宫附近的新厝陈氏。

卢琦对陈士麟的记载，仅言乌石陈氏，并未直言此乃惠安之乌石，但卢琦的这些记载为明末清初福建各志撰修人员所本，《闽书》亦摘载而传之：

> 陈士麟，字子信。性嗜学，多所周通，老宿弗逮。每取诸葛武侯“吾心如秤，不能为人作轻重”之言以自儆。所居在县之乌石山，种稻盈郊，树叶环宅，市书课儿，酿酒延客。或适意渔猎，放浪薮泽间。将死，嘱其子同曰“平生慕古，今且不起，丧事依礼，慎毋用二氏，非亲知不受吊”。逾月而葬，题云“有元贞士乌石陈公之墓”。

对照上引卢琦所写墓志、祭文可知，传世的崇祯刻本《闽书》载《陈士麟传》内容，节略自卢琦所撰。值得庆幸的是，书中将“陈士麟”置于泉州府惠安县之下。其他志书如乾隆《泉州府志》、民国《南安县志》，或如乾隆《闽中理学渊源考》等有关陈士麟的记载，都称其为“南安人”，显然误矣。

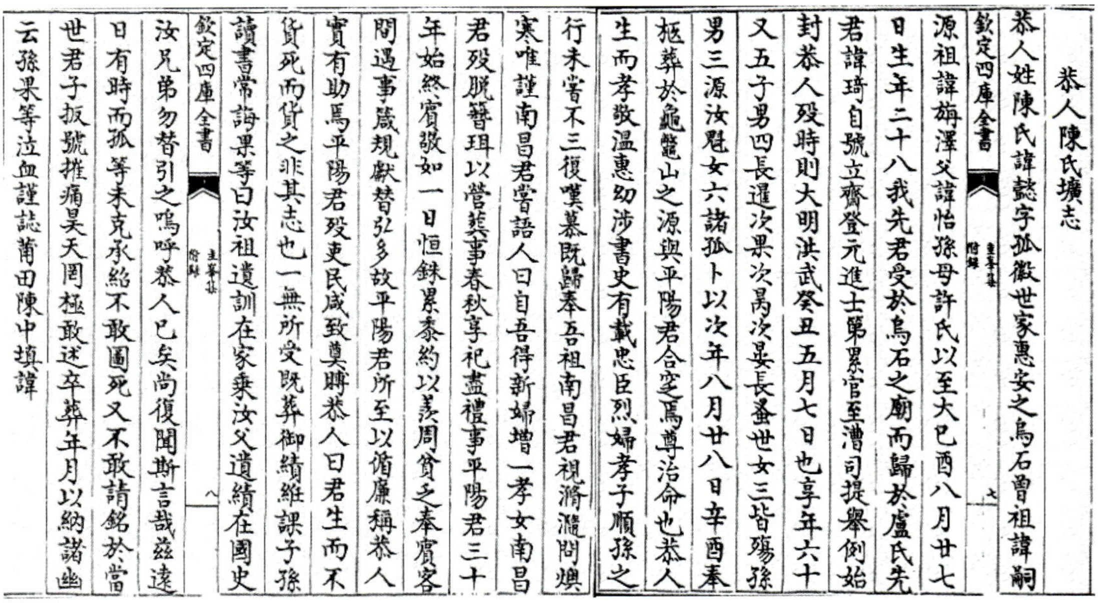
恭人陳氏壙志

恭人姓陳氏諱懿字孤徵世家惠安之烏石曾祖諱嗣源祖諱旃澤父諱怡孫母許氏以至大己酉八月廿七日生年二十八我先君受於烏石之廟而歸於盧氏先君諱琦自號立齋登元進士第累官至漕司提舉例始封恭人歿時則大明洪武癸丑五月七日也享年六十又五子男四長暹次果次禺次晏長蚤世女三皆殤孫男三源汝魁女六諸孤卜以次年八月廿八日辛酉奉柩葬於龜髓山之源與平陽君合窆焉尊治命也恭人生而孝敬溫惠幼涉書史有載忠臣烈婦孝子順孫之行未嘗不三復嘆慕既歸奉吾祖南昌君視滫瀡問燠寒唯謹南昌君嘗語人曰吾得新婦增一孝女南昌君歿脱簪珥以營葬事春秋享祀盡禮事平陽君三十年始終賓敬如一日恒錄累黍約以羨周貧乏奉賓客問遺事歲規獻替弘多故平陽君所至以循廉稱恭人實有助焉平陽君歿吏民咸致奠賻恭人曰君生而不貨死而貨之非其志也一無所受既葬御績維課子孫讀書常誨果等曰汝祖遺訓在家乘汝父遺績在國史汝兄弟勿替引之嗚呼恭人已矣尚復聞斯言哉茲遠日有時而孤等未克承紹不敢圖死又不敢請銘於當世君子擗號摧痛昊天罔極敢述卒葬年月以納諸幽云孫果等泣血謹誌莆田陳中填諱

欽定四庫全書 圭峰集 附録 七

欽定四庫全書 圭峰集 附録 八

《恭人陈氏圹志》（载《圭峰集》）

卢琦是陈士麟的侄女婿，也就是说，卢琦之妻乃乌石陈氏。《圭峰集》中载莆田陈中立所撰之《恭人陈氏圹志》，据泉港区博物馆藏墓志拓片，称卢琦妻陈懿字孟微，与《圭峰集》的记载卢琦妻名陈懿字孤微略有差异，虽《圭峰集》的版本问题值得探讨，但当以出土墓志铭为准。然而二者均称陈懿家世代居住在惠安之乌石，充分证实陈士麟乃乌石陈氏至少在南宋末年就已经在今涂岭乌石山附近居住。两处记载均称撰写墓志的人是莆田人陈中立，据《闽书》记载，陈中立“受经于惠安卢琦，以文学著称”，颇有文名。

卢琦作为乌石陈氏的姻亲，与陈氏家族的交往当然不会只局限于陈士麟，应是他“来访亲旧”之一，在《圭峰集》中，我们还发现卢琦与乌石陈晚对的唱和诗作《寓榕州寄乌石陈晚对》：

每忆山中老，幽居昼不扃。客多频饮酒，儿长解明经。

溪近鲈鱼美，林深荔子馨。何时同晚对，一笑聚星亭。

卢琦虽居榕州，却对屡游乌石山水、访亲览胜记忆犹新，由景及人，对昔日的对酌唱和情景心生怀念，因而作此诗寄陈晚对，以表达相思之情和相聚之期盼。

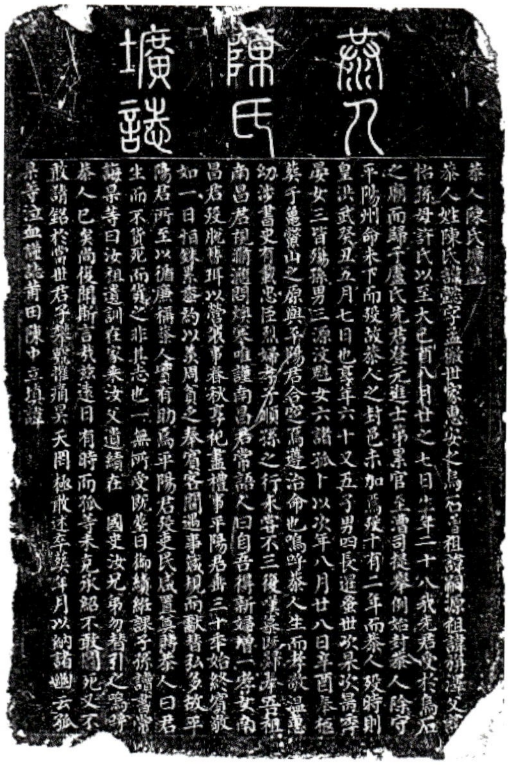

《恭人陈氏圹志》拓本（泉港区博物馆藏）

（四）奇姓翰林出科联

出科联，清代进士，自小聪敏好学，勤奋读书。出氏一族隐居深山，环境清幽，远离世俗的喧嚣，出科联得以徜徉于书海之中，肆意力学。20岁时，出科联赴试，督学程元章非常欣赏他的才华，录取进入县学。学政杨炳是钟祥人氏，进士考试时会试第一名（会元），清雍正元年（1723）殿试考试又高中于振榜进士第三名（探花），颇有才华。杨炳督学福建时，当时文章很少有他能中意的。分巡泉州时，出科联以制义精熟得到他的青睐，细加指点，每次考试都得第一。两人初次见面，杨炳即勉励出科联说：“你文章矜贵，他日将会在黄榜上胜过他人，这只是刚刚起步而已。”乾隆三年（1738），福建乡试，分考官陈畴九看到出科联的试卷后，急忙举荐给主考官前科状元金德瑛。金德瑛阅卷后也连连赞叹，对陈畴九说：“第一人也！”出科联一举成名，成为该榜解元。第二年春，出科联进京参加会试，高中庄有恭榜进士，选为翰林院庶吉士，留馆授检讨。出科联文章精湛，制义纯熟，并且书法也非常好，得到人们的广泛赞誉，世人称赞他的文章风格得到了老师杨炳的真传，而书法则继承了隋朝大书法家虞世南的特点。其诗作《游庐山》：

庐山竹叶几春秋，云锁高峰水自流。

万里长江飘玉带，一轮明月滚金球。

眼观西北三千界，势压东南十二州。
一时光景看不尽，天缘有幸再来游。

出科联在京城任职，不趋炎附势，也不结交权贵，整日依旧闭门攻读，秉性刚方，这使得他在翰林院任职10余年得不到升迁。他读书不墨守成规，诗文为当时贤能所推崇。不幸的是，朝中有人以“翰林学差、试差不均”的奏折上陈，皇帝下令查处议论者，辗转追究后，最后竟然认为是出自出科联、永定翰林廖鸿章之口，两人都被免职。

出科联归家后，环堵萧然，一贫如洗。泉州知府爱惜他的才华，礼聘他出任“梅石书院”山长。出科联掌教立科，治学有方，得到学生们的一致钦佩。但或许是仕途不顺造成的打击继续影响着他，不久即病重，在家中去世，享年仅45岁，著有《淑渠诗文集》传世，录其诗一首：

故乡别笺

别违家山岁月宽，空斋潇洒故情欢，
芸窗攻读勤磨砺，自可回甘蔗境观。
结庐人境绝嚣尘，正似山居木石邻，
遐想英才秀荟萃，荣叨遴选沐皇仁。
山气清奇灵秀增，衣冠文物昔峥嵘，
而今抚树兼怀古，松护峰峦半阴晴。
回顾山头万叠青，迴环曲水胜兰亭，
流连此地真难得，即景题诗兴会呈。

（五）开明绅士章寿卿

章寿卿（1897—1935），名添福，号德星，1897年出生于涂岭一个商贩之家，1919年毕业于福州法政大学。章寿卿为人重信用、讲义气，对经商深为兴趣，注重诚信经营，广交生意伙伴。1932年，厦门叶姓商人（人称“生意虎”）与寿卿相识，自厦门运送一批大宗货物至福州应市，途中恰逢发生福建事变，货物无处寄藏，叶姓商人想起涂岭章寿卿，连夜将货物运至章家寄存。后兵乱祸及涂岭，章家也遭兵劫，由于章寿卿将货物巧妙藏匿，躲过搜查，事后完好归还叶姓商人，叶称章寿卿为人“万分信用”。为报答章寿卿情意，叶姓

章寿卿

商人邀请并帮助章寿卿在厦门开设商行“联远”号，授权代理经营德国狮马牌化肥。从此，章寿卿家产裕丰。

章寿卿生性耿直，嫉恶如仇。1917 年，涂岭一带深受匪患之苦，土匪陈宗仪纠集一帮乌合之众盘踞涂岭街公馆，向当地百姓派饭、派款，并入侵民宅糟蹋妇女，乡民敢怒而不敢言。章寿卿看在眼里，欲除之而后快，奈忌匪徒持有枪械，不宜明里下手。于是，他联合当地贤达人士，定下计策，组织乡民于一天夜里假意送酒菜到公馆供匪徒食用，待其醉睡之后，早已埋伏在外的乡民破门而入，持锄镰等利器将匪徒全歼。此讯传至当时福建省政府，福建督军兼省长李厚基题写了“功垂桑梓”横匾予以褒奖，海军总长萨镇冰题送“懿德可风”牌匾予寿卿母亲何氏，赞其教子有方。

秉承和发扬父辈淳厚慈善家风，章寿卿常修善举，广施仁义，救灾济急，每近年关，便派伙计赴温州运来千担什米（地瓜干与糙米），在枫亭商铺平粜。乡里时有染上疟疾等病人，他便设点为患者免费发送治疗药品。他曾在厦门获得陈嘉庚赠送的一本《新编验方》，便翻印数百本赠发给涂岭乡亲。黄河缺口，饥民成群流至涂岭，凡经过章家者，章寿卿均赠送银圆和授以裹暖衣物，对当地乞丐更是常加施舍、接济。乡里若发生宗族械斗或事起争执，他常出面裁决，往往贴付钱财代为赔偿损失，促成双方化解敌意，息事宁人。章寿卿还独资兴建涂岭新溪大桥、泗洲亭桥、社仔岭石路，出资修葺虎岩寺和筑造亭脚观音亭放生池等。

章寿卿思想进步，同情和支持革命运动。陈平山、吴敦仁、蓝飞凤、吴国珍等共产党员在涂岭领导农民运动时，他常提供经济、武器的援助。革命先烈陈平山、吴敦仁与寿卿家有着密切的关系。陈平山的兄长（人称“土哥”）在寿卿家做事，陈平山牺牲后，“土哥”一直在章家生活直至过世。吴敦仁的父亲吴润玉长期在章家经营的公司任经理，惠北暴动失败后，吴敦仁暂避于寿卿家，后被地主恶霸陈某发现，以章寿卿知情不报为由，收买匪徒加以谋害。1935 年农历九月十八晚九时许，章寿卿自枫亭返回涂岭，下车步行至隘门口，忽遭潜伏的陈某雇用的杀手杀害，身中两弹不幸身亡，享年仅 39 岁。出殡之日，乡人为其举行隆重的追悼仪式，抬棺所过沿途，乡亲自发设案致祭，涂岭街商铺停市三天以悼念，平日受其接济的乞丐纷纷汇集到章家恸哭哀悼。

章寿卿在打理生意之余，酷爱诗文，擅长书法，尤以临苏体著称。他长年走南闯北，对人生多有感悟，留下诗作遗墨，有七言诗一首“再扣禅门秋已深，岩花零落菊留金；人情险处从头诉，佛也低眉感不禁”，刻勒于虎岩寺南侧崖石上，现保存完好。新中国成立后，中央人民政府授予章寿卿“开明绅士”荣誉称号。

（六）杜唐的古迹吟颂

杜唐（1877—1943），本名尧，字印陶，涂寨后苏人，著有《惠安乡土志》《惠安明代御倭史》等书，一手创办惠安图书馆，是清末民初当地著名文人。杜唐有《惠安古迹新咏》，是其遍游惠安古迹留下的诗作。杜唐曾游历涂岭的观音山、仙人桥、大帽山、伏虎岩、东坑寨等处，一边享山水之乐，一边发思古之幽情，留下生动的诗文美篇。

杜唐对古代名士似乎有特别的情感，曾赴涂岭菱溪、洪厝坑等处，寻访谢履和出科联遗迹，为此赋《谢履道词》《出科联故里》各一首。

谢履道词

绣虎才难得，遥思主簿称。宣城夸绮丽，康乐擅华清。
集署双峰著，书留二绝名。乌衣成望族，垂裕有官声。

杜唐缅怀谢履为官事迹，还对谢履子孙一一介绍，指出菱溪谢氏多出进士，可见其对菱溪谢氏从乌衣到望族的发展轨迹颇为敬仰。大约出自相同的情感脉络，杜唐也来到了出科联故里：

出科联故里

万山云雾里，独朗紫薇星。乡榜魁多士，琼林宴大廷。
心忠文亦赤，眼钜试偏青。遗事谈天宝，犹留樟市馨。

对于出科联两试第一的事迹颇为赞赏，杜唐因而寻访出科联故里，作凭吊之诗。

杜唐对涂岭陆防三寨皆留下诗文以为赞颂：

白水寨

正北四十里，有寨曰白水，天窄壁面削，林迴峡角掎。
盈盈银涛泻，叠叠雪衣累，覆石苔不青，盖关气岂紫。
陈同名在中，枫亭道由此。忆昔胡元时，莆中变欻起，
此地筑为寨，干戈森战垒。虎豹难入关，狐狸不出履，
要害今尤昔，奈何听颓垝。

东坑寨

西北卅五里，有寨曰东坑，惨惨石状变，飕飕林响明，
壁色立积铁，硖形见狰狞，冈从盘弓曲，径自苍穹撑，
东扆日曝岭，北达仙游程，忆昔正统时，沙汀孽纵横，
此地筑为寨，坚若细柳营，山鬼声自灭，蝵蛇迹不行，

形胜今犹昔，那堪任废倾。

虎窟寨

西南一十里，有寨曰虎窟，千壑欹梳林，万石森列笏，
长风中怒号，寒日外出没，绝岸骄鼋鼍，危巢惊鸠鹘，
河市羊径通，洛阳鸟道窣，忆昔正统时，沙汀匪冲突，
此地筑为寨，捍卫以民卒，当道□豺狼，深溪走虺蝎，
山川今尤昔，怎今竟觥尬。

除了对名士的敬仰，杜唐还踏遍涂岭的白水、东坑、虎窟等陆防要寨，足见其对涂岭的人文脉络和历史遗迹了然于心。

二、胜迹典故垂青史

（一）罗隐“骂倒云门寺”

据传，晚唐五代著名诗人罗隐曾南下到过云门寺。罗隐，原名横，字昭谏，自号江东生，浙江余杭人，其诗闻名天下，尤长于咏物、咏史。罗隐体恤民情，针砭时政，受到大众的喜爱，与罗邺、罗虬并称“江东三罗”，是一位才华横溢的诗人，闽南称之为“罗远仙”。因其恃才傲物，所作诗文每多讥讽，触怒权贵，以致“十举不中”。由于科场失意，罗横遂改名为“隐”，开始了他南下的流浪生活。罗隐入泉的第一站即到了云门寺，被清幽怡人的环境所吸引，这里成了罗隐远避尘嚣静心读书的好所在。寺宇东面的古榕树下就是罗隐当年的读书处，可惜遗址无存，而那株千年榕树依然枝繁叶茂，古老苍劲。

在流浪生活中饱尝人间冷暖的罗隐，云门寺住持对他礼遇有加。一日，住持对罗隐吐露心声：“先生可识得这里的山势水象否？”罗隐说：“山清水秀，民风淳朴，山好，水好，人更好！”住持哈哈大笑：“此地背靠象峰山，面对天马山，两山之间汇成一条小溪潺潺流淌，属青龙入海的气象。云门寺现在僧众百人，香火鼎盛，但凡事兴衰皆有因果，惟先生方能使云门寺流芳于世。”罗隐问：“大师有何指教？”住持语重心长地说：“贫僧曾推算了先生的生辰八字，实在贵不可言。若生在皇室，自是九五之尊，惜哉时运不济，亦是天命。此地为青龙入海的气象，只可惜面前天马山挡住了青龙入海的去路，只有钓起溪中的蛟龙借助它来移山填海。”罗隐笑道：“学生如何有此本领，大师见笑了。”住持拿起一根钓鱼竿，说：“先生只需每日放撒米

饭到水中喂养，拿着这根钓鱼竿在溪中垂钓百日，便有奇迹出现。”罗隐将信将疑，每日到溪边钓鱼。可惜百日未满，这个计划却被寺中的和尚无意中破坏了，让罗隐惋惜得连连摇头怨叹：“小溪不会出大鱼咯！”从此以后，小溪果然再没有出现过四两重的鱼。

话说云门寺的和尚除了要诵经礼佛外，每人每日都要干活，有的砍柴、种庄稼，有的挑水、煮饭、扫地。罗隐深得住持的喜爱，整日游山玩水、钓鱼、读书。这引起了众和尚们的嫉妒，大家就想方设法捉弄他。后来，住持云游外地，和尚们遂想了一计捉弄罗隐。原来云门寺每日以钟声为号，大钟一敲，和尚听见钟声就能按时赶来吃饭。和尚们商讨要在每日吃饭后才敲钟。这样一来，罗隐听见钟声回到寺院时，厨房里的剩饭剩菜早被几个恶作剧的和尚故意倒掉，因此罗隐只得饿着。哪知一连几日都是这样，罗隐受不了，就离开了云门寺。据说他边走边诅咒云门寺：“顶倒，下倒，中间留一殿供三宝。”云门寺此后逐渐荒废，只剩下中间的大雄宝殿。秀溪附近至今流传着“青龙入海”“小溪不会出大鱼”“骂倒云门寺”的传说。

（二）大慧禅师住持云门寺

据确切的文字记载，云门寺在宋代由中书舍人、给事中江少明重建。南宋政治中心南移，泉州府成为南外宗中心，一时高官达贵云集。云门寺所在地小溪处在闽南莆仙交界处，车马络绎不绝，南北商客穿梭。禅宗史上著名的大慧禅师就受邀来到云门寺，并留下了相关记载。

大慧禅师，释宗杲，俗姓奚，宣州宁国（今安徽宣城）人，是两宋之际禅宗的重要人物，对当时及后世影响深远。宗杲禅师年 17 出家，苦读佛教经典和禅宗语录，之后游方参学，为南岳下十五世，师从名冠丛林的圆悟克勤禅师。宗杲认为佛法与世间法是一致的，儒释道可以协调统一，僧俗之间可参会一处，极大地推动了禅学普世和文人习禅的风气。其提倡“看话禅”，又称“话头禅”，即鼓励学者参究公案中的答话，以疑情参究公案，从而得到开悟。这不仅盛行于当时，影响了南宋文人和诗坛，还流传至今，为各类禅堂观修普遍采用。

宗杲禅师主张忠孝节义，与南宋主战派来往密切，受到丞相张商英和张浚的器重，张浚请他主持临安（杭州）径山能仁禅院。由于禅师与主战派成员来往密切，强烈批判和讽刺秦桧等主和派，为秦桧所恶，被斥还俗和流放到衡州，后又被贬至梅州。待秦桧死后，宗杲禅师复僧服，住明州（宁波）阿育王山广利禅寺。南宋绍兴二十八年（1158），宗杲禅师再往径山能仁禅院，后又迁福州洋屿庵、泉州云门寺。宗杲禅师在孝宗隆兴元年（1163）卒于径山明月堂，享年75岁。宋孝宗对其敬重，赐号“大慧禅师”，谥“普觉”。大慧禅师著有《大慧普觉禅师语录》《正法眼藏》《大慧武库》等书。

大慧禅师入闽先到福州长乐洋屿庵，而后江少明盛情邀请禅师前来云门寺入住。据《大慧普觉禅师年谱》记载：“江少明复以今新庵遣人相延，遂领长乐五十三衲子，卷裓此来。四月初一入庵，见今内外度夏者二百人，皆丛林老成。从游士夫，一时名士如李参政汉老、江给事少明、蔡子应郎中、储彦伦、李端友、蔡春卿、正卿诸公。咨问叩击，拳拳不倦。虽庵幽僻，正拙者之所宜也。”禅师从长乐带领了53名僧侣一同前来云门寺，在此与众游士一起交流禅学和畅谈世事，众人间的精彩讨论令人不知疲倦，场面盛况令人遐想。在清幽僻静的云门寺与僧人弟子、方外道友的辩论交流亦为大慧禅师所欣慰。《大慧普觉禅师语录》中的《泉州小溪云门庵语录》《答江少明给事书》也记载了大慧禅师与云门寺的渊源。另外，大慧禅师在云门寺时，李邴、吕居仁、郑尚明到此拜会禅师，还邀请莆田郑元亮为禅师绘像，禅师自题赞。这幅《大慧宗杲自赞像》如今存于日本东京博物馆内，是现存最早的由像主自赞的禅僧肖像画，其历史价值、文物价值自不待言。

南宋末年元兵南侵，南宋遗臣陆秀夫拥幼主赵昺从福州南逃，夜宿南埔柳厝村，依托云门寺作为根据地，拼死抵抗元兵，因寡不敌众，云门寺被元兵彻底焚毁。陆秀夫拥赵昺逃至广东崖山，被投降元兵的宋朝奸臣张弘范带兵追杀，最后陆秀夫含泪抱着9岁的赵昺跳海自尽。如今秀溪仍有传说，寺中的4米长的石马槽是当时留下的。历经兵祸战乱的云门寺，在元、明虽有几度重建，但规模大不如前。

清康熙五十五年（1716），云门寺又进行了一次修建，虽没有原先的恢宏气势，但仍不失规模。乞假荣归故里的文渊阁大学士李光地在回乡途中，顺道经过云门寺，有感于云门寺兴衰交替的历史，于是亲书“云门禅寺”匾额，为云门寺增添了几多光彩，寺宇也再度重兴。清嘉庆八年（1803），本乡进士、奉政大夫、浙江绍兴府清军同知陈焕世，为云门寺撰写碑记，该碑现存寺中，为后人提供了一个历史的见证。

由于众多原因，云门寺虽已今非昔比，但风骨犹存，其丰富多彩的传说，以及古砖瓦建筑构件等，皆向世人展示着它的历史底蕴，也是泉港宗教文化的一个缩影。

（三）应玄禅师伏虎

宋时，在号称有99条源流的坝头溪畔，有个坝头村，村里有连氏七兄弟。他们勤劳致富，家境殷实，但最小的弟弟应玄却一心想脱离尘世，出家修行。一次，应玄同几位亲友到东庄村做客，趁闲到昆山游玩。这里峭岩怪石、古木苍松、幽洞流泉，美不胜收，半山上有一小寺，暮鼓晨钟，远离尘世。他羡慕极了，就向寺中住持要求在此出家。众亲人闻讯大惊，但无论如何劝说皆无效，住持也拗不过，暗忖这个大户子弟，可能出于好奇，在这里一苦一累一折磨，自然就会溜之大吉的，于是答应他暂时留在寺中。

应玄入寺修持后，寺里的和尚欺他年少，又是新来的，什么事都叫他去做，可他总是有呼必应、勤勤恳恳。一天晚上，大殿上的琉璃灯突然熄灭，寺中没有火种，众和尚都催他到离寺四五里远的村内取火。这里山路险峻，野兽四窜，时常有老虎出没，黑夜下山更是危险。可是应玄二话不说就踏出寺门，当他取了火种跌跌撞撞赶回寺时，却看到一只老虎蹲在路中，他吓了一跳，但回头逃离已来不及了。他心想佛祖说，六世轮回，生此时若丧身虎口，也是命中注定，就硬着头皮对老虎说："山君啊山君，只求你等我把火种送到寺中，点燃佛前的琉璃灯，然后才来让你吃吧！"老虎似乎听懂了，往路边挪了挪。应玄把火种送到寺中，点上琉璃灯，在佛祖面前磕了三个响头，一声不吭又往山下走去。这时，老虎还在原处，应玄说："我已经办完事情，现在让你吃吧！"就闭上眼睛等死。可是，老虎却摇着尾巴围着他打转，一边还用舌头舔他，用身体挨他，显得很亲热。应玄觉得很奇怪，就说："山君，你是不是不伤害我了？要跟我交朋友？"老虎听了点点头。应玄又说："你如果真要和我交朋友就驮我回寺去吧！"老虎果然俯身让他跨上虎背，一直驮到寺门口。应玄摸了摸虎头说："你就在门口，不要进去，不然会惊吓众僧。"说完他就悄悄地进寺睡觉了。

第二天凌晨，晨钟响起。众僧齐集大殿上早课。一个和尚刚打开门，猛地看到门口蹲着一只斑斓大虎，吓得连忙把门关上，结结巴巴地大喊："虎！虎！一只老虎在门口！"这一叫非同小可，所有和尚都跑过去，一边顶着门，一边大喊大叫想借此把老虎轰走，可从门缝往外看，老虎泰然自若，连眼皮都不眨一下。这时应玄才想起来，原来那虎昨夜一直待在门外，于是他叫众僧让他出去看看。可大家死活不让他开门，说："你想死，我们还想活呢！"他说："我们都是信佛的人，生死有数。你们各自找地方躲好，我一个人出去，与大家无关。"他开了门走了出去，摸了摸虎头说："山君，你就在寺边那个石洞里住吧，不要吓着人！"老虎听了乖乖地走进石洞。这时，应玄才叫大家出来，说老虎已经走了。那些和尚本来以为会听到他的惨叫声，想不到他却平安无事，觉得非常奇怪，于是他把昨天夜里的事向大家说了，这时众人才知道应玄和尚异于凡俗，从此对他刮目相看。打那以后，这只老虎白天在岩洞中睡觉，晚上出来巡山，山禽野兽、盗匪流寇，再不敢到此骚扰。这寺从此既清静又平安，香火渐渐旺盛起来，老住持因应玄饲虎有道，便赐其法号“道养”。后来老住持圆寂了，众僧就一致推应玄为住持。他勤修功课，广结善缘，加上山上环境幽美，寺中佛祖灵验，各地善男信女慕名纷至沓来，香火空前旺盛。应玄禅师扩建寺宇，购置福田，扶危济困，原本闭塞的山寺一下子名闻全郡。如此几十年过去了，应玄禅师也垂垂老矣，一日拄着老藤拐，在山寺右边的石壁上题了一首自勉诗：“昔日方壶老应玄，谪来人世不知年。玉皇未有催归诏，且隐昆山作地仙。”僧徒将诗刻在石壁之上，至今字迹犹存。

应玄禅师和老虎相伴几十年。每次他下山时总要买一块猪肉挂在拐杖上带回来给虎吃。老虎也总是在山下等他，驮他上山。有一年十月，坝头老家办喜事，应玄禅师应邀而归，看到所有的亲人聚在一起，热热闹闹，非常高兴，就和大家饮了几杯水酒。等到日落西山，亲人留他过夜，但他坚持要回去，说：“我怕山君在山下等久了会闹事。”遂叫侄儿拿一块猪肉让他带回去，他侄儿怕猪肉挂在手杖上晃丢了，就用叶子包好，替他放在袖里。应玄禅师走到山下，酒劲开始上来，摇摇晃晃，面红耳赤。看到老虎等在那里，他没有像往常那样先拿肉喂它，再跨上虎背，而是微微睁着醉眼，抓着虎耳朵就往上坐。老虎见一个浑身酒气满面通红的人抓住它的耳朵，既没有闻到主人熟悉的气味，也没有见到主人每次都给它带来的肉，就断定此人并不是主人，本能地把身子一甩，应玄禅师随即摔下地，老虎顺势张开大口含住他的头，本想把他拉开，谁知利齿咬断了他脖颈的血管，顿时鲜血飞溅，应玄顷刻而殁。待老虎看到从应玄禅师袖里滚出的猪肉和他渐渐变白的脸，才知道误伤了主人，痛悔不已，大吼一声，猛地撞向边上的石壁，头破脑裂而亡。

僧徒将应玄禅师遗体火化后，把骨灰和泥塑成神像，脚边伏着一只老虎，人们都尊其为“伏虎禅师”。老虎撞死的大石头也被称为“伏虎岩”。后来、蔡襄在此题“伏虎胜境”四字。人们为纪念应玄禅师，把原寺名“昆山寺”改称“虎岩寺”，昆山也从此称为“虎岩山”了。

（四）山头寺坐化活佛

陆俶法师是清道光年间至民国初期的一位得道高僧。他出生于界山镇南庄一陈姓的穷苦家庭，因在兄弟中排行第六，人便称之六叔，出家后以“陆俶”为法号。陆俶法师自小笃志向佛，清咸丰八年（1858）随缘入山头寺，潜心礼佛，济世抚难。他经常翻山越岭采摘草药为病人治疗，诵经之余垦荒耕地，每到荒年便将寺中屯粮全部捐出放赈，自己食粗粮。民国初期，年届 80 岁的陆俶法师自知阳寿已尽，便自己拾柴垒台引火坐化于寺前。冲天烈焰，其遗体只是须眉略有烧焦，于是“活佛”之名不胫而走，其传奇的一生为世人所颂。乡人将法师的肉身奉祀于寺殿之上，山头寺亦被众生誉为“活佛圣地”。

中国近代史上著名的艺术大师、知名高僧弘一法师曾四度到过惠安，他在最后一次来时就前往山头寺瞻仰活佛。1942 年农历二月下旬，弘一法师应旧日门生、时任惠安县长石有纪的盛邀，到灵瑞山讲经，当听闻山头寺陆俶法师一生苦修坐化成佛的事迹，不禁肃然起敬，遂推迟回泉州的行期，与石有纪前往山头寺。弘一法师在佛堂面对“活佛”神像，口念弥陀，顶礼参拜，并撰写下一幅“古寺灵修一圣佛，南云圣迹小西天”对联。不幸的是在“文化大革命”中，“圣佛堂”被毁，在其肉身中发现的数十颗舍利子也被洗劫一空，残骸被送往仙游县枫亭塔斗山会元寺再度焚化。山头寺中的一些文物、经卷尽付一炬，孝子亭被拆，莲花池被填，碑林石刻荡然全无。1986 年春，由海外侨胞倡议并捐资，重修山头寺，陆俶“活佛”骨灰才被迎回寺中。关于陆俶法师，有其“舍食救燕子”“巧建孝子亭”“为烈女卜卦”的传说。

舍食救燕子。陆俶法师幼年时便十分心善。夏天有蚊子叮在身上，他从不打死，只是用扇子将其挥去，行路遇到蚂蚁搬家，他便绕道而行。父母见他小小年纪便有菩萨般心肠，加上家中贫困不堪，便将他送到山头寺修行。陆俶出家后，更以慈悲心待山中万物。相传，陆俶到山谷拾柴，看见枯叶中躺着一只翅膀受伤的燕子，陆俶把它捧在掌中既不挣扎，也不哀鸣，即赶紧采来草药为其包扎伤口。这燕子身受重创无法觅食，陆俶亦不敢将其带回寺里，担心被师父责骂他贪玩。他只好将燕子养在山头寺旁一棵树的树杈上，将自己的斋饭分一些喂养它。一个月后，燕子伤势痊愈，能自己寻食了，但陆俶从此都留一些斋饭给到寺中觅食的鸟儿。那只被陆俶救起的燕子，年年春天都飞回寺大殿中筑巢，每当陆俶做早晚课时，就立在梁上聆听，善信称之为“僧燕”。1912 年 4 月 30 日陆俶引火坐化时，僧燕在柴台上空不断盘旋哀鸣，忽地冲入烈火中，停在陆俶的掌上。后来，人们在陆俶的掌中发现 1 颗闪闪发光的舍利，都说这一定是僧燕所“羽化”。

巧建孝子亭。清咸丰年间（1851—1861），陆俶法师名气日盛，山头寺香火鼎盛，前往寺中烧香礼佛的信众逐渐增多。为了给香客有个遮阳挡雨歇脚休憩的地方，陆俶法师决定重修寺前那座破落不堪的孝子亭，可是由于寺中的香火钱不足而迟迟未能实现。有一天，山下一位富有的乡绅上山拜佛祈福，其富甲一方，闻名遐迩，陆俶便借机化缘，对他说：“可惜啊可惜，敝寺倒有个世代用不尽的物件，佛祖曾托梦吩咐我赠予重建孝子亭的贵人，保佑其宅黑夜亦焕祥光。”乡绅忙问真假，陆俶正色道：“出家人不打诳语。”乡绅连忙表示愿意出资重建孝子亭，为示诚心，并愿意修拓寺前的放生池。陆俶闻言，双手合十，连道善哉。

数月后，孝子亭和放生池相继竣工，乡绅迫不及待到山头寺向陆俶禅师讨要宝物。陆俶法师将他领到大雄宝殿，郑重其事地指着如来佛前的帘子说：“梦里佛祖对我说，把这个东西作剔灯棒儿，世世代代都用不完。这是佛像之前的祥物，只有像你这般富贵人家方可受用。”乡绅顿悟，原来陆俶是在引导自己做功德善事，即极为虔诚地将帘子捧回家去。

烈女卜卦。清咸丰四年（1854）正月初三，一位邱姓女子入寺求签卜卦。只见其所卜卦象乃第五十五重卦“丰”，离下震上。陆俶法师道：“丰卦，亨王假之，勿忧，宜日中。”女子一脸迷茫：“请高僧详解之。”法师接着道：“卦说，君王权增大，主无忧，然日中见主，蔽日的乌云不断扩大，竟至中午仍须点烛明路，出行因黑暗而折右臂。若论出行谋事，此卦凶极，南方尤甚，施主宜当慎之。”女子眉头紧锁，默默辞别。陆俶法师解罢签文，心念一动，又赠其偈语云：“潮淹大桥，天道舛差。此生忌陈，命里相克。乙卯岁凶，满城桐花。”陆俶法师面对弟子言含颇多感慨：“此女一身英气，来历不凡，惜哉德曜无助，结果不善，乙卯之年，便见分晓。”

原来这位邱姓女子即义军首领邱二娘，将率兵进攻惠安县城，特意化名前来让陆俶法师卜一卦。果然于清咸丰四年（1854）四月二十四日，邱二娘与另一义军首领胡熊率军千余，兵分两路进攻惠安县城，遗憾的是当天大雾弥漫，各地义军见不到信号，未能协同攻城，终于功亏一篑，应验了陆俶法师在卦象中的“乌云蔽日，出行因黑暗而折右臂”之言。邱二娘也被义军中的叛徒陈潮、陈大、陈桥暗中出卖，与其他首领“俱获置法”，于咸丰五年（1855）六月十四日被当时的泉州团练局督办陈庆镛所杀害。刑前，邱二娘凝视着开得红艳似火的刺桐花，仰天长叹：“天意啊！陆俶法师果然灵验！既然我命运天有定数，死无悔也！”被视为“妖妇”的邱二娘慷慨就义，时年22岁。

（五）“玉笏朝天”与跛脚布政使

“玉笏朝天”曾被誉为惠安县的“三奇八景”之一，位于涂岭镇下炉村境内，距泉港高速出口一公里处，背倚龙头岭，群峰竞秀，怪石错峙。这块奇石面朝东北，高有10米，面宽六七米，厚四米，上阔下窄，从远处眺望宛如古代朝廷官员手持的朝笏，故民间称之为“玉笏朝天”。

玉笏朝天的传说在涂岭家喻户晓，元末明初下炉村有位财主，家资百万，良田千亩，

下炉村“玉笏朝天”

无奈祖辈皆为白丁，他盼望子孙后代能发达显赫，于是请来风水大师，为他父母找一块风水宝地。风水大师经过反复踏勘，选中了玉笏朝天石后的一块地，便对主人说：“这是玉笏朝天的穴，前 30 年点灯没火，30 年后玉笏朝天，你要扛得住，而且前 10 年是最为艰难的。选这一风水，是要经受 30 年的磨难。”财主暗自思量，我家资巨富，30 年难关何妨，于是他择良时吉日，将其父母的骨瓮移穴安葬。自此之后，财主家中每年都遭遇不顺，不是花钱，就是出人命。一家人都被吓得不敢出门，也不敢与左邻右舍往来。一天有位石匠要借锤子，财主就抛了出去，不幸砸到石匠的头，出了人命。又一次，有人要来借扁担，财主不想开门，让那人等一下，说要从狗洞扔出去。那人等了一会看没有反应，就趴下看，刚好被扔出来的扁担把眼睛给撞坏了。真是祸不单行，不久发生官兵围剿陈潼义军，大开杀戒，祸及周边十几个村庄，财主家的财物也被洗劫一空。财主一直忍着，终于熬到了前 10 年的最后一年，心想只要咬紧牙关，过了这个年就能时来运转了。恰逢这一年，财主的九个儿媳妇都怀孕了。除夕那天，别人家杀鸡宰羊，热热闹闹地吃团圆饭，他家却穷得揭不开锅，全家 20 多口只好煮番薯充饥。当晚大儿媳妇上阁楼拿东西，腰系的咸草裤带在下楼梯时不慎断了，裤子掉下来裸露了下身。财主眼见这情形，一怒之下，就扛起锄头去刨父母的坟墓以解心结。不料掘开风水地，冒出一缕青烟，九只乌鸦从墓中腾空飞起。财主一时傻眼，待反应过来后赶紧去抓，忙乱中，只抓到了一只，又因用力过猛，将这只乌鸦的腿折断了，其余的八只都远走高飞了。后来，财主的孙辈出生，竟然是跛脚，但天资聪慧，长大读书入仕，官至布政使。传言说是被抓到了那只瘸腿乌鸦，财主家才出了个跛脚布政使。

民间一说，当年财主若能遵照风水先生所言而耐得住穷困，风水穴中的那九只乌鸦，正是九个儿媳妇孕育的九位大贵之子。果然一语成谶，飞走的八只乌鸦，飞到了哪里，哪里就出达官贵人：一只飞到张坑村，出了一位太子太保右都御史张岳；一只飞到三朱村，出了位广东参政、按察司副使朱一龙；一只飞到今山腰街道前郭，出了位云南按察司佥事郭良；一只飞到沙格村，出了位任南明小朝廷兵部左侍郎王忠孝；一只飞到洪厝坑，出了位翰林出科联；一只飞到土坑村，出了个南赣总兵刘开泰；另两只飞到文坂村和仑头村，分别出了辞官皈道的刘师公和爱打抱不平的秀才陈赈赐。

三、驿道轶闻见情怀

涂岭古驿道是中原与东南沿岸地区官吏商旅南下北上的交通要道，许多达官贵人、名人游客在路过涂岭的驿道上留下了赞颂地方风土人情的文笔墨迹和一些奇闻轶事，逐渐沉淀为涂岭丰富的驿道文化，并深深地烙在当地百姓记忆中，成为涂岭地方文化不可或缺的一部分。

（一）钟大人吞毒救黎民

据称，涂岭梧坑村内庙宇的石山宫之所以供奉钟大人，与涂岭驿道有很大的关系。石山宫供奉神明黑面钟大人，原名钟云祥，浙江苍南县人，唐朝贤臣，一生为政清廉，刚正不阿，关心民众疾苦，被百姓奉为主管“断案之神”。讲起钟大人与涂岭驿道的关系，涂岭当地民间有一段感人至深的传说。据称钟云祥官居尚书期间，政绩显赫，皇帝器重，官民拥戴。某年，他领旨代天巡行，到江南七郡视察民情，所经之处必为民申冤，惩治贪官污吏，深受黎民百姓爱戴。钟云祥往泉州途中，有瘟疫鬼化身为士人，寻机与他邂逅并假意结为朋友，结伴同行。两人途经涂岭，歇于涂岭驿馆（今涂岭镇赤土埔一带），酒筵间，鬼差多喝了几杯酒，醉后吐露真相：“吾乃阴曹瘟疫鬼也，奉阎罗之命，挈囊带药，明日天一亮，欲投入民间锅碗井河之中，降瘟于泉州府！”钟云祥闻言大惊，却不动声色地暗暗思索挽救黎民百姓之良策。刻不容缓，他趁鬼差醉酒之际，施计巧言骗取毒药，并尽数吞下，顷刻毒发，脸黑如炭，仆地身亡。随从家仆为其雕像供奉，乡人感其忠义救民之德，在涂岭驿道旁建庙为其立神像奉祀，为纪念其舍身吞毒之义举，特将神像面容涂画成黑色，尊称为黑面钟大人。每年正月十五当地百姓把钟大人神像抬出庙宇，巡境安民，其忠义救民的传说一直流传至今。

（二）五里松传奇

在这条古驿道上，还有一个关于涂岭路口村五里松古榕树的故事。据路口村村民介绍：明朝正德皇帝下江南，从涂岭驿道经过，走到五里松的时候，在古榕树下的古井边洗脸，见榕树茂盛，在树下乘凉，顿生快意，于是便封这棵榕树“年年十八春”。从此，这棵榕树变得十分奇特，其他的榕树一年四季都不掉叶子，唯独这棵榕树在正月二月间叶子发新芽。

路口村古榕树

这棵榕树依旧在五里松古道旁，其枝干虬曲，枝繁叶茂。榕树下的土地庙，据称也因榕树的奇异变得最为灵验，民间逢年过节均前往祭拜。如今的五里松古榕树长势依然茂密，当地百姓对路人讲解古榕树的故事一样津津乐道。这棵古榕树成为古驿道上一个美丽传说的象征，不过驿道植榕之事确是有迹可循的。明代嘉靖年间叶春及《石洞集》记述，其任惠安知县时，曾下令在驿道两旁广植榕树，树茂成荫供行人往来休息，五里榕的种植或与此有关。

（三）云门寺罢迁址

在涂岭至今还流传着一个关于云门寺险遭迁址的故事。云门寺得以保留原址，与驿道也有关系。据当地人传称，清朝康熙年间福建水师提督吴英（1637—1712），曾经寓居离云门寺不远的柯寨。荣归故里，想在家乡建造府第，他看中古刹云门寺这块宝地，便想把云门寺迁建别处。寺里得知这个消息后，非常着急。方丈赶往枫亭，对枫亭有名望的乡绅诉说吴英准备拆寺建府，要求乡绅想办法保住云门寺。因为小溪（今秀溪）在明朝嘉靖以前是仙游县枫亭的境域，故当年建造云门寺时，许多枫亭人都踊跃捐款献工，成为功德主，因此枫亭的士绅都说一定要保住云门寺。有一消息灵通的乡绅说，宰相李光地巡视泉州，明日起程回京，何不聚齐到驿道上的南岭去拦轿投诉，求他帮忙。众人认为这是个好办法，决定依照行事。第二天，枫亭的乡绅及僧众齐聚在李光地必经的南岭等候。时至中午，李光地果然坐轿来了，众人横跪路中，诉说情由，恳请李光地保住千年古刹。李光地被请到云门寺，吴英将军听到消息，也赶来参拜宰相。李光地在吴英面前，一句也没说迁寺的事，只喝了几杯茶就走了。众人都觉得纳闷，请他来怎么一句话都不说就走了。谁知李光地刚出寺门，就坐在阶石上，脱下朝靴，拿在手中敲了敲，说："三宝土不可图，我这做宰相的也不敢粘走三宝地的土呀！"吴英将军听了李光地话外有音，顿然醒悟，从此打消了迁寺建府第的念头。此事虽为传说，但不难发现，作为明清时期闽南地区官员进京的必由之路，在涂岭驿道上留下了许多有趣而动人的故事。

回味这些驿道逸闻，不仅让我们了解涂岭古驿道上的风土人情，更可以真切地感受到这些故事所体现的浓厚挚深的人文情怀。

后 记

《涂岭》的编撰，始于2018年1月课题启动调研，至2020年8月基本完成书稿。在这两年多的时间里，厦门大学人文学院历史系课题组的庄景辉、张侃、侯真平、水海刚、韩洁（建筑系）等教授和舒满君、梁新堂、刘伟彦、肖振楠、丁汀、苏颂、张智欢（建筑系）等研究生们，深入涂岭调查研究，跋山涉水，踏查历史遗迹，足迹遍及田园阡陌；穿乡走村，访谈长者耆老，身影留在闾里民间；赴泉港区图书馆、惠安县档案馆，查阅资料，补苴罅隙，汗洒笔记，修正完篇。凡此，为书的编撰提供了扎实的史料，为史实的论证找到了可靠的依据，以祈《涂岭》臻于完善而不负所望。

锲而不舍完成调研任务，颇费苦心取得编写成果，《涂岭》的顺利付梓，得到涂岭镇党委和政府的大力支持，驿坂、前欧、小坝、涂岭、路口、白潼、秀溪、芦朴、清美、世上、樟脚等各村“两委”和许多的地方有识之士、文史学者的无私帮助，以及一大群土生土长的热心人的积极参与，为他们的努力付出点赞。另外，全书图片由涂岭编撰委员会提供，若有疑义，请联系编委会人员。

谨此，向大家致以最诚挚的谢意！

涂岭编撰委员会

2020年11月16日